学校如何优质发展

——路径与方法

北京教育学院教育管理与心理学院　组织编写

知识产权出版社

全国百佳图书出版单位

—北 京—

图书在版编目（CIP）数据

学校如何优质发展：路径与方法 / 北京教育学院教育管理与心理学院组织编写 . —北京：知识产权出版社，2021.10

ISBN 978-7-5130-7701-9

Ⅰ.①学…　Ⅱ.①北…　Ⅲ.①中小学—学校管理—研究　Ⅳ.① G637

中国版本图书馆 CIP 数据核字（2021）第 181601 号

内容提要

本书是北京市通州区中小学名校长工作室入室学员研究成果（论文）的精选汇编。

本书比较全面地展示了新时期北京城市副中心校长在办学质量提高、教师队伍建设、课程教学改革、学校文化建设等方面的深入思考和创新成果。校长的研究既具有一定的理论意义，也具有较高的应用价值。

本书可以作为中小学校干部教师、高等院校教育专业研究生及关心教育事业的社会人士开展理论研究、实践创新的参考书。

责任编辑：刘晓庆　　　　　　　　责任印制：孙婷婷

学校如何优质发展——路径与方法
XUEXIAO RUHE YOUZHI FAZHAN——LUJING YU FANGFA
北京教育学院教育管理与心理学院　组织编写

出版发行：知识产权出版社 有限责任公司	网　　址：http://www.ipph.cn
电　　话：010-82004826	http://www.laichushu.com
社　　址：北京市海淀区气象路 50 号院	邮　　编：100081
责编电话：010-82000860 转 8073	责编邮箱：laichushu@cnipr.com
发行电话：010-82000860 转 8101	发行传真：010-82000893
印　　刷：北京中献拓方科技发展有限公司	经　　销：各大网上书店、新华书店及相关专业书店
开　　本：787mm×1000mm　1/16	印　　张：24.25
版　　次：2021 年 10 月第 1 版	印　　次：2021 年 10 月第 1 次印刷
字　　数：400 千字	定　　价：88.00 元

ISBN 978-7-5130-7701-9

本书编委会

主　编　肖韵竹

副主编　孟　瑜　许　甜　胡淑云

编　委（以姓氏拼音为序）

愿北京城市副中心的教育越来越美好

规划建设北京城市副中心，是以习近平同志为核心的党中央做出的重大决策部署，是"千年大计、国家大事"，属于国家战略。2017年9月，《中共中央 国务院关于对〈北京城市总体规划（2016—2035年）〉的批复》指出："高水平规划建设北京城市副中心。坚持世界眼光、国际标准、中国特色、高点定位，以创造历史、追求艺术的精神，以最先进的理念、最高的标准、最好的质量推进城市副中心规划建设，着力打造国际一流的和谐宜居之都示范区、新型城镇化示范区和京津冀区域协同发展示范区。"

千年大计、教育为本。北京城市副中心要成为"国际一流和谐宜居之都示范区"，教育作为公共服务体系的基本内容之一，首先要高标准、高站位，率先达到国际一流标准。打造与北京市城市副中心相适应的教育体系，实现通州教育的跨越式发展，是当前迫切需要解决的问题。而要实现通州教育的跨越式发展，建立一支高素质的校长队伍尤为关键。

为深入贯彻落实党中央的决策部署，按照北京城市副中心建设总体规划及《北京市教育委员会 北京市财政局关于印发〈关于促进通州区教师素质提升支持计划（2017—2020年）〉的通知》精神，2017年北京教育学院承担了"通州区名校长工作室项目"这项光荣的任务。北京市教育学院教育管理与心理学院牵头组建了通州区中小学名校长12个工作室，还为每个工作室配备了理论导师和实践导师以指导工作室学员的学习。项目开展以来，学院在中共通州区委教育工委、通州区教委、通州区教师研修中心的鼎力支持下，着眼于北京城市副中心中小学干部队伍建设和中小学未来发展的需要，坚持问题导向、需求导向，坚持精准支持，整合优质资源，采取多种方式，组织开展了一系列有针对性的研修活动。这些活动不仅促进了校长综合素养和领导力的提升，而且也有力促进了通州区基础教育优质均衡发展，圆满完成了培训任务，取得了显著的成果。《学校如何优质发展——路径与方法》《学校如何优质发展——校长的实践智慧》这两本书就是三年来通州区中小学名校长工作室学员的研修成果。

2020 年 10 月，北京教育学院（北京教育党校）与中共通州区委教育工委、通州区教委以"促进城市副中心教育优质发展"为宗旨的五年战略合作又正式开启。同时，围绕"促进通州校长教师素质提升"，在总结第一期（2017—2020 年）培训经验的基础上，北京教育学院将从 2021 年开始，以"名师工作室"为主继续开展为期两年的第二期培训。

希望通过我们的共同努力，北京城市副中心的校长、教师和学生发展得更好，北京城市副中心的教育越来越美好！

肖韵竹

2021 年 9 月 25 日

目　录

第一篇　文化建设新方略 ……………………………………………………… 1

潞河中学附属学校文化创生的实践探索（孙会芹）……………………… 3

构建"立人"教育文化体系的实践研究（杜士峰）……………………… 10

重人文管理，与幸福同行（张　健）…………………………………… 16

通州区培智学校多彩文化建设的探索与思考（王超山）………………… 26

提升完小干部领导力的实践策略（齐久波）…………………………… 35

依托教育集团化办学，探索提升办学品质的有效途径（郝书金）……… 42

第二篇　师资建设新路径 ……………………………………………………… 51

提高初中数学教师课堂提问有效性的策略研究（常恩元）…………… 53

初中教师构建和谐师生关系的策略研究（王俊丽）…………………… 60

课例研究中促进教师合作的措施研究（谢希红）……………………… 67

农村义务教育学校青年教师发展策略研究（李连江）………………… 74

基于学校特色课程创建的教师分布式领导力提升研究（范志孝）……… 82

以读书会促进青年教师发展的探索与思考（李　青）………………… 90

以"研训一体"培养策略促进教师专业发展的实践研究（武长亭）…… 99

构建幸福教师的"六个一"实践工程（张士东）……………………… 107

青年教师教学能力提升的策略研究（张宝国）………………………… 114

初中青年教师专业发展的路径研究（张晓光）………………………… 121

多元合力打造青年教师生力军（陈　勇）……………………………… 130

青年教师专业发展的措施研究（李卫东）……………………………… 134

依托学校文化，打造清新雅正的教师团队（李　涛）………………… 141

农村中心小学青年教师培养的五大阶梯策略（冯玉海）……………… 148

提升教师学业乐观素养的策略研究（王艳荣）······155

以"四行"增"四力" 引领中老年教师续航发展（王玉霞）······162

基于专业发展需求的校本研修模式研究（邵学良）······169

教师队伍品牌建设策略（李文凤）······176

青年教师培养的有效机制与实施策略（刘卫红）······182

激发教师发展内驱力的策略研究（武志松）······189

促进小学成熟期教师专业发展的实践研究（何永彤 孙亚桂）······195

潞苑小学教师队伍建设实践探索（刘会民）······199

激发青年教师专业发展内驱力的途径探究（王晓慧）······206

第三篇 学生发展新探索 213

心理体验校本课程促进学生健康成长的研究（金万芝）······215

自主性学校发展诊断引领学生主动发展（徐 华）······224

培养学生自主学习能力的校本实践研究（徐英杰）······232

"崇德博物，通优育人"育人路径探索（李竹林）······239

构建初中"活动育人"实践体系，着力提升学生综合素质（丁永明）······250

培养运河少年"五个一"素养的实践探索（张兆宏）······256

第四篇 课程教学新对策 263

留一块"创新思维"的黑板（陈金香）······265

构建"钻石型"课程体系，推动学生健全发展（陆 旻）······273

"成全课堂"教学方式的实践研究（刘志林）······280

基于学校核心文化的课程体系构建研究（田连启）······287

以德润身，以文化人（杨玉慧）······295

构建崇研尚习型课堂，让学习真正发生（韩华明）······300

农村中心小学课程建设的困境与对策（许德胜）······308

小学语文单元主题关联阅读教学体系的实践研究（杨 东）······315

构建"三我"端蒙课程，促进学生健康发展（崔淑仙）······323

官园小学"悦读"教育校本化实施的探索（黄玉钢）······331

农村小学作文与口语交际，教学改革的探索与实践（陆桂臣）······338

学校图书馆课程的建构与实施（左春云）…………………………………344

中华经典诵读课程差异化实施策略研究（张利华）………………………352

基于地方文化的农村校本课程开发研究（胡凤岐　胡志芳　梁士发）……359

牛堡屯学校课程建设的探索（张　刚）……………………………………367

后　记……………………………………………………………………………375

第一篇

文化建设新方略

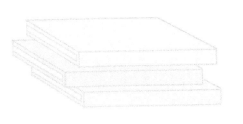

潞河中学附属学校文化创生的实践探索

北京市通州区潞河中学附属学校　孙会芹

学校文化建设是引领学校内涵发展的重要力量，是一所学校的发展历史、价值追求、精神面貌、特色灵魂和核心竞争力的集中体现，学校的内涵发展必须以文化引领。

潞河中学附属学校是在"城乡新区一体化发展"政策背景下，由潞河中学承办的公立义务教育学校。在名校集团化办学过程中，名校对分校最有效的支持不仅是技术上的支持，还有文化理念的传播。只有将文化基因渗透到分校之中，才能使分校拥有同名校相似的精神风貌与办学氛围，最终走上高水平内涵发展之路。因此，潞河中学附属学校的文化建设与创生，必须在传承潞河中学文化品格基础上，走自己的实践创生之路。

一、文化创生之根："人格教育"的基因传承与价值认同

潞河中学创办于 1867 年，已有 154 年的悠久办学历史。首任华人校长陈昌祐提出了"人格教育"的办学理念。在当时，"人格教育"是封建王朝覆灭、共和制度发轫时期国家倡导公民教育的社会形势下一个比较普遍的概念。蔡元培先生提出，普通教育的目的应该"培养健全人格"。所谓健全人格，内分"四育"，即体育、智育、德育、美育。受完基础教育，就要使"四育"平均发展。潞河中学的"人格教育"就是在这种思想的影响下提出并践行的。

随着时代的变化，学校对"健全人格"在内涵上的阐释和实践方式虽然有所改变，但潞河教育一直和祖国同呼吸、共命运。潞河中学秉持着"一切为了祖国"的校训，形成了"爱国、乐群、自律、修身"的卓越学风。百年传承，铸就了潞河

中学"主动发展，追求卓越"的精神。

　　近十几年，学校着力建设多元、多层次的课程体系，立体化培养学生的健全人格，成绩突出。潞河中学跨越三个世纪的历史积淀，弥漫于校园每一个角落的学校文化，是潞河中学附属学校文化构建可供汲取的宝贵资源。

二、人格担当，志正修远：基因传承下的文化创新

　　潞河中学附属学校自创建以来，承袭了潞河中学"人格教育"的精神内涵，将"培养健全人格的潞河人"作为学校教育之己任。但是，潞河中学附属学校是九年一贯制学校，办学起点为小学，与潞河中学本校的教育对象不同，学生的年龄特点不同。因此，学校践行"人格教育"必然有不同的着力点。

（一）文化创生路径："U–S 合作" ❶ 下的全员参与

　　学校文化要为全校师生的生命成长服务，是全员的文化，而非校长个人的文化。因此，全员参与是文化创生的必然选择。同时，为提高学校文化创生的专业性和科学性，学校引进专家团队，吸纳专业力量，采取"U–S 合作"的基本模式，带领全体教师共同研究如何在"人格教育"基础上实现校本化的文化创生。研究过程中，专家团队首先基于学校办学实践与领导班子深度交流，继而多次组织全体教师参与问卷调查，并在问卷调查的基础上深入研讨，充分吸纳教师的意见和建议，最终确立契合学校实际并得到广泛认同的表达方式。

　　例如，关于学校的课程文化表达，经过专家调研，初步确立框架，两次教师问卷调查与多次深入研讨，最终才得以确定。

　　初次问卷调查中，专家在前期深入调研基础上，提出了"生命立意，多元绽放""明德启智，立志修远""博古通今，立言立行"和"明德、启智、正心、健体"四个选项。问卷采取多项选择的方式，同时还设有开放性题目，以供教师充分表达个人意见和建议。如表1数据所示，共有89名教师参与调研，选择"生命立意，多元绽放"和"明德、启智、正心、健体"两个选项的教师相对较多，分别为58人和55人，二者差距较小。

---

❶　U–S 合作：U–S 是 University-School 的缩写，即大学和中小学的合作。

表1 学校"课程文化"初次调研情况

选项	小计 / 人	比例 / %
A.生命立意，多元绽放	58	65.17
B.明德启智，立志修远	49	55.06
C.博古通今，立言立行	39	43.82
D.明德、启智、正心、健体	55	61.8
E.其他	0	0
本题有效填写人数	89	

为进一步聚焦，专家组再次针对两个选项进行调研。参与调研的教师有78人，最终选择"明德、启智、正心、健体"的为50人，占总数比例的64.1%，而选择"生命立意，多元绽放"的仅为35.9%，见表2。

表2 学校"课程文化"二次调研情况

选项	小计 / 人	比例 / %
生命立意，多元绽放	28	35.9
明德、启智、正心、健体	50	64.1
本题有效填写人次数	78	

从数据来看，选择"明德、启智、正心、健体"的人数偏多。为了使教师更充分地表达个人意见，以确立教师认可度和可执行度更高的课程文化，调研结束后，课题组组织教师进行了深入研讨，并在研讨中逐渐形成共识："明德、启智、正心、健体"更接近于课程的目标取向，而"生命立意，多元绽放"更接近课程的本质内涵，用后者表达课程文化更科学合理。因此，学校的课程文化确定为"生命立意，多元绽放"。

以上课程文化的确定历程充分展示了潞河中学附属学校文化创生过程中的科学性与严谨性，专家的专业知识与学校教师的实践认同必须高度契合，才能确定学校的文化表达。

（二）文化理念体系表达：根植基因 严谨科学

办学理念体系是学校文化的精神内核，表达了学校教育的核心价值追求及对未来的期待，包括核心价值观、育人目标、办学目标和校训四个方面内容。经过全员参与与充分研讨，学校最终确立了"人格教育"基因引领下的文化理念体系。

1. 核心价值观：人格担当　志正修远

学校核心价值观是学校文化的核心，是为儿童、为教育、为社会而根植于学校所有成员心灵深处的精神诉求，是所有成员对学校各项工作进行价值判断的标准，是凝聚学校所有成员的根本。在潞河中学"人格教育"文化品牌的基础上，根植于其深厚的文化基因，附属学校通过深度探寻，确立了"人格担当，志正修远"的核心价值观。"人格担当"即"人格健全，负责任敢担当"，意指我们的教育要使学生适应变化的时代，活出生命的意义和价值并承担社会责任。"志正修远"即"品格端正，志向远大，热爱祖国"，意指我们的教育要面向未来，全面贯彻党的教育方针，站在立德树人的高度，为党育人、为国育才，培养未来担当国家富强、民族复兴重任的接班人。

2. 育人目标：培养人格健全、志正修远的潞河好少年

一所学校的育人目标是学校培养人的基本出发点与最终归宿，直接决定着学校培养学生的基本方向。确立一个恰当的育人目标，对学校育人工作的开展具有导向性意义。我们在学校"人格担当，志正修远"的核心价值观与"建设学生喜欢、家长信任的优质学习型学校"办学目标的基础上，提出"培养人格健全、志正修远的潞河好少年"的育人目标。

"人格健全"是潞河中学"人格教育"文化基因的精髓。"人格健全"意指"身体健美、心理健康、品德优秀、习惯良好、思维活跃"。因为小学阶段是形成健全人格的基础阶段，必须根据学生的年龄特点和身心发展规律，找准着力点，为后续发展奠定基础。我们认为，这个阶段要使学生身心健康、阳光自信、勤学善思，形成正确的道德认识，养成良好的行为习惯，掌握基本的知识技能，形成良好的综合素质，是重要而紧迫的培养内容。

"志正修远"是对潞河教育高扬爱国旗帜的传承，是潞河中学附属学校基于学生年龄与认知特点提出的个性化表达。其基本含义是引导学生成为品格端正、志向远大、热爱祖国之人，成为担当国家富强、民族复兴重任的社会主义事业接班人。将"培养人格健全、志正修远的潞河好少年"作为育人目标，既承袭了潞河教育基因，又凸显了潞河附属学校的特色。

3. 办学目标：建设学生喜爱、家长信任的优质学习型学校

潞河中学附属学校的办学目标，基于"人格担当，志正修远"的核心价值观，结合当下"立德树人""五育并举""办人民满意的教育"等国家教育改革精神，在专家调研的基础上，经历了思想积淀、深入研讨和锲而不舍的实践探索，我们将办学目标表述为"建设学生喜爱、家长信任的优质学习型学校"。

要实现"学生喜爱"，就必须遵循学生的年龄特点和身心发展规律，基于学生需求，探索"人格教育"的有效途径和方法，激发学生的积极性、主动性，创设有利于每个学生健康发展的课程体系，促进每个学生全面而有个性地发展。追求"家长信任"，就需要校长和教师，以为学生一生幸福奠基为出发点和最终归宿，引导家长树立正确的育人观，以家长的视角思考我们如何办学校，如何做教师。

学习型学校是一个高效能、有创新能力的学校。它有以下几个特征：学校组织成员拥有共同愿景和目标，注重做中学，注重知识创新和专业发展；学校具有良好的组织学习文化和信任、真诚的人际氛围，是一个真正能运用经验分享、反思、探询、倾听、对话、讨论等技巧来共同学习的组织；学校领导是学习型领导，能够做到民主、开放、授权，具有很强的领导力、凝聚力和人格魅力，能带来学校组织文化的改变及学校成员心智模式与行为模式的转变。

4. 校训：一切为了祖国

"一切为了祖国"是潞河中学本校的校训。潞河中学附属学校继承了本校这种精神内涵，也将其作为学校校训。"一切为了祖国"体现了学校的育人担当，教育要为党育人、为国育才，与学校"人格担当 志正修远"的核心价值观和"培养人格健全、志正修远的潞河好少年"的育人目标在内涵上具有逻辑一致性。它们共同规约着学生的行为品质，使学生形成"人格教育"引领下的独特精神气质。

三、"人格担当，志正修远"文化实践：提升文化归属感与认同度

（一）构建"生命立意，多元绽放"课程文化，涵养学生健全人格

学校课程文化是学校文化的重要体现，学校课程的品质直接决定了学生的品质养成。学校课程设置要立足于"立德树人"的教育根本任务与德智体美劳"五育并举"

的实践需求；同时，注重学科核心素养的落实，既能服务于国家教育战略意图，又能展现学校文化特色，努力实现"人格健全，志正修远"的育人目标。我们确定"生命立意，多元绽放"为学校课程文化，意在尊重学生作为完整生命体的需求，基于学生需求，构建有利于每个学生健康发展的课程体系，促进每个学生全面而有个性地发展，成长为"人格健全，志正修远的潞河好少年"。以此为指导，学校构建了"三层—五类"课程体系，即设置"语言与阅读、科学与创新、艺术与审美、生命与健康、修身与立志"五大类课程，对于每类课程，又有基础层、拓展层、实践层三个层次的课程加以细化。

（二）形成"自主、合作、唤醒、激励"的课堂文化，提高课堂教学效能

课堂文化是在长期的课堂教学活动中形成并且师生所自觉遵循和奉行的，是学校的价值取向在课堂活动中的体现，是学校文化的基础载体。结合学校"人格担当，志正修远"的核心理念，将课堂文化定义为"自主合作，唤醒激励"，意在强调学校的课堂教学要倡导自主合作探究的学习方式，教师要努力激励唤醒学生求知的愿望，培养孩子健全人格，最终致力于学校育人目标的实现。为促进课堂文化的实现，学校在实践层面做出以下突破。

第一，学校通过集体学习的方式，让学校教师树立一种课堂教学应"自主合作，唤醒激励"的意识，并思考从自身学科出发，如何做到"自主合作，唤醒激励"。

第二，充分发挥学校现有的教学与教研工作的优势与特色，持续开展"友善课堂"实践研究，引导教师深入开展"自主合作，唤醒激励"课堂教学的实践研究，逐渐制定基于此理念的课堂教师行为与学生行为标准，形成课堂评价标准，为教师反思和改进自己的课堂教学行为提供参照。

第三，学校建立完善的教师反思与评价机制，引导教师形成日反思、周梳理、月总结的习惯，及时发现自己在教育教学过程中的优势与不足，并能发挥优势，改进不足。

（三）建设"厚德、博学、大气、担当"的教师文化，引导教师践行文化

教师在学校文化的建设中起着承上启下的主体作用，他们既是学校文化的创造者、实践者和传承者，也是学校文化的受益者。当学校文化的核心价值观内化于教

师个人价值观，使教师的个人价值的体现与学校战略目标的实现结合起来的时候，教师的文化就能起到引导、熏陶学生文化发展的作用。因此，教师文化建设在学校文化建设中起着举足轻重的作用。

在办学实践中，学校一直非常重视教师队伍建设，基于新建学校教师价值观多元的现状，在办学理念与育人目标引领下，我们提出"厚德、博学、大气、担当"的教师文化。"厚德"意指教师首先要拥有高尚的道德情操；"博学"意指要有渊博的学识；"大气"意指教师要有高瞻远瞩的站位和眼光，有宽阔包容的胸怀和气度；"担当"指教师要有担当意识，担当起为党育人、为国育才的时代重任。学校在教师队伍建设中，以"厚德、博学、大气、担当"为价值导向，采取卓有成效的教师培养方式，更加凸显本校教师的精神风貌。

（四）构建"明德、启智、正心、健体"的学生文化，引导学生践行文化

学生主体人格的培育是学校文化建设的核心目标，丰富多彩的活动是最能彰显个性的舞台。在学校"人格教育"文化特色的整体引领下，我们将学生文化定为"明德、启智、正心、健体"。"明德"意指学校教育的首要目标是要帮助学生发展美好德行。"启智"的基本含义为"启迪智慧"。启，即打开、启发、开导之意，通过启发引起对方联想有所"悟"。"正心"本义为"使人心归向于正"，放在学校的学生文化中，指学校教育要能使学生的心归于正。"健体"意指强健身体，将其放在学生文化中，强调学校教育要能培养孩子健康的体魄。在实践中，学校通过德育课程建设、德育活动设计及班级文化建设、完善学生评价体系等方式落实学生文化。

总之，潞河中学附属学校正走在文化自觉不断提升、优质文化不断形成的路上。学校未来在"人格教育"文化品牌的指引下，会不断走向优质，从优质迈向卓越。

构建"立人"教育文化体系的实践研究

北京市通州区于家务乡中心小学　杜士峰

一、"立人"教育理念的提出

（一）基于学校已有的教育特色与传统

2015 年之前，学校围绕"爱国、和谐、实践、创新"的校训、"博爱、勤学、明理、慎行"的校风目标和"合格加特长"的培养目标，积极开展以"加强民族团结教育，促进学生全面发展"为核心的特色项目建设，在校园环境建设、民族团结教育课程建设等方面取得了明显的成效。尽管在文化内核界定与文化体系构建上存在诸多不足，但学校内部显性的文化资源比较丰富，为深入开展学校文化建设的实践研究，开发以生为本的校本课程提供了可以利用的物质支撑。

（二）基于对学校文化的理解

组织心理学大师埃德加·沙因说过，学校文化应保留"更深层次的基本假设、价值观和信念"。这些是为学校成员所共享、能保证学校不断取得成功的必然因素。在一所学校里，真正能给予教育主体最持久、最稳定、最有效的影响的就是学校文化。"文化立校、文化育人"势在必行。

（三）基于以人为本的教育思想和理论

一是孔子提出的有教无类、因材施教的教育思想。二是马斯洛、罗杰斯等人倡导的人本主义心理学。马斯洛认为，人身上潜藏着人性的优良品质，就看我们如何加以引导，使其潜力充分展现。三是许金声、黄怀宁等人倡导的中国人本主义教育。

人本教育就是以人为本的教育，要把人真正当人，确立以人为目的的教育。人本教育倡导五大根本，即以人的自我动力为根本——自主，以人的核心需要为根本——赏识，以人的独立平等为根本——尊重，以人的内在建构为根本——体验，以人的自然成长为根本——规律。

二、"立人"文化体系的系统构建

（一）开展以价值导向为驱动的文化建设

规划学校发展、营造育人文化是校长的基本职责。在做好学校发展现状分析的基础上，我们从高位谋划，做出了学校文化建设的顶层设计。

1. 明确提出学校文化的理念系统

一个办学目标：文化立校、文化育人。

一个价值观：为独特的生命提供适合的给养。

一个教育口号：悦纳有差异的学生，实施最适合的教育，实现最极致的发展。

一条办学理念：实施"立人教育"，为每一个学生的幸福人生奠基。

一个育人目标：人格健全、心怀梦想、个性成长、自主发展、适应社会。

一条校训：做最好的自己。

一条校风：至美而知，至善而行。

一条教风：悦己纳人，乐业劝功。

一条学风：每天进步一点点。

一首校歌：《幸福成长》。

2. 明确界定"立人教育"的内涵

"立人教育"是以教师和学生为主体，以尊重人、成就人为前提，引导学生学会立身、做人；引导教师学会扶持、造就人；引导教育主体发现自身价值、发挥个人潜能、发展个性品质，成为自我实现、自主发展的人。"立人教育"具有"尊重差异、养护自信、唤醒自觉、开发潜能、涵养个性"五个特征。

3. 组织实施文化建设的实践系统

建设学校文化的过程就是把"对教育理想的追求"变成日常生活方式的过程。

我校在做好文化顶层设计的基础上，重点组织开展文化理念落地的研究与实践，在从物质文化、精神文化、制度文化等维度整体构建学校文化体系的同时，确立了四条主要的研究与建设路径。其目的就是要使"立人教育"理念切实总领学校的教育生活，对师生两个主体的成长产生深入的影响，真正在广泛的育人空间里植根发芽。

（1）开展课程文化建设。开展课程文化建设的工作原则是，体现教育理念、体现多元价值、服务学生发展、可供学生选择、依托教育资源。

不断丰富校本课程，逐步构建起以"立心、立身、立行"为要素的"立人"教育课程。结合学校实际，开发、开设了"国学教育、形体、校园英语、趣味数学、武术、民族团结教育"等系列校本课程，明确了每节校本课的具体内容及课程计划。此外，根据学生的需求，学校还设置了艺术、科技、民族体育等各类选修课程。每年安排课程质量考核，并通过艺术节、科技节、体育节和读书节等为学生搭建检验课程学习效果的平台，让学生充分地展示最好的自己，体验成长与进步的快乐。

（2）开展课堂文化建设。汲取、借鉴了一些名校的先进教学思想，以培养学生的自主学习能力为目标，从课前预学预习、课上共学交流、课后延学拓展三个环节，开展"三段式"教学的研究与实践。我们在教学中注意认真落实"四个关注、三个呈现、一个收集"的三段式教学理念，即关注学生参与、关注思维发展、关注实践体验、关注关联拓展；通过课前预习单、课上学习单、课后拓展单呈现预学、共学、延学的全过程；收集学生学习成果，激励内化提升。每学期，我们通过校本研修、评优展示、总结研讨等活动加以推进，取得了显著成效。

（3）开展环境文化建设。依托学校办学理念，体现学校特色，为培养学生的创新精神和实践能力提供广阔的空间。

学校的环境文化建设突出了以下三个元素。

一是中华美德教育元素。设置了"中华童铭"浮雕、"中华美德故事"浮雕、立德名言石刻等景观。为教师组织励心励志的教育活动、为学生接受中华美德熏陶提供了厚重的物质支撑。

二是家国情怀教育元素。建设了爱国主义教育连廊、民族园等景观。突出民族团结教育和爱国主义教育的内容，为学生开展民族团结教育、国情教育等活动提供了丰富、直观、生动的学习素材。

三是经典诵读元素。在教学楼中布置了"小学生必读古诗"；在操场周边设置了写有《三字经》《弟子规》《千字文》《论语》等蒙学读物的竹简型围栏。这些举措使学生于耳濡目染之间，接受国学文化的浸润，发挥了潜移默化的教育功能。

（4）开展学生文化建设。开展学生文化建设主要包括以下两方面内容。

第一，目标引领。以"每天进步一点点"的学风建设目标做引领，通过主题教育、主题活动等途径，帮助学生了解相关的含义和要求，逐步学会认识自己、欣赏自己，增强自信，确立积极的个性成长点；逐步做到"心中能明白，行动能体现，自我能评价"。

第二，评价促行。坚持"不用一个标准去衡量不同的生命及他（她）的生长水平"的评价观，开展"在学校文化理念指导下的学生评价研究"。一是组织全体教师尝试开展学生个性化发展评价，以帮助学生"了解自己的点滴进步、体验成长乐趣"为主旨，教师自主设计评价项目，形成评价方案。二是成立学生评价研究核心组，围绕"开展多元评价，促进学生个性发展"的科研课题，集中组织行动研究，及时通过课例展示、总结交流等形式输出研究成果，以点带面地推动全体教师做好学生评价工作。

（二）进行以问题导向为驱动的学校治理

1. 鼎新革故，建章立制

学校文化是办学理念、培养模式、管理制度、品牌形象等多种元素的综合体现，因此制度建设是学校文化建设的重要组成部分。明确"制度底线"，对于教职工形成"文化自觉"与"行为主动"、促进学校管理走向高效起着至关重要的作用。针对学校管理存在的一些弊端，我们逐步建立健全了民主决策、校务例会、完小工作督导等制度，建立健全了学校的部分规章，先后讨论制定了《校务会制度》《"立人之师"行为规范》《校本研修制度》《"立人教育"校本课程开发与管理办法》《"三段式"课堂教学细则》《学生社团管理办法》《学生个性发展评价办法》《校级骨干认定和管理办法》等，使学校文化建设的各项工作逐步做到有章可循、有法可依、秩序井然。

2. 疏通体制，建立机制

（1）建立工作体制。依据农村中心校的特点，逐步建立了"中心引领、点面分开，校长负责、部门协作"的工作格局；调整了部门设置及干部与行政人员的分工；明确了完小校长的职责与权力，大幅度放宽了管理权限，为教职工发挥管理创意、释放管理智慧拓展了空间与途径。

（2）明确发展方向。目标引领对于促进全体干部教师的思想同一、行为同向，进而形成文化认同有直接作用。鉴于农村中心校的体制特点，提出了"一校一品牌、校校皆精彩"的工作目标，同时确立了中心小学及完小的短期建设重点。

中心小学本校："着力提高办学引领与示范作用，力争成为乡域内的校本研修基地、文化建设窗口、家校合作样板"。

两所完小：在全面做好学校发展现状分析的前提下，着力"构建全员认同的发展愿景，形成一项特色活动、打造两个到三个精品课堂、树立四个到五个校园榜样、创设多元助力的发展环境"。

3. 提振士气，打造团队

一是以"内塑形象、外强素质，提振精神、打造团队"为主题，积极组织多种形式的团队拓展训练建设活动。

二是以"悦己纳人、乐业劝功"的教风目标引领教师的发展，打造"崇尚合作、携手共进、勇于创新"的团队精神；形成"相互信任、相互帮助、相互欣赏、相互交流"的团队关系；组织开展"于小榜样"选拔活动，发挥典型带动作用，集聚团队发展的正能量。

几年的实践研究与探索，达到了解决学校教育的实际问题、改变教育现实的目的，也使全体教职工清楚地认识到每一个生命都是独特的，每一个主体都是不同的。教育就是要因材施教，帮助有差异的个体享有自身期待的最美的人生风景；教育就应满足学生的个性化发展需求，帮助他们实现自己的人生理想。在"文化浸润、问题治理"的学校建设过程中，我们欣喜地看到了学校文化带给学生的润泽与滋养，看到了教师教育心智、教育情怀、教育行为的提升与改变，也看到了学校在走向内涵发展过程中生成的特色与积淀。

三、"立人教育"文化建设引发的一些思考

（一）校长在学校发展中起主导作用

振兴教育，希望在教师，关键是校长。作为学校的管理者，校长在提高学校的

整体办学水平中发挥着重要作用。校长的素质对教师的影响最现实、最生动、最有力、最直接。

（二）做好校长的关键是提升领导力

校长的领导力应体现在用科学的发展观和与时俱进的精神，统领学校工作的全局，制定学校发展的策略。因此，校长的主要角色应是一位引领者：引领学校的变革，引领学校的文化建设，引领学校的特色发展。做好校长工作首先就要做好办学思想的领导。正如苏霍姆林斯基所说，"校长的领导首先是教育思想的领导，其次才是行政领导"。校长的领导力是一种影响力，其关键在于能否提出适切的个性化的办学思想，能否提供有特色的课程服务，能否推进学校的变革与发展，能否让学生健康、活泼地成长。

（三）特色发展是学校发展的活力之源

学校特色建设的核心是为学生的个性化发展、全面发展服务。加强特色建设，其目的就是要实现课程建设的多样化，促进和实现学校文化的多元化，使"每一个学生都精彩、每一所学校都精彩"。同时，学校开展特色建设的过程，也是教育主体的创新精神、创造力、实践力得以提升的过程。为了保证学校的特色发展适合学生的成长需求，学校的干部教师充分发挥教育智慧，在尊重教育规律、秉承办学理念、追求科学高效的前提下，共同谋划育人策略与路径。这既调动了教师工作的积极性和创造性，也极大地激发了学校发展的活力。

（四）文化建设是学校发展的动力之本

一所学校的文化包含了学校范畴内全部的精神与生活要素，因此，学校改变的过程就是实现学校文化变革的过程。当一所学校的文化从整体优化设计开始，经历思想认同，再到真正的行为自觉，各个建设环节都在改变着学校的组织、制度、规范和关系等，改变着教师的心智、理念、行动，改变着学生的体验、感受、成长时，定将为学校及师生的发展提供源源不竭的动力。

重人文管理，与幸福同行

——通州区潞城镇甘棠中学学校改进思路与对策

北京市通州区甘棠中学　张健

甘棠中学位于北京通州区东南部，紧邻京杭大运河。学校教育教学质量位居通州区农村中学前列。教师队伍整体素质较好，学校各项工作稳步推进，学校办学水平逐年提升；初三毕业生合格率为100%；"厚道、坦诚、和善"的人文氛围初步形成。学校在办学质量、人文管理、综合评价等方面，得到了学生家长、社会各界的高度认可与好评。北京城市副中心建设的逐步推进和功能的逐渐完善，必将对甘棠中学产生越来越大的影响，学校区位优势逐年彰显，教育前景一片光明。但是，机遇和挑战并存，发展与滞后同在。如何发展？怎样发展？发展目标与愿景是什么？将来的定位如何？这些都是学校必须面对且亟待解决的问题。

一、学校发展的基础性分析

（一）学校基本概况

甘棠中学位于通州区潞城镇，于2001年7月建校，是一所义务教育七至九年级农村初级中学。历经二十载，紧跟新时代，在城市副中心教育发展规划的引领下，学校形成了"构建励志教育文化，培育田园特色中学"的办学理念与共识，"幸福甘棠"的学校蓝图初步绘就。

学校占地面积62400平方米，建筑面积7262平方米。现有七至九年级共11个教学班，共计332名学生。其中，进城务工人员随迁子女167人，占学生总数的50.3%。

学校现有在编教职工 58 人，其中专任教师 41 人；有中级及以上专业技术职务的专任教师 22 人，专任教师全部具有大学本科或硕士研究生学历。专任教师中有北京市优秀教师 1 名，市级骨干教师 1 名，区级骨干教师 4 名，区青年骨干教师 2 名；专任教师平均年龄 39 岁。领导班子由 10 人组成，校长 1 人，副校长 3 人，中层干部 6 人，均取得了岗位培训合格证书，合格率为 100%。

学校以"田园悦身心，励志促成才；优质求发展，特色树品牌"为办学理念，将社会主义核心价值体系、道德教育、传统文化等，有机、有序地融入了学校文化建设中。学校充分发挥农村绿水青山、环境幽静的优势，充分利用乡土资源搭建德育平台，将人文教育寓于有形的德育活动之中；强化"确保稳定抓制度，教书育人抓活动，遵规守纪抓落实，全面发展抓队伍，弘扬正气树典型"的"四抓一树"德育工作思路。

学校在教学上始终坚持面向全体学生的教育思想，坚持"全接纳、慢引导、乐心态、重合作、贵有恒"的办学思路；推行以学生为主体，教师为主导的课堂教学理念；在教学上始终坚持"五步法"进行教学，即"展标、新授、巩固、小结、检测"；紧紧依托课堂教学，沿着"立足课堂抓实效，精研备课抓考研，提升成绩抓边缘，目标明确保前三"的"三抓一保"教学工作思路，不断前行，不断创新。

（二）学校取得的成绩

在全体干部教师的共同努力下，"十三五"期间学校各项工作稳步推进，办学水平逐年提升，初三毕业生合格率为 100%；2016 年、2017 年、2018 年三年连续被评为中考优秀学校；2016 年、2018 年连续两届被评为广播操优秀学校；2018 年被评为中小学艺术教育工作优秀学校、通州区劳动教育基地。2019 年 4 月，学校承办了通州区农村中学质量提升工程现场会，校长作了主题发言。

（三）学校 SWOT 分析结果

1. 优势与强项（S）

（1）学校具有良好的人文氛围，连续几年取得优异的成绩；制度合理、人心稳定、运转平稳、良性向上，具备了一定自信。

（2）学校地处北京城市副中心边缘，具有发展前景。

（3）整个学校目标明确，主次分明，全面进步，特色彰显。

（4）干部个人能力强，团结协作精神好，彼此间关系融洽，善于补位有担当。老有榜样，青有中坚，少有豪情，都具有积极向上、永不言败的进取精神。

（5）教师队伍总体稳定，风清气正。青年教师肯干、能干，中年教师想干、巧干，每个梯队都有领军人物。市区级骨干教师逐年增加，具有优势学科。

（6）学生乐观可爱，淳朴友善，心里充满阳光；自律守规矩，诚实讲道德，精神面貌好。

（7）家长朴实善良，认可学校工作、支持学校工作。

2. 劣势与短板（W）

（1）硬件建设相对较差，落后于城市副中心的发展速度。

（2）学校的发展与未来不确定。

（3）有的教师职业规划不清晰，缺乏明确目标，工作积极性差；教师专业对口率偏低，特别是历史、地理、生物等学科。

（4）学校非京籍生源比例大，学生流动性大，基础差且能力参差不齐（学校为区内派位接收校）。这些学生没有升学机会，缺乏学习动力。

（5）学生理想与目标不够远大，"问题学生、问题家庭"有增多的趋势。

（6）农村家长文化普遍不高，家庭教育环境不健全，非京子女家庭教育问题较大。

3. 机会与展望（O）

（1）有市区优质资源学校对口支持。

（2）有区内教育发展共同体团结合作。

（3）有名校长工作室提携指导。

（4）中教科、区教师研修中心、镇政府大力支持。

（5）有教委各个科室项目支持。

（6）未来将有40万人进入通州，会有大量新建学校，干部的成长空间增大。

（7）中考改革、课程改革也提供了很多机遇。

（8）农村教师补助到位，能参与的活动增加。

（9）学生可选择的优质高中增多。

（10）学生家庭有重视教育的风气，家长对学校工作支持。

4. 现状与忧虑（T）

（1）学校没有形成一定的"社会影响力"，与取得的成绩不匹配。

（2）兄弟学校突飞猛进，特别是潞城镇地区，聚积大量优质资源校，我校是潞城域内唯一一所非优质资源校。

（3）限于编制和指标，以及所处农村的地理位置，很难有优秀大学生补充进本校教师队伍。

（4）家长文化程度相对较低，家庭差异大，缺乏科学的家教方法。

二、学校面临的机遇和挑战

随着城市副中心建设的不断推进，学校迎来了新的发展机遇与挑战。

（一）地理环境

甘棠中学坐落在潞城镇南侧，东有潮白河，西有北运河，紧邻副中心，是一所七至九年级的初中校，学校所在区域经济发展相对落后。现在，由于城市副中心选址在潞城地区，甘棠中学的地理位置势必发生重大改变，学校的定位也将会随之发生变化。

（二）教师状况

学校现有教职工 58 人。其中，高级教师 13 人，占总人数的 22.8%；一级教师 20 人，占总人数的 35.1%；市级骨干教师 1 名，区级骨干教师 4 名；教师平均年龄 41 岁。学校骨干教师比例逐年增加，但教师专业对口率较低，结构性缺编较为明显，学科差异大。

（三）生源情况

学校京籍学生日趋减少，非京籍学生比例逐年增加；学生流动性大，部分学生缺乏学习动力。

（四）办学情况

近几年，通州区引进一大批名校，仅在潞城镇就引进了北京二中、人大附中两所中学；新北京学校正在建设中（很快投入使用），优质资源校的引入对学校的发展产生了积极的影响。学校的办学整体可归纳为三点：学校和谐稳定，有质量；干部精诚团结，敢担当；教师任劳任怨，肯付出。学校的教育教学质量虽然位居全区前列，但在本镇影响力不够，与优质校硬件环境差距大。

（五）学校发展的新问题

随着城市副中心建设的推进，近几年学校的整体规划已经提上日程，但是因为种种原因始终停留在规划阶段。由于学校发展的不确定性，对学校现在的发展影响很大；学校的设施设备相对陈旧，校园环境亟待改善；教师未来发展不能确定，人心浮动相对较大。

三、勾画蓝图"甘棠梦"

（一）整体构想

虽然人的思想很难统一，但是人的目标是可以统一的。我们制定了"人文关怀、幸福工作、优质发展"的学校发展目标，提出了"我的甘棠梦——幸福在甘棠"的整体构想。对于幸福，我们是这样界定的：心情愉悦是幸福，关系融洽是幸福（舒服，有幸福感）；收入提升是幸福，生活方便是幸福（实在，有价值感）；环境优美是幸福，管理人性是幸福（愉悦，有认同感）；自我发展是幸福，学校进步是幸福（收获，有获得感）；工作忙碌是幸福，节奏紧张是幸福（充实，有存在感）；愿景清晰是幸福，争气要强是幸福（目标，有满足感）；目标达成是幸福，全面发展是幸福（进步，有成就感）。

（二）基本原则

第一，坚持可持续发展的原则。
第二，围绕副中心发展的原则。
第三，提高质量和提升品质的原则。
第四，稳步推进、逐步完善的原则。

（三）预期目标

第一，共同愿景:幸福甘棠——做幸福的甘棠人。学校"规范办学、成绩优异";干部"锐意进取、勇于担当";教师"师德高尚、内涵发展";学生"健康向上、诚实守信"。

第二，办学思想:尊重规律，让每个学生都有进步的空间。

第三，办学思路:全接纳，慢引导，乐心态，重合作，贵有恒。

第四，办学理念:田园悦身心、励志促成才、优质求发展、特色树品牌。

第五，办学宗旨:笑看花开，静待果熟。

第六，办学目标——全人教育:全体育人，育全体人;全面育人，育全面人;全程育人，育全程人。

第七，办学特色:构建幸福进取文化，创办田园优质农村中学。

第八，学校精神（水的品质）——

平和:甘棠人似水，平和温柔，却凭滴水之功，以弱胜强;

坚韧:甘棠人似水，随流赋形，却有坚守之志，保持原则;

内敛:甘棠人似水，流淌不息，却以澄明之心，安贫乐道;

大气:甘棠人似水，泽润万物，却因不争之德，诠释幸福。

第九，学校氛围:厚道，坦诚，和善的人文关系。

第十，行动纲领:以文化人，成就文化人。

第十一，育人目标:行有规，知进退;有志向，肯实践。

第十二,一训三风——

校训:勤朴、上善、博学、日新;

校风:博学、笃志、见贤、思齐;

教风:厚德、尚真、博学、善教;

学风:文明、勤奋、团结、进取。

（四）工作体系

一个目标:教育教学质量位居农村中学前列。

两个落脚点:学校的改变立足于课堂的改变;学校的发展立足于教师的发展。

四个途径：走稳定和谐发展之路；走优质幸福发展之路；走人文关怀发展之路；走文化引领发展之路。

八个促进：促进课堂教学效果提升；促进教师专业素养提升；促进教育教学质量提升；促进服务一线意识提升；促进学校安全稳定提升；促进立德树人实效提升；促进教师创新能力提升；促进学生关键能力提升。

（五）主要任务

通过反复调研梳理，学校的发展点确定为"人文管理、幸福工作、优质发展"。在此基础上，我们提出了"甘棠梦——幸福在甘棠"的发展愿景，"甘棠梦——幸福在甘棠"也成为学校"十四五"规划的主要任务。其核心价值体现在"学校精神、卓越品质、优异成绩、和谐关系、优秀团队、优美环境、丰富活动"七个方面。

四、重点工程

（一）描绘共同愿景

以"幸福甘棠——做幸福的甘棠人"为核心，构筑学校的发展愿景，进一步提高学校的凝聚力和教师的幸福感，力求实现学校"规范办学、成绩优异"，干部"锐意进取、勇于担当"，教师"师德高尚、内涵发展"，学生"健康向上、诚实守信"。在"十四五"期间，学校重点通过记录"我与甘棠共成长，我为甘棠添光彩"的精彩瞬间，"农村小规模学校教师幸福指数研究"等课题研究，"甘棠记忆"推优、树优、展优评选活动及学校微信公众号的宣传，团结带动干部教师主动参与和融入学校全面发展中，为实现"幸福甘棠"的美好愿景而增光添彩，从而书写幸福无处不在、幸福无人不知、幸福人人共享的美好篇章。

（二）铸造学校精神

以学校人文环境建设、校园文化建设、教师工作文化建设、学校管理文化建设为抓手，进一步提高教师的幸福指数。建设"厚道、坦诚、和善"的人文关系，在学校内大力宣传正能量正引导，形成学校的核心价值观——"学校精神：平和、坚韧、内敛、大气"。在全校范围内开展"幸福甘棠好故事"主题演讲活动,校长要讲、干部要讲、教师要讲、学生要讲、家长也要讲。让每个人都讲述自己的幸福故事,讲述自己心中的榜样。让正引导、正能量充满校园,让干部教师快乐工作、幸福工作、勤奋工作,让和谐相处、优质发展、平和包容等氛围蔚然成风。

(三)锤炼优秀团队

干部队伍建设注重抓领导力和执行力建设,强化以下五个方面。

第一,干部工作"六要六讲"。要贯彻上级和学校决议,讲政治;要落实上级和学校制度,讲规矩;要以身作则,讲责任;要补位搭台,讲团结;要甘于奉献,讲大局;要服从安排,讲纪律。

第二,干部责任制度。责任全担——主管的工作范畴;责任分担——部门协作的范畴;责任首担——责任意识的范畴(补位意识的范畴)。

第三,树立四种意识。当责意识——对自己的分管工作;负责意识——对工作、对上级、对自己;有责意识——模范作用、协作配合、争创一流;大局意识——个人服从集体,局部服从全局。

第四,学校管理六项体系。主责制——谁牵头,谁负总责,以事情为主体;层级制——下级服从上级,以岗位为主体;主责制——分管工作就是你的主责,以部门为主体;协作制——每个部门都有配合其他部门的职责,以学校为主体;督办制——工作有布置、有检查、有反馈、有督促,要定期向校长汇报完成情况,以个人为主体;争优制——工作完成以"按时间、按要求、高质量"为标准,不能出现被上级主管部门催办的情况,以责任为主体。干部队伍建设通过学习、反思、交流、实岗锻炼等打造责任共同体。

第五,教师队伍建设。注重教师业务培训,加强干部专业发展,精心设计"星火教师培训营活动",抓好"三新"教师培养工作。完善新教师岗前培训工作,制定甘棠中学教师岗前培训要求和培训内容《甘棠中学教育教学工作指南》《甘棠中学教职工行动准则》,使教师在短时间内掌握教师的基本技能和要求,站稳讲台。在教师队伍建设上,学校通过对外交流学习、学科论坛、项目引领、专题培训、专家引领、青训班、骨干教师工作坊等方式,打造综合素质一流的优秀教师队伍。

（四）设定预期成果

质量是发展的前提，质量是发展的关键，质量问题也是学校的中心问题，因此质量和品质必须贯穿学校发展的全过程。

第一，德育工作。继续围绕"确保稳定抓常规，立德树人抓活动，遵规守纪抓落实，全面育人抓队伍"的指导思想，完善德育课程，落实养成教育，做实主题教育。

第二，教学工作。继续坚持"立足课堂抓实效，精研备课抓考研，提升成绩抓边缘，目标明确保前三"的目标定位。立足课堂，夯实教学常规，以教师队伍建设为突破口，确保学校教学质量稳居全区前列。

第三，后勤工作。围绕"提升服务抓规范，满足需求抓灵活，促进幸福抓建设，实现发展抓规划"的四大举措，全面服务于和服务好教育教学一线。

第四，党务工作。坚持"全面领导抓落实，主题教育抓认识，党性表率抓引领，学习提升抓强国"的基本思路，落实全面从严治党的根本要求。

第五，工会工作。以"为民服务抓行动，排忧解难抓效果，桥梁纽带抓关注，和谐幸福抓宣传"为依托，做职工的知心人、暖心人。

为取得和巩固上述成果，"十四五"期间学校主要采取以下十四方面举措。

第一，明确学校教学工作目标，确保初三中考成绩位居优秀校行列。

第二，立足课堂教学，探索小组合作下师友课堂教学模式。

第三，开展教研组内的学科教学研讨沙龙。

第四，明确和强化教师外出学习，落实学习、反思、交流及形成反思日志。

第五，继续做好听课工作，每个干部每周听课二至三节，听课后要及时和教师进行沟通交流。

第六，部署落实校园开放日工作（每学期一次），开放日内容涉及学校工作的每个环节，让家长参与学校的教育教学工作，发挥督促和监督的作用。

第七，继续改进和做好教学听课周活动，每位教师全开放听课不少于五节，并进行交流；听课范围不局限于所教学课，鼓励教师跨学科听课。

第八，借助农村质量提升工程专项经费，聘请专家来校辅导（学生培优、教师业务培训、骨干学科提升培训等）。

第九，发挥身边优秀教师的带头作用，完善校内骨干教师引领课，青年教师汇报课。

第十，结合学校校园文化建设，完善入学教育课程和毕业教育课程。

第十一，结合学校劳动教育基地建设，以"田园悦身心，励志促成才"为核心，以学生开放型科学实践活动为抓手，完善学校劳动教育课程。

第十二，结合课外活动，形成完善的工作机制，打造学校的特色项目（毽球运动、葫芦烙画等）。

第十三，在现有的学校发展不确定的前提下，学校文化建设紧紧围绕"田园、劳动、体验"的教育理念进行整体规划，将学校整体划分为教学区、实践活动区、体验交流区、体育运动区、行政办公区、生活休闲区六个区域。将劳动教育、传统教育、安全教育、励志教育、感恩教育、运河文化教育、遵规守纪教育等，与学校基础建设有机融合。

第十四，加强学校基础设施建设，以便教师工作和学生学习为出发点，尽可能绿化环境、美化校园。

五、组织保障

（一）借助行政监督，促进工作全面启动

成立工作小组，校长任组长，干部教师参与到组织中来，形成干部带头、教师参与的工作局面。

（二）借助责任督学的职能，促进工作落实

成立督导组，聘请学校责任督学和退休教师组成督导组，协助工作落实。我校责任督学肖宝军院长是一名经验丰富、资源深厚、对教育具有很深情怀的退休老人，充分利用其威信和余热搞好督导。每学期干部进行一次述职，由教师和督导小组对各部门干部进行评议。

（三）借助外部优质资源，促进学校全面发展

定期邀请北京市第五十五中学的干部和教师来校交流，借助名校长工作室资源，聘请育英学校于会祥校长来校指导；借助区内共同体资源，借鉴兄弟学校的经验与做法不断促进学校发展。

通州区培智学校多彩文化建设的探索与思考

北京市通州区培智学校　王超山

北京市通州区培智学校始建于 1984 年，是通州区唯一一所专门为智障、脑瘫、孤独症及多重残疾学生提供教育、康复的全日制、九年制、寄宿制特殊教育学校。学校占地面积 11320 平方米，建筑面积 7260 平方米。现有 18 个教学班，161 名学生，58 名教职工（特级教师 1 人，高级教师 7 人，市区骨干教师 12 人），并拥有能充分体现尊重、关爱与支持，精美、独特、便利、突出生活化教育特色的校园环境。

三十多年来，学校始终坚持"让生命绽放色彩"的办学理念，实施"仁爱教育"，构建了由睿彩管理、多彩课程、亮彩教学、绚彩学生和灵彩环境组成的多彩实践体系。全校干部和教师用博大的师爱和百倍的努力，竭心尽力地承担起了对每位学生全方位呵护、训练、培养、教育的重任。在文化立校、特色办学的进程中，学校日新月异、跨越式发展，成为能满足特殊需要、规范达标、设施完善、有特色的优质特教学校，更是残疾学生快乐生活的家园、有效康复的乐园和尽享关爱的港湾。

一、以生为本，构建"多彩文化"理念体系

（一）继承传统，确立"仁爱"办学思想

办学伊始，学校提出了"努力办学，让残疾学生自食其力，走向社会"的目标。随着越来越多的多重、重度残障学生走进培智学校，"让残疾学生自食其力，走向社会"的任务越来越重。为此，校务会充分分析学校现状，多次通过专家指导、班级研究、骨干研讨等方式，确立了"让生命绽放色彩"的办学理念，以及"尊重差异，呵护成长"的核心价值观，将"以仁立身，以爱赋能"确立为学校办学目标。

"仁爱"是中华文化的核心思想,是中国儒家文化的精髓。孔子在《论语》中用"仁"诠释博爱,"仁者爱人"。因此,我们所说的"仁爱"是一种超越家庭、延及社会、国家乃至整个人类、自然、宇宙的"大爱"。我校学生均是中重度残障学生,但他们也是生命的个体,更需要尊重、理解与关爱。在学校中,教师需要有仁慈之心、宽容之德,以博爱、大爱的胸怀,接纳每一位残障儿童,并传授孩子们丰富的知识、技能,让他们成才。学生也需要拥有包容之心、仁德之品的高尚情操,并饱含感恩之心学习技能、掌握本领,过上有尊严的生活,平等地融入社会。

(二)着眼未来,丰富"仁爱"标识体系

为凸显"仁爱"文化,学校组织全体干部、教师及家长积极参与校徽设计和校歌编写,并以小组研讨形式确立学校发展目标的具体要素等,从而扩大了相关群体对办学思想的知晓率和认同感,使"仁爱教育"成为我校的精神和灵魂。

1. 校徽

校徽(图1)以爱心、运河水为主要元素,以红、蓝为主体颜色。红色象征着爱心和热情。这部分造型是"特教"首写字母"T""J"的抽象变形。字母"T"代表学生,"J"代表教师、家长及社会爱心人士。"TJ"字母组合成"心"形,寓意教师、家长及社会爱心人士时刻为学生提供有效支持。蓝色象征着理智和希望。这部分造型好似一本书,寓意学校是知识的海洋,又似运河水源远流长,寓意通州培智持续发展。校徽的整体设计蕴含着孩子们在学校的培养教育下,学会生活、快乐成长,自食其力、回报社会。

图1 培智学校校徽

2. 校旗

校旗(图2)以蓝、白为主体

图2 培智学校校旗

颜色。蓝色象征着理智和希望，白色象征着纯洁。白色部分构成图案似运河之水，整体设计寓意为运河之畔的通州区培智学校将用智慧、爱心让折翼的天使学会生活，快乐成长。

3. 校歌

校歌名为《快乐成长》，符合学校的办学理念和校训，凸显仁爱教育思想，既唱出了教师对残障学生的大爱，也唱出了特殊学生的生命追求和坚定信念。

二、仁者爱人，实施"多彩文化"实践体系

围绕已构建出的"多彩文化"的理念体系，围绕管理制度建设、课程教学实施、全面育人活动、教师专业发展和学校环境建设等方面，学校在实践中探索形成了多彩文化实践体系，全面凸显"仁爱"思想。

（一）睿彩管理，创新学生服务

以建设科学、和谐、进取的睿彩管理制度和管理团队为目标，基于学校发展现实，努力建设管理队伍，持续改进管理方式，做好管理创新。一是依法制定具有自身特色的学校章程，成立以校长任组长的依法依章治校领导小组，依法治教、依法治校。二是健全学校管理制度、各种办事程序和内部机构组织规则，突出师生主体地位，积极提升管理水平。三是努力建设管理队伍，持续增强创新意识、和谐意识、服务意识、责任意识和奉献意识，做好管理创新，切实服务好学校中的每一名学生和教师。

（二）多彩课程，满足学生需要

"让生活走进培智教育，让教育改变学生生活"是我校教学工作的终极目标，我们逐渐摸索出适合学生的多彩课程体系（国家和校本），科学、灵活地开设了生活语文、生活数学等校本课程，为各层次学生提供能满足其特殊需要、适合且实用的教育，建构了"三段五类"的多元校本课程体系，见图3。

1. 康复教育阶段

此阶段多为重度智障学生，以"学会自理"为重点，包括"综合主题教学课"和

"康复训练课"两类课程。学生在协同、结构化等包班式"综合主题教学课"上参与主题活动，在游戏中掌握新知，在"康复训练课"上"补偿缺陷"、落实个别化教育计划，适应学校生活，学会生活自理。

2. 知能教育阶段

此阶段多为中重度智障学生，以"学会生活"为重点，包括"学科主题教学课"和"兴趣训练课"两类课程。学生在突出"生活化"的"学科主题教学课"上掌握实用的生活知识，在模拟体验中学会生活，在"兴趣训练课"中培养兴趣、发展特长。

3. 职业教育阶段

此阶段主要面向大龄智障学生，以"学会生存"为重点，设置"实践体验式职业培训课"。学生在烹饪、缝纫等仿真场景中接受实用的生活技能训练，在学校与爱心人士合营的超市、洗车房等真实环境中进行职前训练，在实践中学习、在生活中强化，定向掌握生活本领，为走入社会、找到工作做好准备。

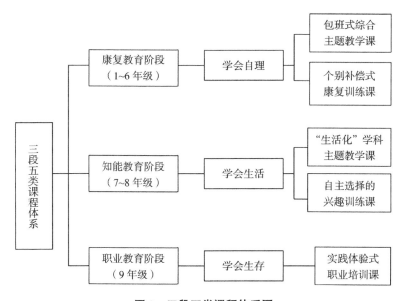

图3　三段五类课程体系图

在课程实施方面，鉴于招收的学生残障程度越来越重，学校将"语、数、适、劳"四个学科整合成"综合课"，还把在全校开设的校本课程由每周2节调整为每周4节，并加大了专门针对重度学生特殊需要的心理干预、孤独症行为矫正、语言训练和动作治疗等康复类课程的实施力度，使集体教学、小组教学、一对一个别训练等多种教学组织形式交替开展。

在课程资源方面，学校集全校干部教师的集体智慧，先后编写了3册引领全校、全学科教学生活化内容的生活读本，40多本低年级综合主题教学导引册、40多本校本课程指导手册和60余本校本教材，并研发、编制了以课标为准绳的各学科多个评估量表，还充分发挥校园网的资源优势，建立了各年级、各学科电子教材资源库、主题教学资源库和玩教具及图书资源库。

（三）亮彩课堂，立足学生实际

在教学目标上，学校坚持每学期初逐班召开由干部、教师和学生家长参与的个别化教育计划制订会，全面分析、诊断、明确每位学生的长短期教学目标，制订因人而异的"个别化教育计划"，并在全校开展"推行个别化教育计划，促进智障学生有效学习"的实践探索。

在教学实施上，学校鼓励教师不拘泥于现有教学设计框架，积极思考、改革教学设计，让日常教学设计实实在在地为构建个别化的课堂服务，并组织各组教师从每一个学生的生活需要、实际能力和学习特点出发，边研究边实践，先后总结出"活动模式""任务模式""情景模式""问题模式"等多种有效教学模式。经过综合、分析、研讨和整理，将"情境教学"作为重要的教学模式单独提出，归纳出"真、亲、趣、多、动"五字教学妙法，找到了突出学生主体、促进智障学生有效学习的金钥匙。

在教学环境上，为方便学生在真实的环境中学、做、练，学校精心布置了"春、夏、秋、冬、海洋、交通、天文地理等"18间仿真的生活主题教室，开设了可以营业的"超市""洗涤房""洗车房"等实训基地，还和周边的社区、银行、医院、公园等单位建立了良好的合作关系。当教师把学生所生活的真实世界中的物、景、事根据教学目标和需求有重点、有选择、密集式地呈现时，学生是认同并乐于接受的。在此基础上，通过辅以多手段、多举措激发学生的学习兴趣，学生可以在动手摆拼、拖拽、操作中学习、发现，在亲身活动、体验中掌握所学，凸显了课堂教学的有效性。

（四）立德树人，培育绚彩学生

学校德育工作以"十德树人"教育为抓手，以德育科研为载体，以礼孝教育为主线，以强化养成教育为重点，全面落实和践行社会主义核心价值观，以活动内容系列化、形式多样化、过程重体验、内容针对性为目标，加强活动建设，打造阳光、励志、扬长的少年。

1. 抓常规，促进学生养成教育

以"十德树人暨礼孝教育"为重点，开展"文明礼仪小标兵""孝德好少年"等活动，努力使学生外化行为，内化素质教育。

2. 抓活动，提高学生实践能力

以"生活"为核心内容，深化德育特色活动，将生存技能的培养训练和传统节日教育与家庭教育相结合，组织学生走出校园实地体验。少先队通过开展"传承经典、践行孝德、喜迎国庆"等主题大队活动，让孩子们接受针对性的教育。每学期通过坚持开展社会大课堂实践活动，孩子们在做一做中探寻、求知，从而获得提高学生实践能力和融入社会生活的能力。

3. 抓校本，挖掘学生自身潜能

根据学生爱好及需求，我们开设了美工、舞蹈、轮滑和乒乓球等兴趣小组，挖掘孩子潜能，发挥优势，补偿缺陷，让孩子们在实践中收获技能、提高自信。

4. 抓融合，拓宽学生教育途径

多次与融合教育学校开展体育节、艺术节等活动，给孩子们创造实践和交流的机会，让孩子们学会相互了解、相互包容、相互尊重，增进友谊，有效促进普特融合教育，使其健康快乐地成长。

5. 抓合作，提升家校共育合力

请家长参与学校的校本课汇报，了解教师的教学成果并感受学生的进步程度；少先队利用每月一期"红领巾小报"向家长发放教育子女的方法和建议；班主任也利用现代手段，如微信、飞信、QQ等，及时与家长进行有效的沟通，让家长全面、深入地了解学生。

6. 抓科研，激励教师专业成长

以"培智学校健康教育指导纲要的实践研究"为引领，进行有效的实践研究，激发教师从事健康教育研究的热情和信心，促进学生健康成长。

（五）灵彩环境，浸润学生心灵

基于学校现实空间和功能布局，以"仁爱教育"为基础，以"爱"为核心，学校整体规划为"一中心""三带""三园""四区"，对外形成宣传展示，对内形成激励教育，打造"仁爱"的专属氛围场。

1."一中心"

学校环境文化以仁爱教育为中心，以爱为源，让爱回到开始、回到最温暖的形态，使学校、家庭和社会在联系互通中凝聚爱、回赠爱，最终成为学校仁爱教育精神引领和目标引领的中心。

2."三带"

"三带"是指三个学校文化传送带。一是从学校大门至生活楼主甬路及其两侧，是仁爱文化的总表象区，面向学生、老师、家长、爱心志愿者、外来参观者等集中展示学校的形象和理念，集众人之力，给予孩子爱的能量，并以学生群体为聚力点，将爱传递到社会各个角落，这里是学校与社会的文化的传送和衔接之处，可对外宣传展示、凝聚各界力量。二是教学楼至综合楼的爱景廊，是面向学校老师、学生、家长、爱心志愿者、外来参观者的品德激励和行为引导区域，连接"以爱为源"和"与爱结缘"，通过游戏互动和榜样激励，引导学生了解爱，学会爱自己、爱他人和爱社会，是学校与个人的文化纽带。三是生活楼至综合楼的爱景廊，它是学校与自然文化纽带（起源自然、融于自然），让师生在自然场景中体悟，在自然中感受爱，让师生与自然结缘，让自然的爱浸润学生心灵。

3."三园"

一是游益园，是生活楼和综合楼的通行地带，为学生提供生活游戏休闲空间。通过游乐设施营造动感氛围，培养孩子的感知能力，让学生在游乐中活力四射，增强协调能力，让爱浸润孩子的心田。二是宁逸园，是生活楼与围墙的区域，为学生提供安静独处空间，通过静态的健康成长展示以及绿植设计，营造绿色生态氛围，让孩子在自然中感受生命、认知世界。三是采益园，是活动区，为学生提供户外娱乐空间。通过主题文化展示、采摘果实、特色休闲座椅、趣味引导指示路线及地面铺装游戏，打造生活休闲园，调节孩子的情绪，让生活带给孩子好心情，让孩子充满阳光和自信。

4."四区"

一是仁爱文化认识区，即教学楼，进行仁爱教育；二是仁爱文化实践区，包括操场等活动区域；三是仁爱文化总表象区，包括学校主甬路及两侧；四是仁爱文化养成区，包括食堂、住宿区等。

三、学校多彩文化建设的思考

学校文化建设工作是一个不断建设、不断完善的系统工程。一所学校最吸引人的不是外在的现代化硬件，而是弥漫于校园的每一个角落、散发自每一名师生身上的文化气息。文化通过对人的浸润最终将融化在血液中，成为生命个体无法剔除的一部分。

（一）理念文化建设至关重要

核心理念是学校文化的核心，是文化价值选择与学校精神的凝练，它就是要回答什么是最重要的问题。教育培育未来人，为未来培育什么样的人，这是我们要思考的关键问题。学校一直重视立德树人，弘扬中华优秀传统文化，培育自立自强的公民。特殊教育是为孩子一生奠基的重要教育，培育仁德富能的少年，这是我们对孩子未来的期盼，也是我们的办学追求。

（二）环境文化建设要贯彻理念

学校的环境文化建设要有整体建设的思想，把握校园文化建设的核心要素，抓住重点，有序推进校园文化建设进程，同时彰显个性。校园环境的设计还需更人性化，目前固定的教育专栏较多，学生被动接受的教育多，学生可参与实践、互动的教育场所少。

（三）理念要在课程与教学文化中践行

加强教师队伍的建设，提升教师综合素质，树立现代化的教育教学理念，提高学校文化建设全员参与的意识和能力，将办学理念切实落实和渗透在学校的课程文化、课堂文化等各方面的工作中，真正实现让每个孩子得到最好的发展，让每个孩子享受美丽的童年生活。

今后，我们会努力重视学校文化内涵的发展与建设，重视学校多彩课程体系的建设与开发，重视学校教师团队建设，为学生提供更丰富多元的课程与活动资源，为推动区域特殊教育优质发展贡献力量。我们将立足城市副中心发展的新阶段，继续行走在学校文化建设的路上。

提升完小干部领导力的实践策略

北京市通州区永顺镇中心小学　齐久波

一、问题提出

（一）北京城市副中心教育发展的必然要求

《中华人民共和国义务教育法》总则第六条明确提出：促进义务教育均衡发展，改善薄弱学校的办学条件，满足人民群众不断增长的高质量教育需求。在城市副中心建设不断深入的今天，通州人民对高质量教育的需求更加高涨，提升完小干部领导力，提高办学质量，促进永顺镇中心小学整体优质发展势在必行。

（二）办学现状的必然选择

永顺镇中心小学下辖五所完小，每所完小有两位管理干部，校长、主任各一名，是通州区典型的农村中心校。随着城市化进程的不断推进，服务区域内小区林立，生源数量不断增加，家庭对高质量教育的需求不断增强。办学规模的扩张与管理干部和师资队伍的短缺成为制约完小办学品质提升的主要矛盾。永顺镇中心小学唯有打破中心校引领完小发展的旧格局，不断提升完小干部领导力，充分激发完小办学活力，才能不负党和人民的嘱托，实现跨越式发展。

（三）提升完小办学品质的关键要素

在过去的教育发展历程中，由于办学体制的原因，中心校带完小的发展模式束缚了完小自主发展的意识，禁锢了完小干部的思想。多年来，统一管理的惯性，使各完小习惯于执行中心校的决策，缺少主动谋划、个性发展的愿望。完小干部较少，团队的领导能力薄弱，亟待变革教师的工作职能，让更多的人承担管理任务，激发全体教职员工的主动性，形成完小办学质量发展的合力。

因此，在新的教育形势下，不断提升完小干部领导力已经成为永顺镇各完小落实"做好教育改革实践，打造特色教育品牌，实现'本真教育'理想"发展目标的关键要素。

二、完小干部领导力内容

完小干部领导力的内容：愿景领导力，明确学校办学理念；课程领导力，发展与完善学校课程体系；管理领导力，优化学校组织管理；文化领导力，构建学校文化；教师发展领导力，促进教师专业发展，激发教师工作积极性。

三、完小干部领导力提升的实践路径与策略

（一）完小干部领导力提升的实践路径

基于教育行政部门对农村中心校发展的要求，我们不断寻找学校发展的关键问题，研读文献资料，与专家一起论证完小干部领导力与完小发展的关系，提出了"提升干部领导力、办有品质教育"的实践路径，并在实践研究中推动五维领导力与教育品质的相互转化与螺旋式发展，见图 1。

（二）完小干部领导力提升的策略

完小干部领导力是完小干部在完小领导过程中体现出来的影响力。我们初步构建了五维领导力 VCMCT 培训体系，见表 1。

1. 愿景领导力的提升

"本真教育"办学理念是中心校下辖六所完小共同的价值追求，是各完小协同发展的灵魂。各完小在中心校引领下，深入研读"本真教育"理念，深刻把握"回归教育本质，追求成长真谛"的理念精髓，形成永顺镇中心小学共同的教育基因。在相同价值追求的指引下，各完小从自身发展的优势和特点出发，从不同的视角解读"本真"教育，从而确定办学方向，追寻办学目标，形成办学风格，达成共同的发展愿景。永顺镇中心小学名校办学理念见表 2。

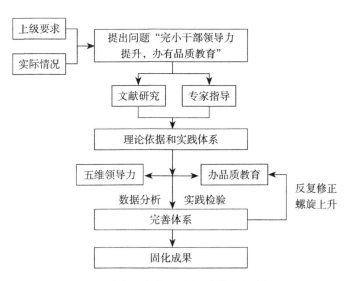

图 1 完小干部领导力提升的实践路径

表 1 完小干部 VCMCT 五维领导力体系

五维领导力（VCMCT）	决策力	沟通力	执行力
愿景 （Vision）	明确办学理念	与教师沟通办学理念 并获得教师认同	以办学理念引领 学校教育教学工作
课程 （Curriculum）	构建学校课程体系	将课程体系融入 学校文化	创造性地 实施课程体系
管理 （Management）	优化教育教学管理制度	管理制度清晰明确	确保教育教学工作 安全、有序地进行
文化 （Culture）	确立办学特色、 构建文化体系	组织实施特色文化	形成特色文化
教师发展 （Teacher development）	构建教师专业发展体系	激发教师工作积极性	提升教师队伍 专业水平

表 2 永顺镇中心小学各校办学理念体系表

单位	办学理念	办学目标	育人目标
中心校	本真教育	办一所遵循规律、崇尚真实、助益成长的本真学园	培养纯真友善、灵动慧思、坚韧阳光的本真少年
西马庄小学	真生命·生命保真	打造优质学校，办人民满意的教育	让生命灵动、闪光

续表

单位	办学理念	办学目标	育人目标
乔庄小学	真底蕴·文化立真	塑造魅力教师、幸福学生、和谐校园	培育纯真至善、灵动善思、坚韧阳光的运河少年
龙旺庄小学	真创新·乐思求真	遵教育规律，促和谐发展，育科技之花，享幸福人生	心有梦想，学有特长，德正行端，体健身强
焦王庄小学	真品格·爱国修真	为学生创造幸福童年，为社会培养合格公民，为国家塑造栋梁	热爱祖国，诚信做人，勤奋求知，合作乐群
范庄小学	真健康·健康养真	一切为了师生的健康、和谐发展	培养尚德、健美、聪慧、乐群的阳光少年

2. 课程领导力的提升

在"本真"教育理念的指引下，永顺镇中心小学及各完小把学生放在课程的中心，还原教育生态，分层次构建了适合学校发展的课程体系。各完小课程领导小组从中心校运河文化特色教育的给养和积淀中提炼精华，以中心校"扬帆课程体系"为基点，以本校的办学理念为教育使命，形成了课程目标清晰、课程形式多样、课程特色鲜明的优质课程体系，如表3所示。

表3　永顺镇中心小学各校课程体系表

单位	课程体系	单位	课程体系
中心校	扬帆课程体系	西马庄小学	生命课程体系
乔庄小学	君子素养课程体系	范庄小学	健康课程体系
龙旺庄小学	科技教育课程体系	焦王庄小学	国防教育课程体系

为了充分发挥课程育人功能，中心校引领完小干部、教师抓住教育热点、回归教育本真、坚守学校特质，以学科实践活动系列课程、运河研学课程、中华传统文化课程、德育教育课程为突破口。在执行好国家课程的基础上，充满智慧地建构课程，创造性地实施课程。

3. 管理领导力的提升

（1）简政分权，激发管理活力。中心校依托政策优势，允许各个完小在部门管理机制方面进行创新，充分尊重完小的个性发展，立足学校的整体提升，构建与北京城市副中心发展要求匹配的教育新生态。学校的管理理念是"永远不要做下级能做的事情，永远不要让下级做只能由你做的事情"。在这一理念下，完小领导敢于对教师放权，让他们承担更多的职责，调动了教师工作积极性，在一定程度上缓解了完小干部短缺的困境。

（2）学、践、思，提升管理能力，主要包括以下三个方面内容。

学习：每周一，中心校组织完小干部学习上级行政部门的文件，了解副中心教育时事，让完小干部的思维紧跟副中心建设的要求。每周二，完小教师会，在传达中心校工作精神的基础上，对本校各部门负责的工作进行汇报、总结，完小干部对教师一周工作提出新的要求，促进教师管理能力的提升。中心校定期聘请专家、学者进行专题讲座，提升完小干部、教师的专业素养。通过完小校长管理培训班、完小管理规范化专题培训、创建文明城区全员培训等手段，提升完小教育工作者的管理能力和理论水平。中心校引领完小干部走进通州区潞县中心小学、临河里小学、通州区南关小学、贡院小学实地调研，与兄弟学校互动交流、分享管理经验，拓展完小管理的思路和方法。

实践：中心校每学期走进一所完小，对完小工作进行全面视导，检验完小干部、教师在日常工作中的管理能力。此外，中心校还抓住重大活动的契机，指导完小开展工作，提升完小的管理水平，引领完小管理团队在实践中磨砺与提升。

反思：反思是完小干部在工作中思考，在思考中提升的过程。学期初，举行完小工作思路汇报会；学期末，举行完小工作总结会；平时还举办重大活动的经验交流会，帮助完小干部养成反思的习惯。

（3）搭建平台，形成管理合力。完小轮流承担展示活动，为完小干部搭建实践的平台。中心校形成适度评价、良性竞争的工作机制，使完小的干部、教师心往一块想，劲儿往一块使，形成管理合力。每学年，各完小要依次举办科技节、读书节、艺术节、体育节、传统文化节日、家长开放日等多个展示活动。活动采取一所完小主办，中心校和其他完小观摩的形式。在筹备、展示过程中，干部、教师各司其职，提升了全体教育工作者的领导力。

管理领导力的提升，造就了永顺镇各完小稳定、向上的发展状态，使学校的教育品质逐年提升。在通州区教委对完小办学标准化检查和国家义务教育标准检查工作中，完小干部出色地完成了任务，备受上级领导好评。

4. 学校文化特色领导力的提升

运河文化教育特色作为整个中心校的办学特色，统领着六所完小内涵发展的方向。同时，我们还强调完小的个性化发展，要求完小校长思考各自学校的地域、师资特点，将运河文化的基因融入自己的血脉中，形成了合而不同的特色发展格局。见表4。

表4 各完小办学特色

单位	特色	特色内涵
龙旺庄小学	科技陪伴成长，创新启智未来	以科学的手段对古代运河漕运，现代运河发展进行研究，提出建设家乡的建议
焦王庄小学	涵养赤子丹心，浸润家国情怀	对通州的爱国名人、将领、战事、开凿运河的历史人物进行研究
范庄小学	和谐构筑典范，健康精彩童年	挖掘运河民间体育项目和体育游戏，将传统体育融入校园
西马庄小学	书香溢满校园，悦读润泽生命	挖掘运河文化的精神内涵，以读书和健身为主线，让生命灵动、闪光
发电厂小学	滋养触拨心灵，良习获益终生	做运河人主题教育，学习运河名人事迹，对学生情感进行教育
乔庄小学	谆谆教诲之性，谦谦君子之道	对运河漕运过程中形成的诗词歌赋，历史名人进行学习

运河文化特色建设过程中，各完小发挥全体教职工的主观能动性，确立一个自主发展主题。充分任用有志、有思想的教师发挥自己的优势，大胆构思、积极探索、谨慎求证和学校领导一起确立学校特色发展主题，形成众星拱月型特色发展格局，实现完小管理团队文化领导力的提升。

5. 教师发展领导力的提升

教师是办有品质教育的基础，为了满足不同层次教师发展的需要，中心校整体设计了培训模式。各完小在中心校培训框架下，结合各校自身优势，积极探索不断深化，形成了适合本校教师发展的培训体系，见表5。

表 5　教师培养体系表

项目名称	培训形式	培训目标
校本培训	全员参与，项目培训	提升教师师德水平、教学基本功、专业知识水平等
青蓝工程	完小干部、骨干教师与适应期教师结成师徒对子	培养掌握基本教学规律，能上课、会上课的合格教师
主题联合教研	挖掘完小教学质量提升过程中的关键问题与运河小学、临河里小学等通州区优质资源校开展联合教研	提高完小教研的针对性和校本教研质量；借助兄弟学校的师资力量，激发完小教研活力
课题研究	以完小教研组为单位，针对有价值的教育教学问题开展研究	立足课堂，以科研的手段、态度发现教育教学规律，培养教师的反思意识和研究能力
学科团队建设	以中心校学科大组为单位，以学科优秀教师为核心，在前门小学骨干教师的指导下开展有效的学科教研活动	突出核心教师的引领作用，以优培优促进全学科发展
高端研修	支持教师参加"名师工作室""运河领军人才""跟岗脱产"等市、区项目的培训	培养学校骨干教学力量

依托教育集团化办学，
探索提升办学品质的有效途径

北京市第二中学通州校区　郝书金

一、学校的现状与存在的问题

（一）学校的现状

1. 学校的历史发展

北京市第二中学通州校区于 2006 年 8 月建校，最初是名校办分校模式，是通州区引入北京市东城区示范校优质办学资源建设的一所十二年制学校。2012 年 8 月，我校成为一所完全中学，被北京市教委确立为首批"北京市城乡新区一体化建设学校"之一，探索城乡新区一体化办学模式。2015 年，我校成为北京市第二中学教育集团成员校之一，开启了教育集团化办学模式，面临着管理与发展的双重探索与挑战。

2. 学校的现状

北京市第二中学通州校区位于通州区潞城镇三元村东，西邻京杭大运河，地处北京城市副中心的核心区。学校总占地面积 120 亩，建筑面积 4 万平方米。2019 年，学校共有教学班 36 个，学生 1245 名。一线教师 140 多人，其中特级教师 1 人，市级骨干 2 人，区级骨干 35 人。学校未来将达到 48~54 个教学班，约 2300 名学生的规模。

（二）学校面临的问题

1. 学校面临的机遇和挑战

随着北京城市副中心的建设，北京市通州区也加快了对教育优质资源的引进。

人大附中、首师大附中、北京五中和北理工附中等重点中学，都已在该区域建立了校区并且完成了几届招生工作。这些学校进入通州后一举打破了以往通州中考的招生模式，完全是以学生填报为依据，不再对学校设定划档线，无形中增加了学校间的竞争压力。随着优质教育资源的大量引进，兄弟学校与我校之间的竞争将愈演愈烈，能否在竞争中脱颖而出，关乎学校今后的生存和发展。

2. 办学理念的重塑

一个学校的办学理念直接涉及学校发展的定位和未来发展方向。2015 年，我校成为北京市第二中学（简称"北京二中"）教育集团成员之一，学校开启了教育集团化办学模式。如何重塑办学理念，是学校办学品质提升的首要问题。北京二中教育集团的办学理念如何融入我校，形成办学特色，引发了学校领导们的思考。

3. 课程体系的构建

随着中高考改革深入，学校课程改革必须适应中高考改革，满足学生个性化和多样化的发展需要。

4. 教师专业化发展的问题

我校教师师资水平仍有待提高。特级教师、市学科带头人、市级骨干教师缺乏。随着中高考改革，学校除语、数、英以外的学科方面的师资力量较薄弱；教师男女比例严重失衡，近 90% 都是女教师。此外，一线教师严重不足，而学校编制又超编，需要引导部分行政岗位的教师转向一线教师。

基于上述缘由，学校确立了"依托教育集团资源，探索学校办学品质提升的途径研究"课题，以促进学校跨越式发展。

（三）课题研究的意义

1. 理论意义

通过研究，可为丰富教育集团发展理论贡献微薄之力。

2. 现实意义

通过分析和探讨我校存在的问题，寻求合理的解决对策，也可为其他教育集团在集团化办学过程中办学品质提升，提供参考建议和有效的实施依据。

二、课题研究的整体思路

（一）核心概念界定

1. 集团化办学

集团化办学是指各名校集团以名校校长为领衔校长，由专家顾问、各校区校长组成的决策机构负责学校共同体的整体规划，并形成相应的执行系统、监督反馈系统。名校和各校之间既有统一的协调和管理，以保证同样的教育品质；各校之间又相对独立，追求各自的办学特色，实现互惠互助、共同成长。

2. 办学品质

办学品质是指学校的品牌特性，主要包括办学理念品质、课程体系品质、师资队伍品质三个方面。

（二）确立课题研究的目标与三个点

1. 目标

通过课题研究实现让家长满意、学生充分发展、教师专业发展，每位学校成员都有获得感和幸福感，推进我校办学品质提升。

2. 切入点

我们先从办学理念创新入手，了解领导干部和教师办学理念现状，分析与北京二中教育集团的差异。

3. 核心点

以教师专业发展为核心点。我校目前全国特级教师、北京市学科带头人、市骨干教师人数非常少，必须加强师资队伍建设，这样才能达到高办学品质的要求。

4. 创新点

将集团化办学和办学品质相结合，既符合我校实情需要，又切合教育发展趋势，使课题研究既有一定现实意义，也有一定理论意义。

（三）研究方法

1. 文献分析法

在研究过程中，课题组通过网络、图书馆等渠道，查阅大量与"集团化办学和办学品质"主题有关的书籍、期刊、论文、网站等资料，完成了课题文献综述，梳理了学校面临的问题。

2. 问卷调查与访谈法

课题组问卷调查了我校领导班子（校级领导）和教师对办学现状的看法，分析了影响办学品质的核心因素，并通过结构式访谈法和非结构式访谈，探讨了提升办学品质的有效途径。

3. 行动研究法

课题组将研究与实践结合，互为促进，积极探索学校办学品质提升的有效途径。

（四）课题研究的进程

1. 课题研究的技术路线图

研究内容及实施路线如图1所示。

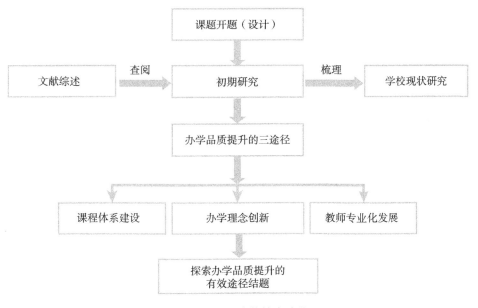

图1　课题研究的技术路线

2. 具体步骤

（1）课题研究准备阶段（2019年3月—2019年5月）。在完成文献研究基础上，做好课题开题报告，制定课题实施方案；成立课题研究小组，完成人员分工。

（2）课题调查研究阶段（2019年6月—2019年8月）。开展我校师生与家长对"集团化办学和现代化学校"现状调查，教师职业发展规划调查，为集团化办学下现代化学校建设途径探索顶层设计提供数据支持，撰写《我校现代化学校建设现状调查报告》。

（3）课题实施阶段（2019年9月—2020年6月）。探索集团化办学的理念与具体实现学校办学理念现代化融合措施，探索北京二中教育集团课程体系与我校课程体系现代化有效整合措施，探索集团化办学背景下，师资队伍建设现代化的具体措施，撰写论文《构建现代化课程体系，促进学生多元化发展》和《在集团化办学背景下促进教师职业发展的措施研究》。

（4）课题结题阶段（2020年7月—2020年8月）。完成课题总结，撰写结题报告。

三、课题研究的具体措施

（一）重塑我校办学理念

办学理念是学校文化的基础、中心和灵魂。办学理念具有战略性、引领性、稳定性、独特性和实践性等多种属性。一个好的办学理念应该符合教育的本质规律，既体现教育的本真目的，又体现鲜明的学校特质，同时还应该具有可实践性。这是校长思考和确立学校的办学理念的基本准则。它是办学品质的核心与灵魂。学校办学理念的定位是既彰显教育集团化办学优势，也具有自身特色。

通州校区秉承北京二中"空气养人"的办学理念。在"空气养人"的氛围中，树立"一切为了学生未来发展"的办学思想，得到了全体师生的认同和支持；同时，也诠释了校训、教风、校风等内容。校训是"团结、进取、求是、创新"，体现着学校的核心价值观，在日常学习工作中被全体师生一致认同与践行（"团结"是指师生、家长团结一致，为了实现办学目标共同努力。"进取"是指师生面对困难敢于迎接挑战的拼搏精神。"求是"是指脚踏实地遵循教育规律的科学态度。"创新"是师生要以科学的态度和精神，探索和寻求学习的规律）。我校倡导的教风为"有爱心、肯奉献、讲合作、创卓越"，与努力培育的"尊师敬长、刻苦严谨、好学乐群、志向高远"学风相互对应，最终形成了"校以育人为本、师以敬业为乐、生以成才为志"的校风。

（二）构建科学的课程体系

课程体系是学校办学品质提升的重要载体，也是推进集团成员校办学品质的重要抓手。课程建设需要对课程经验、课程资源、课程保障机制进行现状分析，注意顶层设计，采取行政发动、机制引动、课题带动、活动促动、专家推动等策略。要以国家课程为主干、校本课程为补充，以基础课程为核心、拓展课程为延伸，以文化课程为支点、实践课程为载体，进行有特色的学校课程建设，着力构建符合学生成长规律和社会发展需要的校本课程体系。课程体系建设是实现办学理念的重要方式，也是教师专业化发展的主要完成手段。

在集团课程体系基础上，我校探索构建了属于通州校区的特色课程体系，满足学生个性化需求。在开足和开齐国家课程的基础上，我校积极研发特色校本课程，满足学生个性化需求。

（1）学科拓展类课程，主要目标是国家课程校本化。我校开设了包括汉字文化、生活中的数学、英语歌曲与故事、化学与社会、生物学与健康等课程。它们是学科知识的拓展，也是学科知识的生活化、趣味化。这些课程不仅能开阔学生学科视野，还能激发同学们对学科学习的浓厚兴趣。目前，我校共开设了24门学科拓展类课程。

（2）潜能激发类课程，主要目标是满足学生个性发展与特长发展需要。我们开设了形体、美术、剪纸、体育、动漫和学生社团活动等课程。这些课程让学生在活动中展现个性风采，学会交流、学会合作、学会策划、学会组织，使他们多方面的能力得到了有效锻炼。2019年，我校共开设了15门潜能开发类课程，成立了10个社团组织，为学生个性化发展提供了展示空间。

（3）学涯规划类课程，包括"学涯规划教育""古典文化常识""创新思维训练""中华传统文化教育——传统节日、礼仪和家训"等课程。这些课程引领学生走进社区、工厂、公司、军营、大学和科研院所，通过劳动、参观、调研，使学生学会关注、观察、分析社会的发展，初步形成一定的社会实践能力和社会适应能力，并让他们逐步明白了学习的目的和意义，增强了社会责任意识。我校共开设了5门学涯规划类课程，建立了6个学涯发展的社会基地，指导学生多样化体验职业，为学生高中毕业专业选择提供了具有可操作性的参考建议。

（4）引进教育集团的特色课程。引进游学项目，让学生贴近大自然，在实践中学习；聘请外教，让学生生动地学习英语，提升语言学习兴趣。

（三）有效促进教师专业发展

1. 顶层设计，引领教师专业发展

学校教师专业成长的依据是教师职业生涯发展规律，由学校办公室制订校本培训计划，征集讲坛议题，定期由教育集团的教育专家、教育名师担任讲坛主讲人，为其他教师工作室成员传经送宝，指点迷津，分享教育教学心得，探讨教师成长历程。我校成立了研究生教师发展促进会、班主任工作交流会，并组建了教育专家、教育名师、学科带头人、青年骨干教师、名班主任和研究生教师六个教师工作室，通过"因材施培""因材施评""以大气成大器""明大事成大师"的引领思路助力名师成长。

2. 引进外援，激发教师内动力

学校成立了"特级教师工作室"，聘请了北京市基础教研中心物理特级教师陶昌宏、北京二中语文特级教师范锦荣、数学特级教师庄肃欣、人大附中历史特级教师李晓峰，通州区教师研修中心地理市级学科带头人全斌老师作为我校优秀青年教师的导师，结成师徒对子，进行高端培训，促进我校青年教师成长。

北京二中通过视导、研讨等方式，帮助我校教师提高教学水平。我校还与北京二中进行干部、教师轮岗，校区之间实行定期的备课研讨制度；参加通州区和东城区教育教学研讨活动，以进一步提高教师的专业水平。

3. 进入课堂，提高教学实效性

以课堂教学实效性的研究为切入点，提高教师课堂管理水平，提升其教学设计、课堂提问、教师反馈和评价的能力；积极开展第一届"青蓝杯"青年教师课堂教学竞赛活动；以赛课、评课促进教师专业发展。

4. 借助集团，提高教师专业化素养

第一，送课到校，示范引领。北京二中定期安排骨干教师到通州校区进行现场授课，让学生享受优质教育资源的同时，也给校区的教师起到了很好的课堂示范作用。2017年至今，北京二中共派出130多人次，授课310节次，涵盖初中、高中的主要学科。此外，北京二中聘请两位特级教师，长期在通州校区任课。我校教师每次可以全程听课，课后进行研讨，这对我校教师起到了很好的示范引领作用。

第二，集团备课，提升教研水平。北京二中教育集团实行集团成员校大备课制度，我校初中、高中备课组每周参加集团备课活动，实现教学进度、标准要求的统一。在常规备课活动之外，每学期各学科教师还分别参加集团高端备课培训，拓展专业视野。

第三，师徒结对，个性辅导。集团特聘请北京二中及分校优秀的市、区级骨干教师作为我校青年教师的师傅，对青年教师实行一对一的"导师制"带教活动，签订导师协议和青年教师协议。2017年至2019年，我校高中55位教师、初中24位教师成为北京二中市、区级骨干教师的徒弟。

第四，青年教师，针对培训。北京二中教育集团依据北京市教委"启航杯"活动要求对青年教师进行有针对性的培训，我校青年教师全员参加了教育集团的培训活动，推动了教师迅速成长。

第五，教学竞赛，专家指导。针对我校参加国家、市区级专项比赛和课堂展示活动的老师，北京二中会给予专门指导。

第六，同课异构，课堂提升。教育集团主要针对初中教师在四所成员校间开展同课异构教学活动，四所成员校轮流做主场。各年级各学科教师分时段到主办校集中进行同课异构教学活动，课后进行集体研讨。这个教学活动在准备阶段就要求各备课组深入备课、磨课，同时要求不断提升教师的即时课堂智慧，以及对课堂的把控能力。

教师根据自己的实际、教学经验、教学风格、教学技能及学生状况进行不同的教学设计，力争突出自己的教学风格和特色。在同课异构过程中，教师集教学者、学习者、研究者三个角色于一身，在开放、多元的教学环境中，互相学习、交流和借鉴，开阔教学视野，提升教学水平，改进教学方法，真正实现了教师的专业发展和教学质量的提升，极大地增进了集团教师间的交流合作，为今后持续的合作研讨打下了良好的基础。

四、课题研究取得的成效

（一）学校知名度不断提高

2016年11月，成为北京市中小学教师校本培训示范学校。

2017年1月，被评为2016年京城百所特色校京城最具幸福感领军中学。

2017 年 6 月，荣获北京市中小学第一届"京教杯"通州区青年教师教学基本功展示活动优秀组织奖。

2011 年至 2019 年，连续九年被评为区初三毕业班工作优秀学校和高招工作目标管理优秀集体，2014 年和 2019 年区高考优秀校。

2017 年 12 月，被评为 2017 年普通高中会考工作先进集体。

（二）教师专业能力显著提升

我校教师在国家、市区级教学活动和论文评比中获得奖项共计 420 余项。

（三）学生发展得到充分展示

近两年，学校的中、高考成绩连创辉煌。2018 年、2019 年中、高考成绩取得突破性进步。

第二篇

师资建设新路径

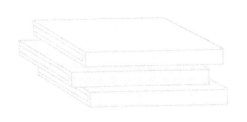

提高初中数学教师课堂提问
有效性的策略研究

——以通州区第六中学数学组教师为例

北京市通州区第六中学　常恩元

课堂是师生交流共同成长的场所,"凡善教者,必善问",提问是课堂教学中不可缺少的重要组成部分,在教学中具有重要意义和作用,是"有效教学的核心"。教学中离不开教师的"问",但要问出水平、问到位,切实激发学生的求知欲,调节课堂气氛,培养学生口头表达能力,促进学生思维发展,使提问成为学生创造的源泉,就需要教师拥有正确育人理念,较强的专业能力与素养。当前,教师为了落实课改理念,突出学生主体地位,调动学生参与教学的积极性,启发学生的思维,克服满堂灌的教学倾向,普遍重视课堂提问,但由于不少教师缺乏课堂提问的技巧与艺术,致使教师"问"了不少,形式上很热闹,效果不佳,最终影响了教学的实效。为了切实提高课堂提问的有效性,发挥其应有的作用,特开展此研究。

一、研究对象、内容与方法

(一)研究对象

我们以通州区第六中学数学组全体教师(14人)为研究对象。通州区第六中学数学组教师均为女教师。其中,年龄35岁及以下教师4人,36岁至50岁教师8人,51岁及以上教师2人。

从教师的教龄看,教龄5年以下教师4人,教龄满10年不满15年的教师1人,教龄满 15 年不满 20 年的教师 1 人，教龄满 20 年及以上的教师 8 人。可见，教龄 20 年及以上的教师占主体，达 57.1%。

从教师职称看，初级教师 6 人，中级教师 5 人，高级教师 2 人，正高级教师 1 人，初中级职称教师占主体，达 78.6%。

从教师原始学历看，中专（中师）4 人，大专 5 人，本科 4 人，研究生 1 人，整体学历水平还有待提升。

（二）研究内容

研究内容主要包括两个方面：一是了解教师课堂教学中提问与学生问题回答的实际状况；二是针对教师课堂提问中的问题，探讨恰当对策，帮助教师课堂提问水平的改进、教学质量的提高。

（三）研究方法

文献法：通过查阅、分析、整理此课题的相关文献资料，了解国内外的研究现状及存在的问题，为本课题的研究提供理论与实践上的指导，确保此课题研究顺利进行，并取得预期成效。

调查法：通过问卷、访谈、课堂观察了解教师教学中提问与学生问题回答的实际状况，深入掌握教师提问的优势和存在的问题。问卷由课题组研制，并经校外专家审定。此课题研究中，全校学生 846 人，随机抽取 771 名学生参加网上调查，占学生总数的 91.1%，问卷有效率 100%；参与调查的教师 14 名，发放问卷 14 份，回收 14 份，有效问卷 14 份。

二、初中数学教师课堂提问存在的问题与分析

调查发现，通州六中数学教师课堂提问具有如下优势：能坚持面向全体，具有启发性、激励性、层次性，并注重问题提出的系统性，能够给予学生思考的时间，能有力促进学生思维的发展等，但也存在一些突出的问题，须引起关注。

（一）学生学习数学的兴趣需要进一步激发

调查显示，全校三个年级合计 51.7% 的学生喜欢上数学课；态度一般的为 30.8%；不喜欢的占 17.5%。从三个年级"喜欢"的选项看，初一年级为 42.4%；初二年级为 58.5%；初三级为 53.2%。三个年级喜欢数学的程度呈马鞍形分布。出现此问题的原因可能有三点：其一，是来自学科的本身，小学、初中数学知识存在跨度，升入中学后数学较过去难度加大，致使初一年级学生选择"喜欢"选项的人数比相对较低。其二，教师能够及时发现学生学习上困难，积极引导，帮助学生解决问题，提升学生学习的信心，使学生在初二时选择"喜欢"的人数比最高。其三，初三数学难度加大、综合性增强，致使学生出现畏惧数学的心理，造成初三学生选择"喜欢"数学的人数比略有降低。通过三个年级的教师课堂教学观察，教师低效提问或无效提问两者合计达 30% 的教师，学生的喜好程度明显低于提问有效性 80% 以上的教师，三个年级的情况相同。美国心理学家布鲁纳说："学习最好的动机是对所学学科的兴趣。"另外，2018 年国家义务教育质量监测显示："从全国来看，数学学习兴趣高的学生，其数学学业成绩平均分相对较高。"从学校调查数据看，还有近一半的学生缺乏学数学的兴趣，在激发学生学习兴趣、调动学生积极性、增强课堂吸引力上，需要加强研究。

（二）教师提问时的表达能力需进一步提升

调查显示，68.6% 的学生认为教师表述清晰，26.9% 的学生认为教师表述偶尔清晰，还有 4.5% 的学生认为教师表述得不清晰。关于教师提问是否有口头语方面的问题，90.6% 的学生认为有，8.4% 的学生认为偶尔有，1% 的学生的认为没有。通过课堂观察，我们发现教师在提问时语言表达确实存在一些问题，如语言不准确、指向不明、不合逻辑、过于呆板、口头语过多等，容易使学生对问题理解产生障碍。为了克服这种障碍，有时教师只能一遍遍地重复或机械式解释，这就大大浪费了课堂的宝贵时间。这些都说明在提问的表达方面，教师还要加强训练。

（三）教师提问的问题还需精心设计

调查显示，68.6% 学生认为教师的提问有精心设计，27% 的学生认为教师提问的问题偶尔精心设计，4.4% 的学生认为教师的提问随意。从初一到初三三个年级

"提问有精心设计"的选项看，占比大体相同，分别为 68.2%、70.7%、68.8%。问题缺少精心的设计，就必然会造成教学的低效，甚至无效。缺少精心的设计，就容易偏离课标、偏离教材、偏离学生的实际。缺少精心的设计往往反映出教师对提出的问题缺少系统性的思考。从数据看，在精心设计问题方面，教师还有较大改进空间。

（四）教师的提问在促进学生提升思维水平方面还有待提高

68.6% 的学生认可教师提问有助于思维水平的提升，27% 的学生认为偶尔有，4.4% 的学生认为没有。从有助于"思维水平提升"的选项看，初一到初三三个年级占比基本相同，分别为 68.8%、70.0%、68.2%。在课堂观察中我们发现，部分教师的提问过于简单，难以达到启发思维的作用。数学教学的目的，不仅仅是传授知识，更重要的是教给学生学习的方法，培养学生思维能力和良好的思维品质，全面提高学生的数学素养。能否把核心素养培养好，关键是思维教学。关于教师的提问是否有助于提升学生思维水平，表面看是需要教师重视学生思维品质培养的问题；而从实质看是需要教师转变教学观念问题，教育的价值要从知识传授向思维能力培养转变。

（五）教师提问时的态度语气需要认真研究改进

在"你认为教师提问态度和语气对回答问题的影响"方面，51.7% 的学生认为有影响，30.8% 的学生认为影响不大，17.5% 的学生认为不会有影响。在"学生问题回答不好时，教师提问时和提问后的行为与态度的变化对学生的影响"，有 4.2% 的学生认为教师的行为和态度变坏了，67% 的学生认为教师会依情况而定。在课下的学生访谈中，学生一致认为教师行为、态度的改变会影响师生关系及学生知识的掌握。如果教师的提问使学生对课堂学习产生畏惧感、压力感，总处于一种不安和紧张的状态，势必会影响学生的学习效果。

三、提高初中数学教师课堂提问有效性的策略

针对研究中发现的初中数学教师课堂提问存在的问题，学校从三个层面采取了相应的策略。

（一）以普适性为基础的全校性培训

1. 加强课堂育人理念的培训，关注有效教学

教师课堂提问提什么问题，与教师的育人理念、教学观、学生观等因素有直接的关系。提升课堂提问的有效性必须以教师教育观念的更新为前提。每学年开学前，学校统筹规划，精心安排教师的系统培训并认真加以落实。这些措施可以帮助教师克服应试思想的侵蚀，关注课程的育人作用，关注学生的未来发展，关注学生发展的潜力和多样性，主动处理好传授知识与培养能力的关系，引导学生质疑、探究，在实践中学习，使每名学生得到充分和谐的发展。

2. 举办提升课堂提问有效性的专题培训

提问是课堂上非常普遍而又极其重要的教学活动，优秀教师的教不仅在于会讲，更在于会问。富有艺术性的有效提问是"有效教学的灵魂"。针对前期调研中发现的问题，围绕"提高课堂提问有效性"这一主题，学校聘请了专家、名师来校指导、做讲座，内容涉及教师课堂提问如何更好地表述；是否能根据班级里学生不同的知识储备、能力水平和接受程度设置不同的问题；候答时间是否能让学生有足够的时间反应；教师提问是否能够体现系统性；教师的提问能否启发学生的思维等。专题培训可以帮助教师答疑解惑，促进其课堂提问能力的提升。

（二）体现学科特色的教研组（备课组）培训

1. 加强学科知识、教育理论的培训

教研组积极围绕三大学习工程——"课标、教材系统学习工程""教育理论系统学习工程""走进学生工程"开展学科知识、教育理论的培训，使教师能够基于课堂教学的实际科学设计问题，提高问题的针对性，更好优化课堂教学实践，促进学生的发展。

2. 围绕提高课堂提问有效性，开展集体专题教研

就如何提升教师课堂提问的有效性，教研组（备课组）首先纳入学年、学期教研计划，明确活动的时间、地点、主题、中心发言人，从理论、实践两个方面加以研究。教研组长重视发挥每一位教师的作用，给教师布置具体的任务，如"寻找课堂提问有效性的理论依据""用课堂提问的有效性理论分析自己的教学问题"等，也关注通过交流，形成集体智慧，帮助教师找到理论的支撑及成功的经验；同时，

注意专题教研活动安排系列化，让教研组建设和每位教师的成长发展紧密联系起来，增强每位教师的参与意识、主体意识与发展意识。

3. 组织全体数学教师开展多样的课堂教学观察，查找课堂提问中的问题

教学实践证明，只有在具有创造性和批判性的"对话式教学"中才能促进学生的个性化发展，而提问又是教学对话的关键。只有能激励学生思考、激励学生自发地反思自己回答的问题，才能帮助学生会思考、会学习。针对教师的提问，课题组成员、教学干部、外聘专家开展课堂教学观察活动，事先拟定教师课堂提问观察表，组织好课堂教学观察活动的落实。通过课前会议明确观察者要观察的问题；进入课堂观察环节，观察者根据观察点，选择观察位置，运用量表做好课堂实录；课后会议，帮助教师获得课堂提问的真实信息，捕捉课堂提问的不足，分析研究形成的原因，及时调整课堂提问的技巧，提升问题的设计能力，促进教学观念的更新与转变，激发教师的教育智慧，促进教师的专业成长。

4. 在专家的指导下，探索课堂提问有效性标准

结合前期问卷调查、课堂观察及学科教学录像分析，立足于学生知识的掌握、思维的发展、能力的提升，在参考 2016 年 4 月辽宁师范大学左博雯《课堂提问有效性评价体系及标准的构建》，以及 2017 年 5 月南京师范大学汪建霞《初中数学课堂提问的有效性探究》研究成果的基础上，由课题组完成学校数学课堂有效提问标准初稿的制定。在征求校外专家意见的基础上，最终定稿。数学课堂有效提问标准的出台与实施，有利于更好地指导教师进行有效的课堂提问。

5. 借助专家名师的力量，带动课堂教学提问有效性的提升

坚持"内升外引"的策略，促进数学教师课堂提问有效性的提升。一是学校启动通州区"运河计划"教育领军人才、特级教师、市区骨干教师三类名师工作室，充分发挥工作室的作用，关注课堂及关注课堂提问有效性的提升。二是聘请校外专家、名师为学校数学学科发展指导教师，将提升课堂提问有效性作为重要内容加以指导，既可以举办讲座，又可以深入课堂听课，针对问题及时纠正，提出改进意见。坚持"内外结合，共同指导"的原则，切实提升数学教师课堂提问的能力与水平。

6. 组织示范课、汇报课、研究课，促进学习好的经验

围绕课堂提问有效性这一主题，针对学校《课堂提问有效性标准》的落实，安排那些课堂教学中"会提问""善提问"、受学生认可和喜爱的教师上示范课。让教师通

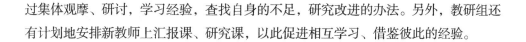

过集体观摩、研讨，学习经验，查找自身的不足，研究改进的办法。另外，教研组还有计划地安排新教师上汇报课、研究课，以此促进相互学习、借鉴彼此的经验。

（三）体现个人特色与风格的教师自我研修

这种研修主要包括四个方面：一是多学。鼓励全体数学教师树立自主学习的意识，在学校、教研组、备课组组织的学习活动基础上，引导教师自己进一步学深、学透、学懂，多看理论书籍、看典型的案例，向名师学，阅读相关文献，不断丰富自己的知识储备，开阔自己的视野。二是多练。关注教师勤于实践，动员教师将学到的理论及成功的经验运用于自己的课堂教学，通过实践锻炼不断提高课堂提问水平。三是多思。教学反思是促进教师专业成长的有效途径，教师不能仅仅满足于自己获得的经验，而应对经验进行深刻的理性思考，这样才能对后续的教学行为产生更为积极的影响。学校重视帮助教师及时反思，通过反思使其既能看到自身优点，也发现自身不足，进而促进教师的自我成长和超越。四是多研。学校积极搭建平台，设立课堂教学研究专项基金，鼓励教师进行提高课堂提问有效性的行动研究。通过研究，发现问题、分析问题、解决问题，以此促进教师教学水平的不断提升。

四、研究的收获与反思

通过两年研究探索，学校在提高数学教师课堂提问有效性的策略研究方面取得了一定成效：教师的教育理念得到更新，有效提问的意识得到加强，课堂提问的技巧日趋熟练，教师越发关注学生能力的培养。但也有些问题需要我们反思：本课题研究侧重于教师有效提问理论、方法及技巧的指导，在课堂提问的功能上的研究涉及不多。课题研究数据多是学生自评数据，学生是未成年人，评价能力有限，主要从感性的角度反馈了对课堂教学中教师提问有效性的意见，缺少深入的思考，在理性的反馈与评价上还需加强。因此，在今后的相关课题研究中，要注意从多视角、多维度进行调研，以确保研究能够揭示问题的本真。

总之，提升课堂提问的有效性是一个永恒的话题。在先进教育理念的指导下，六中人还会结合课堂教学实践，不断探索、不断突破，形成具有较高推广价值、校本特色的课堂提问风格，发挥课堂最大的育人功能，丰富学校办学内涵，提升办学品质。

初中教师构建和谐师生关系的策略研究
——以北京市通州区郎府中学为例

北京市通州区郎府中学　王俊丽

师生关系是学校教育中最基本也是最重要的人际关系。师生关系的质量在很大程度上决定着教育质量，影响着学生的发展。今日的校园，师生间的对立冲突等不和谐的现象时有出现。苏霍姆林斯基曾说："我坚信，学校里常常以失败而告终的许多冲突，根本原因在于教师不善于和学生相处。"美国著名心理学家罗杰斯也曾指出："成功的教学依赖于一种真诚的理解和信任的师生关系，依赖于一种和谐安全的课堂气氛。"由此可看出在学校构建和谐师生关系的重要性。为此，本文试图对初中教师如何构建和谐师生关系做一初步探讨。

一、和谐师生关系的内涵

（一）师生关系的内涵

师生关系是指教师和学生在教育教学过程中结成的相互关系，包括彼此所处的地位、作用和相互对待的态度等。

师生关系不是一种单一的关系，它由教学关系、社会伦理关系、情感关系三方面构成。教学关系是以教与学的关系为核心，以师生间一般交往为基本界域的关系体系，是师生关系中最基本的表现形式，也是师生关系的核心。

教育作为一种特殊的社会活动，折射着社会的一般伦理规范，同时又反映着教育活动特殊的伦理矛盾，因此师生关系也表现为一种鲜明的伦理关系。教师与学生构成一个特殊的道德共同体，各自承担一定的伦理责任，履行一定的伦理义务。

情感关系是师生关系中的较高层次，它是以社会关系和教学关系为基础而建立起来的情感联系。

（二）和谐师生关系的特点

"和谐"指的是一种适宜、协调、融洽、相辅相成的状态。和谐师生关系是指师生关系处于一种最适宜、最协调、最融洽、相依相生、相辅相成的状态。和谐师生关系有如下特点。

1. 互相尊重

互相尊重是和谐师生关系的基本特征。教师是学生成长路上的促进者，要充分考虑初中学生的心理特点，尊重学生情感、尊重学生言行、尊重学生的缺陷，保护好学生的自尊心。教师对学生的尊重会激发学生的自我尊重与对教师的尊重。在相互尊重的氛围里，只有"未成曲调先有情"，师生关系才会走向和谐。

2. 民主平等

教师要将学生看成法律上平等的、具有独立人格的个体。在这个前提下，教师在处理和学生的关系时就会不同于传统的控制与被控制，而是平等地去和学生对话，民主地听取学生的建议与想法。

3. 共生相长

学生和教师在教育教学活动中，是相互依存、彼此相长的。学生从中学到知识、技能，学会做人；教师在育人的同时不断学习，不断自我完善与提升。

二、构建和谐师生关系的意义

（一）时代发展、教育改革的必然

21 世纪是信息化的时代，在互联网的世界中，教师作为知识拥有者的权威地位受到了严重挑战。学生可能比老师更能轻松适应网络化学习，获取大量知识。当教师不再是学生主要获取知识的来源后，师生关系的调整成为必然。

新课程改革要求改变学生机械学习、死记硬背、机械训练的状况，倡导学生主动参与、乐于探究、勤于实践，要培养学生收集处理信息、分析问题、解决问题、交流合作的能力。新课程充分体现以学生为本的要求，也对建立新型师生关系提出要求。

（二）构建和谐校园，促进学校健康发展的客观要求

对教师而言，如果师生关系紧张，势必影响工作效果。对学生而言，如果与教

师关系紧张，就容易在内心积聚焦虑、紧张、愤怒、不满等不良情绪。当这些情绪爆发时，可能会形成恶性事件，伤人伤己。如果教师、学生之间能形成相互悦纳、认可、尊重的关系，就会既有利于双方身心和谐，又利于构建和谐校园，从而促进学校健康发展。

（三）有助于促进师生共成长，提高教育教学质量

和谐的师生关系有助于处于逆反时期的学生拥有更多的积极情感体验，从而促使其拥有积极的心态，更加积极地参与学校教育教学活动。对教师来说，则有助于激发教师的潜能，提高其职业成就感和幸福感，从而提高教育教学效果。

（四）有助于解决学校的实际问题

北京市通州区郎府中学是一所农村初级中学，学生主要来自周围的 21 个村庄。目前，师生间存在的主要问题有以下四点。

第一，部分教师依然固守自己的权威心理。因为"闻道在先"，自认为知识权威，加上传统的师道尊严思想严重，对学生的控制欲望强，不能放下身段平等地和学生交流。

第二，部分教师缺乏对学生的真情投入，把教学过程看成"我教你学"的输入、输出过程，把学生更多当作"工具人"，缺少真心的关爱与激励。

第三，部分教师处理学生问题简单粗暴，更多的是基于经验，不能基于教育学、心理学及学生身心发展规律指导学生。

第四，部分教师不够重视课堂氛围对学生情绪的影响，精神层面的引领不充分。

通过构建和谐师生关系，有利于解决上述实际问题。

三、初中教师构建和谐师生关系的策略

（一）建立新型学生观

构建和谐的师生关系，教师需要更新学生观。新课程倡导的学生观是把学生看成发展的人、独特的人、具有独特意义的人。秉承这样的学生观，就要求教师要尊重每一名学生的物理存在、法律存在，并以平等之心待之。同时，教师要尊重并珍视每个学生的差异，将差异视为财富和资源，并根据儿童身心发展规律，相信每个

学生都有无尽的潜能，去为每个学生自由、完整的发展真诚助力。教师带着这样的学生观开展教育教学活动，学生一定会感受到被尊重、被接纳、被支持、被认可，从而创造师生关系和谐的教育氛围。

（二）真心热爱学生

苏联教育家马卡连柯说："爱是教育的基础，没有爱就没有教育。"苏霍姆林斯基也曾说："如果你不爱学生，那么你的教育一开始就失败了。"对于这些话，我们的教师理解得并不深刻。部分教师把工作的核心理解为"我教你学"的知识传授，只要让学生把知识学会了就算完成任务，至于情感、态度、价值观目标只是点缀而已。正是基于这样的认识，教师在教学活动过程中关注的是技能、技巧的掌握而不是"人"。作为学习主体的人，其本身的情绪状态与感受是决定学习效果的重要因素。当这些都没有被顾及的时候，就会状况频出。教师因为没有爱做教育的底色的时候，就容易冷漠处理，进一步加剧学生的不良感受，如此便形成了恶性循环。当师生之间没有爱与温暖，工作变成知识交易的时候，这个工作会愈发难做。

美国一项研究结果表明，教学效果的85%取决于师生关系，师生关系是决定性的因素。人与人之间的感受是相互的，只要教师对学生满怀爱意，学生就一定会感受到并能做出同样反馈，因为我们都会喜欢一个喜欢我们的人。如果教师对学生心中有爱、主动示爱、持续关爱，就会不断营造爱的氛围。当学生不断地感受爱，情绪得到关照与抚慰之后，心灵深处的善良与美好就会得到激发。因此，教育事业是爱的事业，教师的爱心是打通师生间心门的钥匙。有了这份爱，良好的师生关系就有了基础。如何表达师爱是一个个性化的问题，但两个基本点需要共同遵守。

1. 爱学生就要尊重学生

教师尊重学生，意味着要把学生当成一个成年人那样尊重。遇到问题时，平等地与他对话，倾听他的想法与建议。教师不能流露出"你是个孩子，什么都不懂"的轻视。这种基于对生命的尊重会发挥巨大的力量，使他不断成长。

2. 爱学生就要严格要求学生

尽可能地爱学生，也尽可能地严格要求学生，教师要学会在这两个频道间自如切换。只有理智地爱学生，才能使学生更好地发展。

（三）正确对待学生的错误

初中阶段的学生喜欢表现自己，渴望得到关注，因叛逆或冲动等原因会经常犯错，很多教师由于对学生犯错这个问题的不当认识与处理导致师生关系紧张。对于学生的错误，建议教师做到以下两点。

1. 容许学生犯错

初中阶段的学生犯错是在所难免的，也是成长所必须付出的代价。要容许青春期的孩子犯错并视之为必然，因为我们自己也是在别人的宽容中长大的。所以，教师不要苛求学生不犯错，或者奢望犯错后工作一做就通。当教师有了这种"视犯错为必然""打持久战"的思想准备之后，势必就有了一个积极、平和的心态。再看到学生"状况百出"时，教师就不会满腔怒气，而是能把自己剥离出来，用冷静的态度去审视自己、分析自己、劝诫自己，就不会因情绪化的粗暴处理导致学生的不良感受，从而影响师生关系。

2. 让学生有尊严地改正错误

学生犯错后，很多教师由于生气便可能会采用一些让自己"解气"的方式处理，如语言刻薄地当众批评或立刻找家长告状等。当学生觉得自己的尊严受到侵犯之后，就会以很大的力量反弹，成了和老师处处作对的"敌人"。这个"敌人"还会团结班里的三五好友抱团和老师作对，后果可想而知。所以，初中的学生犯错后，教师要充分考虑青春期的学生爱面子的特点，要在给面子的前提下，让学生有尊严地改正错误，学生也一定会感激老师的关照。

（四）恰当激励学生

激励是一股巨大的力量，用好它会增加学生对教师的信任与喜爱。教师激励学生时，应注意以下几点。

1. 让每个孩子感受到教师的期待

学生各不相同、各有禀赋，其禀赋显露的时期也各有早晚。教师要对学生有这样的认识与期待，不要因个别学生目前的平淡无奇或某些方面不理想而认为该生"没有出息"，对其表现出漠视或漫不经心。教师要把每个学生都当成一座宝藏，用惊喜的目光满怀希望地期待。期待本身就是一种激励、一种信任，会激发学生心底向上的愿望，会让学生对教师产生无限的好感，从而向着教师期待的方向去努力！

2. 及时给学生反馈

如果学生的每一次表现都能得到教师及时的反馈，就会产生积极的效果，从而敦促学生反思自己的表现，不断精进。同时，学生也一定会视教师的及时反馈为一种巨大的帮助与关爱，因此喜欢老师。教师的反馈方式可以是私下单独反馈，也可以是班内公开反馈或告知家长协助反馈等。

3. 恰当的表扬

表扬学生并不难，难的是恰当。这有赖于教师对学生全面而充分的了解。因此，教师要舍得花时间和学生接触，找到每个学生的长处。这个长处就是激励点，撬动这个开关，让学生觉得教师的表扬不随意、很中肯，确实是自己的实力所在，切实表扬到了学生的心坎里。只有这样，表扬才能获得巨大的激励效果，催人向上、拉近师生关系。为此，表扬需注意以下四点。

第一，表扬要掌握好时机。教师要善于观察学生，了解他们的每一个细微的进步，掌握好时机，适时、适度地表扬。这会在学生思想转变的过程中起到"催化剂"的作用。

第二，表扬要实事求是。一位哲人说过："只有真诚的赞美才是最感人的。"许多人误会了"好孩子都是夸出来的"这句话，因此出现了许多滥用表扬的现象。空泛的、千篇一律的、毫无热情的表扬不仅起不到激励作用，还会降低教师的威信，让学生心生厌烦。因此，表扬要实事求是，它具体体现在两方面：一是不用夸张的语言表扬，避免让学生感觉虚伪或对自己形成不恰当的认识；二是表扬要言之有物、具体生动。

第三，表扬要学会隐身。用好背后表扬具有别样效果。如果学生从他人的口中得知老师对自己的肯定，就会对肯定的真实性更加认可，从而接受鼓励。教师可以在学生的其他学科老师面前、在学生的好伙伴面前、在学生的家长面前、在其他班级面前，有意识地夸奖某位学生。当这个中间人无意识地把表扬信息透露给这位学生时，可以想见这位学生内心的惊喜。

第四，表扬要一视同仁。教师的心中要装着每一个学生，关注每一个学生的进步，做到雨露均沾，而不是眼里只有那几个自己喜欢的好学生。"公平"在学生心中是一件很重要的事，如果学生感到不管自己怎么努力也进入不了教师的视野，就会心生怨气，与教师心生嫌隙。

（五）构建支持性的课堂环境

人际关系具有情境性。课堂是师生交往的重要的场所，如果优化到位，自然会对师生关系产生良好的外部支持作用。构建支持性的课堂环境可从以下两个方面入手。

1. 优化课堂座位安排方式

目前的课堂布局一般是教室前面中心位置是讲台，学生以"秧苗式"安排座位。这样的安排在无形中更加彰显教师的权威地位。可以调换讲台的位置到侧面或去除讲台，变换"秧苗式"的座位为小组型或其他形状，这更容易在空间上消除师生的心理隔阂，拉近师生的心理距离。

2. 优化课堂精神环境

雅思贝尔斯在《什么是教育》中曾言："教育过程首先是个精神成长的过程……教育活动关注的是人的潜力如何最大限度地调动起来并加以实现，以及人的内部灵性与可能性如何充分生成。换言之，教育是人的灵魂的教育而非理智知识和认识的堆积。"课堂上的师生是一个个鲜活的精神个体，每一个精神个体都在散发着自己独有的气息。这种气息的集合就构成课堂的或积极、或消极、或激昂、或压抑的精神环境，而课堂环境会对身处其中的学生的精神成长起着潜移默化的影响。

为了营造良好的课堂精神环境，教师要做到：亲切平和，让学生能畅所欲言；及时认可，让学生有成功体验；无交流死角，让每个学生感受被关注。同时，教师要积极引导学生间的互动交流，如友善待人、相互帮助、相互欣赏、相互鼓励。要让学生感受同伴的温暖与支持，热爱并留恋班集体。学生间的融洽关系也会对师生关系产生积极影响。

和谐是师生关系的理想状态，和谐的师生关系必将促进师生的和谐发展。教师要努力调整好角色定位，深入学生的心灵世界，让教育在和谐的师生关系中渐入佳境。

课例研究中促进教师合作的措施研究

北京第二实验小学通州分校　谢希红

随着基础教育课程改革的不断深化，学校面临前所未有的挑战，而任何改革最终都需要通过教师的教育教学实践进行落实。教师始终坚守在改革的最前线，教师专业发展水平是决定改革成败与否的关键因素。大量文献表明，教师合作是教师专业发展的重要向度，教师的专业发展离不开教师间的合作。教师合作不仅有助于教与学的改善及学校变革的有效实施，更为重要的是为基于现场的教师专业发展新模式的生成提供了可能。[1] 教师的专业成长绝非一个人的孤独摸索，而要依托一定的形式和内容，在开放的环境下，在与其他教师、专家等进行互动交流的过程中实现。[2]鼓励教师合作是我国教师发展的基本政策指向，也是世界范围内教师发展的基本趋势。由于一切研修与培训的归宿是"校本"，学校亦成为教师开展合作行动研究最为适切的场域。[3]

一、问题的提出

随着学校发展的需要，每年都有新毕业生加入教师队伍中。在日常交流中，大部分新任教师的反应是"摸着石头过河""跟着感觉走"，因此教学中易出现基本技能不够娴熟、教学基本能力不足的问题。如何促进教师专业发展、提升教学水平，是我们迫切需要解决的问题。面对这样的实际情况，我们努力开展校本培训，在"阳光教育"的办学理念下，确立了"让教师的生命价值充满阳光，打造乐教善授、别具风采的教师队伍"的教师团队发展目标。但教师的专业成长不是简单的教学经验累加，也不是简单地模仿优秀教师课堂教学方法和教学设计。在教师培训日益注重内涵发展的前提下，课例研究成为一种促进教师理论学习向教学实践迁移的有效载体，成为提升教师教学能力的有效方式。课例研究是基于建构主义理论，为教师提供一个合作研修的平台，使教师在研修过程中，产生集体学习实践的需要，并坚信教师的专业能力可通过与同伴的合作交往得到发展。[4]

基于学校发展的实际情况和教师专业发展的需求，我们以课例研究为抓手建构教师协作成长的动态整体，开展教师合作视域下的课例研究，支持教师在实践中探究、反思和知识建构，孕育合作的社群文化，让教师在彼此协作、相互学习、分享实践的过程中实现专业发展。在课例研究前期实践中，我们发现，尽管教师们围坐一起，但参与程度不一样。有的教师们认为合作研究成为一种负担，不愿参加活动，甚至自动退出活动。通过对教师的访谈和课例研究反思报告的分析，我们找到了课例研究过程中教师们合作出现各种问题的原因。

二、课例研究中教师合作存在问题的原因

（一）缺乏合作的研修文化

课例研究活动需要经过聚焦主题、确定授课内容、集体研讨确定设计方案、课堂教学实践及课后评课议课、改进调整再次实施及反思等系列过程，这就要求教师要有足够的时间来参加研讨活动。但教师除常规的教学工作外，还兼有班级管理及其他工作。在活动中，常常有教师因为临时性的突发事件中途离开，这样无形中就打乱了研讨的节奏。教师合作原本是学校给教师提供学习与进修的机会，但时间冲突会导致教师任务性地参与，这样合作的成效便会"大打折扣"。此外，虽然课例研究中的教师合作可以促使教师分享教学的任务、改进教学实践，但这需要教师将教学的私人空间充分展现在同伴面前，难免使教师感到紧张和焦虑，担心学生在课堂上出现预期外的行为，使教学节外生枝。同时，教师之间充满竞争感、缺乏安全感，相互之间缺少分享的意愿。

（二）缺乏合作的共同愿景

不同发展阶段的教师最初参与合作的认识与需求是各不相同的。教学经验较为丰富的教师认为合作只是走形式而已，即使自己不参与合作也很优秀，已有能力处理好教学中的任何问题，没必要再花时间与他人进行合作交流；而新手教师希望通

过参与合作研修以提高自己的专业水平，期望获得团队的帮助。通过深入各个课例研究小组，我们还发现，合作活动缺少明确的研究主题，多是就课论课或者围绕教学中的琐事进行日常交流。究其本质原因来看，教师们缺乏合作的共同愿景，导致其在合作研修活动中行动力不足。共同愿景为教师合作研修提供焦点和能量，是成员所持有的共有的信念与价值观，也是成员之间能够达成共识的基础。[5] 如何帮助课例研究小组明确各自的研究愿景，是必须解决的问题。

（三）缺乏合理的人员组织

最初，我们以学科组为单位组织课例研究共同体，开展研讨活动。研究中，我们通过对比教师独立完成的教学方案与经过共同体讨论后的方案，发现两者没有实质上的区别，只是在教学细节上有差异。我们分析其原因主要在于共同体内的教师的教学水平相当，对学科知识的理解和教学问题的把握较为一致。评课、议课环节出现"骨干教师掌控全场，普通教师自动边缘化"现象，而新任教师多是静静地聆听，完全投入不进去。不同程度地存在着的校长和骨干教师等的"话语霸权"，成为制约校本教研健康实施的因素。[6] 经过一段时间后，教师觉得没有实质性的收获，教学中遇到的问题可以通过查阅资料自己解决，认为合不合作无所谓，参与活动的积极性就会下降。因此，教师在课例研究中的合作就变成单纯地"露脸"，而不是主动研讨，即便参加也是勉强而为。

三、课例研究中促进教师合作的具体措施

针对教师在合作中出现的问题，我们从以下三个方面进行尝试与改进。

（一）营造开放共享的氛围，让合作浸润文化

教师开展专业的合作行动，最大的障碍莫过于学校固有文化的抵制。因此，学校要倡导合作的教师文化，为教师合作提供强有力的专业支持。为此，课例研究共同体召开座谈会，了解当前合作研究中遇到的问题和困惑，如哪些需要学校层面给予支持和协调，接下来的合作研究有什么想法和建议等。在此基础上，学校召开各个课例研究共同体负责人会议，听取大家的意见和想法，并围绕教师合作文化的共

建进行讨论交流，制定教师合作研究的意见稿，由负责人发到每位成员手中，征求改进意见，最终确定共同体每位教师都应遵循的合作研究规范。

学科教师是学校教师队伍的"子集"，学校层面的研修举措是学科教师成长的土壤与背景。学校为各个研究共同体提供专门的活动教室和设备、资源等辅助性材料，帮助教师开展合作，创造积极开放的文化氛围，并为课例研究共同体搭建校内外展示交流平台，定期举办"课例研究与教师成长"年会。年会上，既有实践层面的课例展示，又有理论层面的主题论坛研讨，并邀请高校专家、教研员等参与和指导，为合作型的教师文化进行示范和引领。学校建立评估机制，对各个共同体的合作研究进行发展性评估，并将评估与教师考核、评优、奖励等建立联系。有效而持久的教师合作是一种"双赢、共生"的合作，合作的学校文化是促进教师合作长效机制建立的保障[7]。

（二）聚焦共同关注的问题，让合作实现共赢

学习共同体中的教师亲身经历问题聚焦的过程，基于共同关注的问题探究，在合作解决问题的过程中，相互之间不断融合，朝向共同的目标而努力，不断认同合作的价值。比如，原来听课议课时，我们常常会看到教师声情并茂地描绘课堂上发生的事情，评课内容多是在细节和技巧层面，如"这个小结应该怎么说""板书这块儿应该怎么写""课件内容的动画播放应该用哪个"等。活动后，我们看到教师的交流还是停留在"经验对经验、感觉对感觉"的层面，缺乏对学科知识本质的深度思考与追问，更无法透过现象追寻成长的价值。针对这一现象，我们设计研究单，以六年级数学"圆柱与圆锥"教学为例，共同体教师在研讨教材内容和学情调研的基础上确立"不破不立，破而后立"单元教学主题，以此开展单元学习规划，同时设计了"整合规划，长程思考"的研究单，见表1。教师共同参与单元的备课、听课、议课和改课全过程，逐步学会基于学生立场、对学生围绕某一单元开展的完整学习过程进行专业设计。

以共同确定的问题统领课例研究的整个过程，始终围绕着这个问题而展开，教师关注和讨论的内容是围绕问题而延展出来的学生学习的困难、学科知识的呈现等。这样研究问题对每一位教师的专业成长更有促进价值。虽然也遇到诸多困难，但是大家共同寻找突破口，收获更是实实在在的。

表1　"圆柱与圆锥"单元整合规划思考研究单

1. 请简单分析本节课中学生"破坏圆柱（锥）"的学习效果如何，是否达到了课前预期。

2. 你觉得学生能否接受将圆柱与圆锥的认识放在同一节课，理由是什么？请举例说明。

3. 教师在本节课中对学生活动的反馈与调控可以如何更好地改进？请举例说明。

4. 结合原来的单元规划，下一节课我们应该做哪些调整？

（三）组建有差异的研究队伍，让合作体现互补

课例研究中对话人员的异质性、异质人员之间的有效协作体制，以及形成有外部资源加入的学校共同体等，是促进教师反思的重要特征。[8]我们以课例研究为载体，同时将专家讲座、课题研究、做研究课等校本教研的多种方式进行有机融合。根据教师研究的需求，课例研究共同体除学校不同层次教师、学校领导之外，还聘请相关学科专家、市区教研员参与到研究中。专家从自己的理论视野出发，为教师反思教学中存在的问题提供框架。教研员有一线教学经历，能够熟悉教师教学中存在的问题，提出切实的解决策略和方法。骨干教师充分发挥辐射作用，同时避免自己主导整个合作研讨活动，为新任教师对授课教师教学设计及上课中存在的问题进行发言提供机会。新任教师抓住学习的机会，有明确的问题意识，积极思考授课教师备课、上课中存在的问题，联系自己的教学实践，联想自己是否存在相关问题，哪些优点值得借鉴，在集体研讨中主动发言，回应授课教师提出的问题。

对普通学科教师而言，参与课例共同体研究活动是一个不断挑战自我经验和能力极限、不断克服障碍的过程。因此，不断激发教师自身的情感投入，维持小组研究的热情，努力形成融合专业挑战和情感支持的共同体文化很重要，这离不开校长、教学管理干部、教研组组长等学校管理层的信任与支持。学科的教学主任和主管教学工作的副校长秉承为教师的专业发展服务的原则，以倾听、学习、合作研究解决问题的态度准时参加研究活动，主动参与教师备课过程，熟悉教材、了解教师的教学设计理念、教学思路及教学意图，并提出建设性意见，共同培育合作研修的共同体文化，为教师的专业成长提供最大的支持。

四、效果

尽管我们的研究还有许多值得改进和商榷的地方，但不可否认的是，教师已切实体会到合作研究给自己带来的变化。

（一）研究中形成真诚的合作氛围

课例研究围绕教师共同关注的问题而开展系列活动，聚焦核心内容进行集体备课、教学设计、课堂实施、观课评课与研讨反思等环节，这是共同体教师为解决自身实践中遇到的困惑和问题而进行的实践活动，激发了教师参与共同研修的积极性。同时，教师们逐渐消除顾虑，抛弃个人预设与成见，不是评论彼此的优缺点，而是保持开放和欢迎的态度倾听大家的想法，平和地认识到自己的不足和需要改进之处，通过相互对话与交流，深化对问题的思考，寻找有效的解决策略。在伙伴合作的研究过程中，教师逐渐摆脱封闭状态，真诚沟通、互帮互助，以一种交往互动、开放的心态和合作的姿态，深度参与课例研究共同体的活动，学会合作、学会交流，既实现自身的专业成长，又提升学校教师队伍的整体水平，逐渐形成良好的教研生态。

（二）实践中掌握合作研究的方法

随着研究的开展，教师们经历从研究主题的确定，到设计教学、上课、反思，再到再次修改设计、上课、反思，直到课例成果的撰写这一系列完整的过程，越来越觉得自己可以开展合作研究，增强了课例研究对教师的吸引力。参加研究的教师谈道："让我和大家一起聚焦想要研究的问题，然后带着问题走进课堂，有意识地关注并挖掘授课教师在教学过程中成功的教学经验和富有成效的教学策略，更容易发现自己在教学中需要改进的地方，并且通过群策群力寻找到改进课堂行为的措施和方法。经历了才知道这真的具有实效性、可操作性，对今后的教学很有帮助。"课例研究创造了合作研究的平台，激发了教师研究的意识，让教师主动地以研究的态度实施教学。

（三）合作中深化对学科内容的理解

面对落实学科核心素养和推进深度学习的课堂教学诉求，要求教师能够站在领域（单元）统整的角度思考教学问题。这对于任何一个教师都是巨大的挑战。经验丰富的教师要打破原来的经验束缚，跳出舒适区；而新任教师对学科知识没有系统的理解，教学中容易出现以课时内容论教学的现象，不能从知识发展的角度进行教学。有教师在工作总结中写道："面对改革的要求，我有很多困惑，也很焦虑。但是，因为有伙伴们一起研究，我们一起立足单元整体视角，对教材内容进行架构重组，围绕学科核心知识进行单元备课，虽然有些累却觉得更加充实。"课例合作研究为教师提供了丰富学科知识的机会，从学科本质及学生思维的角度出发设计教学，以学生理解的方式将教学内容呈现给学生。随着研究的不断深入，我们看到教师互帮互助、共同成长的状态，以及持续成长的巨大潜能。

参考文献

[1] 崔允漷，郑东辉.论指向专业发展的教师合作[J].教育研究，2008（06）：78-83.

[2] 蔡金法.合作学习新街工作室.构建教师共同体，在合作中发展[J].小学数学教师，2020（02）：10-14.

[3] 马景林，翟建华，高杰.合作行动研究为教师专业成长赋能——以北京市第四中学为例[J].中国教师，2020（04）：64-67.

[4] 魏净霞.教师学习共同体视阈的课例研究[D].杭州：浙江师范大学，2017：14.

[5] 宋燕.和合学视野下教师合作研修共同体建构的研究[D].重庆：西南大学，2011.

[6] 霍海洪.课例研究在美国：挑战、对策与启示[J].全球教育展望，2009，38（03）：29-34.

[7] 单新涛.专业发展场景中的教师合作[D].重庆：西南大学，2010：48.

[8] 袁丽，胡艺曦.课例研究对促进教师专业发展的作用、不足与改进策略——基于文献的考察[J].教师教育研究，2018，30（04）：99-105.

农村义务教育学校青年教师发展策略研究

——以通州区西集中学为例

北京市通州区西集中学　李连江

一、问题提出

义务教育优质均衡发展的关键点、难点在农村学校。学校教育教学活动要通过教师来完成，而青年教师已成为当前很多农村学校教师队伍的主力军，他们是学校未来发展的重要支柱。如何加强青年教师的培养，更好地促进其发展对于农村学校发展尤为关键。

北京市通州区西集中学始建于 1956 年，位于通州区的东南部，坐落在潮白河现代冲积平原的西集古镇，是一所农村初级中学。在北京城市副中心建设及京津冀一体化发展中，作为京畿重镇，西集镇一跃成为环渤海经济圈一颗炫目的"希望之星"，这一优势对西集的教育提出了更高的要求。西集中学迎来难逢的发展机遇，也面临着巨大的挑战。学校现有教学班 9 个，共有 278 名学生。教职工 50 人，专任教师 41 人。其中，35 岁以下青年教师有 15 名，占专任教师总数的 36.6%。显然，青年教师已成为学校的主力军。如何更好地促进青年教师的发展是学校迫切需要解决的问题。

二、西集中学青年教师发展存在的问题

青年教师，是指年龄在 35 岁以下的教师。学校青年教师的基本情况，见表 1。

表1　西集中学青年教师基本情况

类别	构成	人数（人）	百分比（%）
性别	男	4	26.7
	女	11	73.3
政治面貌	党员	7	46.7
	团员	8	53.3
年龄	29 岁以下	3	20.0
	30~35 岁	12	80.0
教龄	5 年以内	11	73.3
	6 年以上	4	26.7
学历	本科	8	53.3
	硕士	7	46.7
	博士	0	0
职称	高级教师	0	0
	一级教师	1	6.7
	二级教师	12	80.0
	三级教师	0	0
	无职称	2	13.3

（一）青年教师的优势

从基本情况可以看出，我校青年教师平均年龄 27.4 岁，精力旺盛、体力充沛、干劲十足。党员占比 46.7%，政治上过硬，上进心强。青年教师学历高，全部为本科以上学历，硕士研究生占比 46.7%，具有扎实的专业知识基础。教师专业对口率高，所教学科与所学专业基本吻合，理解和使用教材难度相对较小。

（二）青年教师的问题

1. 入职前准备不足

青年教师虽然是持证上岗，教师资格证上的专业与所教学科对口率也达到了 100%，但仅有三分之一教师是师范类毕业生，其他均是非师范类院校毕业。教育学、心理学等教育类专业知识只是在"考证"时背背，没有深入系统地学习，更没有学校实习的经历，由学生到教师的角色转换太过突然。

2. 教育教学整体水平有待进一步提高

学校青年教师平均教龄 3.7 年，教龄 5 年以下的占到 73.3%，还有 2019 年新入职的两名大学生。他们不能熟练地把控教材，对学科知识的重点、难点、考点没有底，虽然也在认真执行课程标准，但总感觉"心中没底"；或避重就轻，或眉毛、胡子一把抓，学科素养的培养更是难上加难；教学方法上，先想到的是"我的老师是怎样教的"，再看看周围同事是怎样教的，依葫芦画瓢、照方抓药。

3. 学科分布广，学科专业培训难度大

15 名青年教师分布在我校 6 个学科中且不均衡，如数学学科 5 人，英语、体育、音乐学科各 1 人。校内集中培训学科跨度大，分学科培训不好组织安排。

三、促进西集中学青年教师发展的策略

（一）分类推进，尽快适应教师岗位

针对我校青年教师存在的问题，我们采取了以下三种措施。

1. 来校实习

新入职大学生，在完成招聘工作相应程序后，让大学生暑假前先来学校实习。选派辅导教师，指导其按要求完成备课、教案书写、听课、说课和实习课等各项工作，熟悉校园环境和教育教学工作要求，了解学校发展史及周边社会状况。为他们安排好住宿，使其做好充分的思想、心理、物质上的准备，这样开学后就能够按部就班地进入工作状态。

2. 假期"充电"

暑假中，让大学生必须参加教委组织的岗前培训；同时，要完成学校安排的假期学习任务，如研读学科课程标准、学科教材、做两本练习册、近三年中考题，至少读两本教育类书籍、观摩三节优质课堂等；返校后，学校检查相关材料。虽属"恶补"，但对于新入职大学生来说，他们确实充实了不少，走进课堂也更有了信心。

3. 以测促改

为使青年教师尽快掌握教材重点、难点和考点，了解学生对知识的掌握程度，学校每学期都组织三年以内新教师与学生一起进行期中、期末检测，并在检测后对所教学生进行成绩预测。教师的得分不是考查的重点，关键是要提高青年教师把控教材的能力。学生成绩预测"吻合度"的统计，促进了教师由关注"教师教"到关注"学生学"的转变。尤其是非师范类毕业生常挂在嘴边的话，"这有什么呀，这都不会"明显少了，更多的是关注学生的反应，改进自己的教学方法与策略。

（二）精准培训，促进青年教师专业水平提升

为促进青年教师专业水平提升，学校于 2019 年 9 月成立了西集中学青年教师培训班，并制订了培训计划和学期工作安排。

1. 培训目标

教龄一至三年的教师——站稳课堂：要多听同学科教师的课，努力加快从学生到教师的转型。要加强备课和教材的使用、作业的处理、单元的复习和学生的交谈等多方面学习，规范各个教学工作环节。

教龄三至五年的教师——站好课堂：认真研读课标，在课堂上落实课标的精神、理念，努力进行教学改革，在教育理念方面对自己提出更高的要求。在教学的各个环节，高效完成任务，关注每一名学生的进步，创造绿色课堂、和谐课堂。

教龄五年以上的教师——站靓课堂：通过课堂实践逐渐形成自己的教学特色；总结出可以借鉴的教学经验，辐射到本学科其他教师授课的过程中；在一定范围内形成一定的影响力；开展教育研究，提高质量、提高效率，创造高效课堂。

2. 培训形式

除集中培训外，还有师徒结对、同伴互助两种形式。师傅在业务方面对徒弟进行指点，避免徒弟走弯路；同伴互助：同学科的教师互相学习促进，不同学科的教师互相帮助，发挥学科整合的作用，从不同角度来学习，从而达到整体提高的效果。

3. 具体做法

从 2019—2020 年第一学期开始，我们把培训工作分为以下三个阶段。

第一阶段：向他人学习。请市区级专家、教研员到校听课指导。15 名教师要随

班听课、听同学科教师的课，听"青年培训班"其他教师的课，并做好听课记录和反思，为后续工作做好准备。

第二阶段：在体验中学习。首先，青年教师对照开学初所上交的意向表，通过听评课和专家引领进一步明晰需要在哪些方面有所改进、提高。其次，结合自己的实际情况，通过听课谈感受。从备课、授课、学科核心素养落实、学科改革意见和中考的命题方向几个维度谈感受并找出不足。最后，确定下学期的努力方向。

第三阶段：总结反思。主要包括两方面工作：一是案例反思与分享。每位青年教师都要撰写本学期成功或"失败"的教育个案，说清怎么回事，适当反思评析，青训班成员共同分享。二是总结交流。每位青年教师都要总结一个学期的学习收获、体会，有针对性地提出自己的想法和培训改进意见，学校整理后作为新学期制定培训方案的重要参考。

（三）满足青年教师的多元需求，激发教师发展积极性

心理学家研究表明：需要是人的积极性行为的基础和源泉。需要的驱使使人产生动机，从而引发人的行为。因此，我们要善于在满足教师基本需要的基础上，激发他们产生高层次的需要。美国心理学家马斯洛把人的需要由低到高分为五个层次：生理需要、安全需要、社交需要、尊重需要和自我实现需要。他认为，人在某一个时期往往有一种需要占主导地位，而其余的则处于从属地位，占主导地位的需要叫优势需要。这一理论启示我们在学校管理中，要善于抓住教师的优势需要，急教师之所急，想教师之所想，这样才能激发他们的工作热情。

因此，我们结合学校实际，做了以下四个方面工作。

1. 尽最大努力改善教师在校的工作生活条件

教师作为社会人，满足他们从事教育教学工作基本的需要——衣、食、住、行、娱，是调动教师积极性的外驱动力。如改善教师居住生活环境方面，我校有8位长期居住在学校的非京籍大学生，学校为他们安排宿舍，解决住宿问题；宿舍加装防盗门，使青年女教师晚间更有安全感；改造装修教师宿舍改善居住条件；开辟种植园提供休闲娱乐场地，目的就是以"舒适、温馨"为核心为教师提供良好的休息与放松的场所，营造家的感受。虽然都是小事，但对教师来说，"管身"莫若"管心"，"管心"重在"关心"。

2. 完善绩效考核制度、优化绩效分配方案

美国管理心理学家、行为科学家亚当斯认为，一个人不仅关心本人的结果与投入，而且还关心别人的结果与投入。因此，他提出了一个关于公平关系的方程式：个人的结果 / 投入 = 他人的结果 / 投入。他指出，如果这个等式成立，当一个人感到自己的结果和投入之比和比较对象的他人的这项比值相等时，就有了公平感。如果等式不成立，即当两者比值不相等时，就会产生不公平感。不同程度的不公平感会造成个人或群体相应程度的不满情绪。青年教师尤其更关注这种公平。

在实施绩效工资的今天，学校可支配资金范围越来越小了，但仍有教师个体利益再分配的权利。因此，必须坚持分配的公平与程序的公正，完善绩效工资分配制度，实行按劳分配、按效分配。但教育由于其劳动的复杂性，使教师劳动的质的区分成为难点，这是深化改革必须解决的问题。因此，我们逐步完善考核机制，实行岗位聘任制、岗位责任制，健全一系列考核评价值度。内容包括教师的德、能、勤、绩，类型可分为月考评、学期考评、学年考评。坚持定性分析与定量分析相结合，教师的自我考核与学校考核相结合，形成性考核与终结性考核相结合，过程考核与内容考核相结合，使学校对教师考核评价工作进一步规范化、科学化。同时，我们也注意把握好绩效工资差额。一般来说，差额与激励作用成正比例，差额小，激励作用就小；差额大，激励作用也大。但需要警惕刺激过度，如果奖励绩效工资差额过大，超过了教师的承受能力，就会伤害教师的积极性，正所谓"过犹不及，物极必反"。如果用一个标尺来衡量是否合适的话，那就是多数教师能否接受。如果多数教师能够接受的话，说明尺度合适。同时，还要注意这项工作学校管理者不能独断专行，要充分发扬民主，信任教职工代表大会（简称"教代会"）。切忌教代会虚设或走过场，事关教育教学改革和教师切身利益的重大方案一定要教代会讨论表决通过。另外，制度一旦确立，即使不完善，在没有经过教代会讨论出新的方案以前，必须严格执行落实，绝不能朝令夕改。

3. 实施民主管理，激发主人翁精神

对教师的有效管理，主要的方法还是通过启发他们的工作自觉性、创造性来实现。也就是说，教师积极性的调动，要通过激发教师的主人翁精神，依靠教师的自我调节和控制来完成。

劳动过程的个体化和劳动成果共享是教师劳动的突出特点。要全面完成教育教学任务，就必须加强全体教师的通力协作，如年级之间的衔接、学科间的配合、后勤的保障等；就必须发挥好教师的集体智慧，畅通信息反馈渠道，提倡群策群力，鼓励教师献计献策。

青年教师刚刚参加工作，一般都有很高的工作热情与激情，憧憬着美好的教育梦想。学校领导应该树立服务意识。积极支持他们从事教育教学改革，支持他们外出学习、交流经验。对能力强、成绩突出的教师重点培养，给他们提供施展才能的机会。鼓励青年教师参与学校管理，尊重和理解他们的意见和建议。激发青年教师的民主参与意识和责任感，他们的主动参与能给学校带来更多生机与活力。

4. 搭建展示平台，充分体现自我价值

学校努力做到人尽其才，用人所长，适当加大青年教师的工作量，拓宽他们的工作领域，多给他们提供崭露头角的机会，使其在"锋芒毕露"中获得成功的喜悦，借此也激发其工作热情，具体做法有以下三点。

第一，为青年教师设立引路人，积极引领其发展。学校制定了《师徒结对实施方案》，教育教学水平较高的骨干教师和青年教师签订师徒结对协议，发挥骨干教师的传、帮、带作用。

第二，根据青年教师的自身特点给他们创造展示自己的机会。有的教师文章写得好，就动员他们多写文章；有的教师技能水平强，就鼓励他们参加教学技能比赛。每学期，都会有多位青年教师参加通州区组织的课堂教学评优活动并在评优中取得优异成绩。有的教师承担了区级公开课、研究课，捧得"春华杯"和"启慧杯"。

第三，及时发现青年教师的"闪光点"。当青年教师取得点滴成绩时及时充分肯定和表扬，使青年教师感受到学校对他们的重视。当教师的能力得到认可、有成就感时，就有利于更好地调动教师的积极性。

四、效果与反思

一个学期下来，青年教师的教育教学水平得到明显提升，10 位教师的学科检测成绩超过全区农村学校的平均值，5 位教师的论文获奖，2 位教师承担了区级研究课。侯金菊老师被评为通州区"青年骨干教师"，我校数学教研组荣获区教育系统"青年文明号"荣誉称号。

在取得成绩的同时，我们也清醒地看到：学校地处农村，交通、居住、社会生活环境等方面与城区相比，确实有较大差距。这使很多追求时尚的年轻人难以安心扎根农村。另外，由于农村生源问题，使教师投入很大精力，却收效甚微，在现行的教育评价体制下，教师很难有成就感。再有，农村教师的工作量普遍偏大，路途又远，参与外出培训、交流的机会少。"发展有困难，展示缺机会"的现实状况让部分青年教师萌生合同到期就想调动的想法，以谋求更大的发展，这是摆在我们面前的突出问题。

青年教师是学校的生力军，也是学校未来发展的主力军，学校将继续不断地努力学习、探索与实践，为农村中学青年教师的健康、幸福成长铺路、搭桥。

基于学校特色课程创建的
教师分布式领导力提升研究

北京市通州区临河里小学　范志孝

国务院在《关于全面深化新时代教师队伍建设改革的意见》中指出："教师是教育发展的第一资源，是国家富强、民族振兴、人民幸福的重要基石。面对新方位、新征程、新使命，教师队伍建设还不能完全适应……专业化水平需要提高。"新时代发展的多方位变革对教师素质要求越来越高，但培养优秀教师仅依靠精细化、标准化的管理制度是远远不够的。真正能够促进教师成长的关键是给教师足够的发展空间，给教师提供更多发挥其创造性的机会。

临河里小学校是一所新建校，年轻教师所占比重大，学校课程建设正处于逐步完善阶段。2016 年 9 月，主管教学的副校长脱产进修，负责教学教科研的主任也调到了别的单位，学校教学工作全都由新上任的主任负责。由于新主任经验尚浅，和教师们的磨合太短，互相之间配合不好，部分教师工作出现了懈怠的状态。在此形势下，我们从学校特色课程创建角度构建了教师分布式领导的管理模式，果断实施了"权力下放"，把属于行政部门的工作委派给了一线教师负责，以"教师领导教师"的方式，让教师参与日常教育教学管理和学校决策。这对调动教师工作积极性、提升其自我效能感都产生了良好的效果。

一、教师分布式领导力定义

教师领导力是指在一个合作、学习、共享的组织文化氛围中，教师通过参与学校决策的制定、日常教育教学的管理等活动，通过自身的专业能力、道德权威、情感等影响学校其他成员的能力。而教师分布式领导力，则是指学校组织中的领

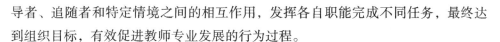

导者、追随者和特定情境之间的相互作用，发挥各自职能完成不同任务，最终达到组织目标，有效促进教师专业发展的行为过程。

基于学校特色课程创建的教师分布式领导力，就是教师在合作、学习、共享的校园文化氛围中，通过建立"领导者共同体"，参与学校对教学活动方式的规划和设计、日常教育教学的管理等学校特色课程创建活动，凸显学校个性化的教育价值取向，并通过自身的专业能力、道德权威、情感等影响其他教师，有效促进教师专业发展的行为过程。

二、教师分布式领导力模型构建实践

分布式领导理论中，领导者、追随者和特定情境之间的相互作用不是一成不变的。领导者和追随者会随着情境的变化而改变，具有动态性、生成性和凸显性。库尔特·勒温将变革过程分为解冻、变革和再解冻三个阶段。他将变革看作对组织平衡状态的一种打破，即解冻。解冻一旦完成，就可以推行本身的变革，但仅仅引入变革并不能确保它的持久，新的状态需要加以再冻结，平衡驱动力和制约力两种力量，使新的状态稳定下来，保持一段相当长的时间。下文用三阶段变革理论和分布式领导理论中领导者、追随者和情境三者之间的互动来对我校教师分布式领导力实践过程进行循序渐进的解构、再构，最后达到教师增权赋能的效果，如图1所示。

（一）解冻阶段：激活使命感，初步建立教师分布式领导力

建校以来，我校秉承"馨香致远，为学生的美好人生奠基"的办学理念，以促进学生终身发展为目标，努力完善校本融合类课程建设。领导班子人事变动后，为了保障课程建设效率，保证教育教学活动有序进行，学校建立了"教师领导力工作坊"，建设以一线教师为中心的生成型领导团队，以"教师领导教师"的方式，让广大教师参与到学校课程建设和日常教学管理中来。

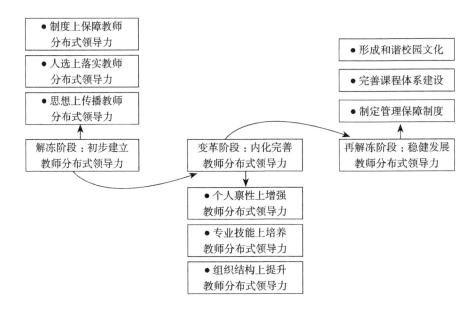

图 1　临河里小学教师分布式领导力变革模型

1. 思想上传播教师分布式领导力

杜克认为，教师除处理日常的教学事务外，还肩负着参与校本课程开发、指导新入职教师、参与教学研讨等职责。但受传统观念的影响，我校教师对自身的定位仅仅停留在教育教学工作上。为了宣传教师领导力，校长先在全体教师大会上说明了学校当前课程建设面临的困境，介绍了美国教师领导力培养的成功经验，加强教师分布式领导力理论的宣传，让全体教师理解、接受教师领导力观念；然后宣布筹备建立"临河里小学教师领导力工作坊"，唤醒教师个人领导力意识，鼓励广大教师发挥自己的优势和专长，在不同的任务情境中担任领导者的角色，积极参与到教师分布式领导力的建设中来。

2. 人选上落实教师分布式领导力

在全体教师层面讲明了教师分布式领导力理念后，根据学校课程建设状况、教师队伍结构和教师参与意愿，学校选拔了六名个人能力出众、业务素质精良、工作态度积极，并具有强烈的主动发展愿望的教师，成立了"临河里小学教师领导力工作坊"，采用"工作坊领导广大教师"的方式，执行学校领导班子的指令，协助学校领导班子进行学校课程体系建设和日常教学活动管理，构成了三层阶梯式的教师分布式领导力管理模式，如图2所示。

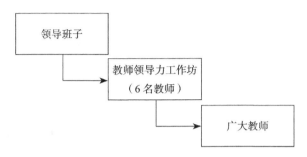

图2　教师分布式领导力三层阶梯式管理模式

3.制度上保障教师分布式领导力

教师分布式领导力的培养不仅需要学校在行政层面的引领和推广，还要在制度上为分布式领导力的落实提供保障。我校在"教师领导力工作坊"的构建与管理上，设置了"领导班子—教师领导力工作坊—广大教师"三层阶梯式管理模式，并注意用制度保障落实，让工作坊的教师明确自己的工作任务和领导职责，让广大教师直接面对"教师领导力工作坊"这个团队，明确要求广大教师落实工作坊教师下达的指令，保障了教师分布式领导力的有效实施。

（二）变革阶段：模糊层级边界，内化完善教师分布式领导力

变革阶段的主要任务是根据组织变革目标进行实质性的改造，根据分布式领导的理念，本阶段主要是以内生性力量完善教师分布式领导力。由于我校教师分布式领导力管理模式尚处于摸索阶段，推行一段时间后，不可避免地出现了问题：工作坊里都是一线年轻教师，没有行政权。当这6名教师向其他教师下达"命令"派发任务时，有些教师尤其是年纪大的教师根本不配合，"任尔东南西北风，我自岿然不动"，导致工作坊教学管理效率很低。

在此情况下，学校领导班子和工作坊教师召开紧急会议，仔细分析了教师不配合的状况，认为教师分布式领导力的开发需要学校组织和教师个人共同协作。学校的支持是教师分布式领导力开发的重要推力，但教师的个人努力才是教师分布式领导力开发的内在动力。于是，工作坊的教师从自身实际出发，努力增强教师自身分

布式领导力的专业性，通过专业权威来开发领导力，提升教师分布式领导力的工作效率。

1. 从个人禀性上增强教师分布式领导力

教师的个人禀性会对教师分布式领导力效率产生巨大影响。增强教师个人秉性的修炼，关键在于培养教师的领导特质与人格魅力。工作坊的教师加强了自我管理，有意识地去发挥自己的优势、改善自己的不足，在群体中形成一种积极的影响力，从而形成良好的工作氛围；主动提升人际交往技能，提高在人际交往方面的感知力和沟通力，积极换位思考，设身处地地为他人考虑，使和同事之间的合作与交流得以有效开展；积极参加教师之间的课外活动，促进相互之间的了解，创造轻松和谐的良好环境。教师的个人影响力和人际交往技能提升了，有助于形成良好的同事关系和更快地适应任务情境，教师分布式领导力也就自然而然地提高了。

2. 从专业技能上培养教师分布式领导力

工作坊的教师主要是依据专业知识技能来承担一定任务情境下的领导工作，因此，专业权威是教师分布式领导力的重要来源之一。工作坊的教师主动学习，了解最前沿的教育教学理论和最新的教育政策，增强自身的理论素养；积极参加专业知识技能培训，掌握自己管理层面的专业知识，如负责课程开发的教师必须掌握课程建设理念、课程实施方案，负责教科研的教师必须了解课题申报管理流程和校本教研活动的开展；积极向经验丰富的前辈请教，学习、借鉴优秀的管理经验和工作方法，进而反思，并将其内化成自己的经验性知识与技能，教师的学术引领力和管理掌控力自然能够有所提升。

3. 从组织结构上提升教师分布式领导力

为了提高工作效率，学校还把三层阶梯式管理模式调整为四层阶梯式管理模式：拥有行政职务的领导班子依旧负责统筹规划、指导工作坊的教师开展工作。工作坊的教师根据所负责不同情境下任务的特点，各自再组建一个团队，如图3所示："年级长和教研组长团队"由各年级长和各学科教研组长组成，管理各年级班主任和科任教师；"教科研管理团队"由各课题负责人和各学科教研组长组成，管理全校课题组成员和各教研组教师；"课外活动管理团队"由负责课外活动课程的教师组成，管理学校课外活动全体师生；"校刊管理团队"由语文骨干教师和美术骨干教师组成，管理全体语文教师；"京剧社团管理团队"由京剧社团教师和戏曲学院教师组成，管理京剧社团全体师生；"足球队管理团队"由体育组教师和外聘专业足球教练组成，管理足球队全体成员。例如，语文教师A是班主任，那么她属于"年级长和教研组长团队"管理；A每月要征收校刊稿件，因此A又属于"校刊管理团队"管理；如果A还承担课题研究，那么A还属于"教科研管理团队"管理。这样的团队管理形式，使全体教师之间形成了一个相互影响的网状结构，保证了各项教育教学活动的有序开展，提高了工作坊的管理效率。

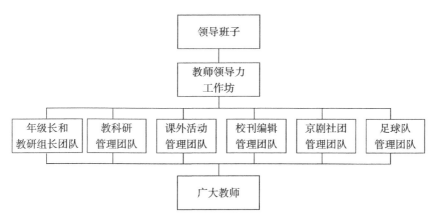

图3 教师分布式领导力四层阶梯式管理模式

（三）再解冻阶段：营造校园文化，稳健发展教师分布式领导力

现在学校教师分布式领导力进入了稳健发展时期，"教师领导力工作坊"已经形成了比较成熟的管理模式，在管理制度、课程建设、校园文化方面都体现出了独具特色的教师分布式领导力元素。

1. 制定了管理保障制度

为了确保教师分布式领导力工作"有法可依，有章可循"，"教师领导力工作坊"的工作团队都形成了独有的管理制度。例如，教科研管理团队制定了《临河里小学教科研管理办法》《临河里小学课题管理办法》，对教师教科研活动和课题研究管理等进行了细致规定；京剧社团管理团队制定了《临河里小学京剧管理办法》，对学生出勤情况、活动内容和学习效果都进行了详细记录；课外活动管理团队制定了《临河里小学课外活动管理办法》，对授课教师情况、教学内容和学生出勤等情况实行档案盒管理……系统化的管理制度不仅明确了各团队的工作职责，而且明晰了流程化管理的具体细则，极大地提高了管理效率，保障了各项活动有效开展。

2. 完善了课程体系

教师领导力工作坊协助学校，把校内优势资源转化为课程资源，尤其注意把教师资源的转化当作校本课程开发的根本。例如，赵畅老师擅长京剧表演和京剧化装，就由赵老师主抓"韵香"校本课程建设；夏玲老师学过茶艺茶道，就由夏老师负责"茗香"校本课程建设；杨春宇老师具有专业足球裁判资格，就由杨老师主管整个足球社团活动……"教师领导力工作坊"引领广大教师不断发挥智慧潜能，把自己的特长、爱好与课程建设相结合，使校本课程体系建设取得了突破性进展——明确了以综合实践活动课和社团活动为"清香""韵香""茗香""书香"四香校本课程载体；开设了艺术类、体育类、科技类课外活动。其中，普修类课程22门，社团类课程39门；"韵香——京剧"教材已经出版，而"茗香——临风茶韵"教材正在编辑修改中。

3. 形成了和谐校园文化

现在，我校教师分布式领导力已经形成了"以促进师生、学校发展为目的，认可教师的专业角色和贡献，鼓励教师之间开展相互合作、进行开放式的交流与沟通"等特色，增加了教师之间的协作交流，增强了教师对学校的责任感和归属感，打造出了一个轻松舒适的工作与学习环境——领导班子能认真对待教师意见，尊重并满足教师合理需求；广大教师在学术、科研以及管理上形成了学习共同体，以合作共享的形式实现自我的不断提升。

三、教师分布式领导力的实践效果

实践证明，教师分布式领导力充分发挥了教师潜能，切实提高了教师的业务素质；提高了课程建设效率，深入培养了学生的综合素养；宣传和弘扬了校园文化，进一步扩大了学校的影响力，对教师、学生、学校的发展都起到了良好的推动作用。

（一）切实促进了教师专业发展

工作坊的教师为了提高自己的领导力，积极进行学习，加强了自我管理；增进

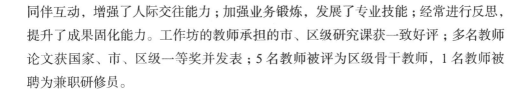

同伴互动，增强了人际交往能力；加强业务锻炼，发展了专业技能；经常进行反思，提升了成果固化能力。工作坊的教师承担的市、区级研究课获一致好评；多名教师论文获国家、市、区级一等奖并发表；5 名教师被评为区级骨干教师，1 名教师被聘为兼职研修员。

（二）深入培养了学生综合素养

系统化的"四香"校本课程让学生深刻感受到了中华优秀传统文化的精髓，丰富多彩的课外活动让学生个性得到了充分发展，层次多样的舞台更为学生提供了展示自我的机会。学校先后荣获"国戏杯"戏曲表演项目一等奖、全国跳绳联赛花样自编赛一等奖、全国足球特色校；京剧社团被评为北京市中小学活力社团，登上北京电视台参与节目录制……

（三）进一步扩大了学校影响力

"教师领导力工作坊"凭借良好的工作能力，提高了学校的管理效能，打造出了一支优秀的管理团队。2018 年，我校"馨香致远"校本课程教研展示获得了各级领导的一致好评；通州区名校长工作室走进我校，"教师领导力工作坊"的工作汇报得到了参会的余新教授和校长们的高度赞赏；2019 年，"教师领导力工作坊"分别走进教师研修中心实验学校和永顺镇中心小学，让更多的领导、教师了解教师分布式领导力的管理模式和积极作用。

基于学校特色课程创建的教师分布式领导力实践，是一个从理念到实践、循序渐进动态发展的过程。我校教师分布式领导力管理模式积极创造条件，让每个教师都能找到自己个性潜能发展的独特领域和生长点，以主人翁的精神和态度投入学校工作中，使教师在自我实现中影响和帮助更多教师实现自我价值，促进学校管理效能的不断提升，从而实现教师、学生、学校和谐稳定发展。

以读书会促进青年教师发展的探索与思考

北京市通州区第四中学　李　青

一、读书会的源起

（一）青年教师专业成长的需要

近三年来，学校在师资方面变化较大，自然退休者及各种原因的调出者共计71人，引进新教师42人，新教师大多是年轻人。从日常工作及课堂观察情况来看，学校青年教师的专业素质的整体状况较好，专业基础好，富有朝气，充满活力，思想活跃，和学生关系好，对信息技术能熟练掌握，是学校的新生力量。但是也存在一些问题：部分青年教师职业发展愿望不强，专业发展动力不足；有部分教非所学的教师，学科教学知识和通识性知识方面比较欠缺；由于专业经验不足，教学技能和驾驭课堂的能力不足，班级管理能力亟待提高，反思习惯有待养成；学校对青年教师的关注不够，一直以来缺少校本培训，任其自由发展。无论是师德水平还是教学水平都还有很大的提升空间。组建读书会，可以为青年教师搭建一个广阔的学术交流平台，把学校的青年教师们凝聚在一起，共同成长。

（二）书乡校园建设的需要

通州区第四中学的学校文化建设提出了一个"三自经"策略："三"就是以三个校园（法治校园、文明校园、书乡校园）建设为基础；"自"是以人的自我管理为目标；"经"是指以经典活动为亮点。建立青年读书会是"三自经"中书乡校园建设的必要组成部分。

（三）读书是教师成长的根本路径

如果一位教师执着于简单模仿名师的教学设计和讲课方式，往往很难形成自己的风格。不如从最根本的成长路径——读书做起，学习他人成功的教育智慧，在大量的阅读中充实自己，在阅读中系统构建自己的知识体系。应该说，阅读是教师专业成长的基本条件，教师的创造必须建立在阅读的基础之上。没有自主的阅读，教师就不可能实现真正意义上的成长与发展。

二、读书会设计理念与推进过程

（一）设计理念

读书会是一个以青年教师为主体的学习团体。参与者主要通过阅读共同的经典书籍、分享心得、讨论观点等途径，激发问题意识，培养思考能力，获得教育及生命智慧。读书会不刻意追求读书的数量，关键在培养青年教师们对阅读的热爱，帮助他们形成终身学习的习惯。读书会的基本精神是自由、平等、对话，读书会的根本目的在于实践。

读书会的目标有以下两点。

第一，促进教师发展。主要着力于激发教师的内驱力，使其拥有教育情怀和专业追求；提高教育教学水平，崇尚教育智慧和教育艺术；完善自我，具有丰厚的文化底蕴和强大的人格魅力；提升职业生涯的幸福指数，收获职业成就。

第二，促进学校管理改进。主要着力于促进学校"培养人格健全的'读书人'"培养目标的实现。通过读书会，凝聚人心，形成更加团结奋斗的集体；充分发挥读书会是发现人才、培养人才、历练人才良好阵地的作用。

（二）推进过程

1. 推进形式采取混合式

为了最大可能地保持读书会的阅读活力，我们采取了线上与线下混合式阅读形式。线上活动主要是以微信群为载体，利用晚上时间进行读书交流和讨论。线下活动每月一次，开展专家引领或自主设计的"共读一本书""阅读分享"活动和其他一些文化活动。经过商议，形成了读书会成员的活动公约：

第一，每周必发言（交流会参加不了，在微信群内补发言）。

第二，读后有思考，鼓励在群内交流或自己写心得。

第三，每月一聚首。

第四，轮作"读书推广人"：每一本书都由一位教师负责收集整理大家讨论交流的文字和照片资料，形成一篇完整的好书推介文章，以微信的形式发布。

第五，展开小组赛（平均读书量）。

除了线上和线下的混合式阅读活动，我们的阅读介质也是混合式的。教师既可以阅读纸质书籍，也可以阅读电子类图书，包括一些优秀公众号文章的阅读等。

2. 活动内容力求丰富性

（1）名家导读。我们倡导教师读书，但是应该怎样读，怎样才能发挥所读图书的最大价值，这是摆在我们面前最现实也是最急需解决的问题。名家视野开阔、思维深刻，对一本书的理解往往能够高屋建瓴。邀请名家来引领和指导教师阅读，可以使一本书最大化地实现价值。学校曾经有幸请到北京教育学院人文与社会科学学院院长吴欣歆老师，她通过引领教师们共读《教室里的电影院》一书，由一本书的阅读逐步过渡到教师如何自己设计"校本课程"，给年轻老师们补上了"课程建设"课。最后，吴老师引出如何用"用专业的眼光读专业的书"这一问题，引发教师更深入地思考。通过吴老师的积极引导，青年教师明确了方向，实现了读书效益最大化的目标。

（2）共读研讨。每学期，读书会的老师们都会按照计划共读 2~3 本书。迄今，共读书目有《教室里的电影院》《让学生都爱听你讲》《爱的教育》《窗边的小豆豆》《致教师》《陪孩子长大》《师生沟通的技巧》等。

共读研讨，"共读"环节一般采取自主阅读的方式。在"研讨"环节，一般设计如下问题：

第一，阐述提炼各章节内容中你认为的关键词并解释。

第二，阐述本书给你的启示及理由。

第三，举例说明阅读引发了你对教育教学或学校工作哪些新思考，启发了哪些工作新思路。

每本书内容不同，还可以根据具体内容提炼出一些有价值的问题。如《为师与师承》一书，可以这样设计问题："好老师"的标准是什么？学校在培养塑造"好老师"中发挥作用如何？如何让"好老师"越来越多，发挥更大的作用？

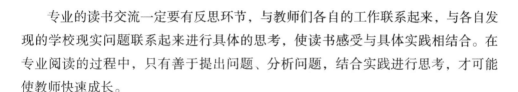

专业的读书交流一定要有反思环节，与教师们各自的工作联系起来，与各自发现的学校现实问题联系起来进行具体的思考，使读书感受与具体实践相结合。在专业阅读的过程中，只有善于提出问题、分析问题，结合实践进行思考，才可能使教师快速成长。

（3）好书推介。学校还鼓励大家根据自己的需求和兴趣进行广泛阅读。每学期都召开好书推介会，请教师推荐自己读到的好书。读书会成立以来，教师推介过的书籍共 50 余本，如资中筠的《士人风骨》、李娟的《阿勒泰的角落》、豆豆的《遥远的救世主》、熊培云的《西风东土》、张鸣的《北洋裂变：军阀与五四》、高华的《历史学的境界》、阿列克谢耶维奇的《切尔诺贝利的悲鸣》、赵桂霞的《建设一所新学校》、黑岩祐治的《全世界都想上的课——传奇教师桥本武的奇迹教室》、梁衡的《数理化通俗演义》等。精彩的好书推介，真诚的情感流露，感染着每一位听者，教师们每次都沉浸在浓浓的书香与文化氛围中，收获很大。

（4）心得演讲。读书心得的征集与演讲活动，对于每位教师都是学习和提升的良好机会。2020 年 1 月 13 日，学校举办了以《致教师》读书心得为主题的演讲活动。活动前，青年教师们仔细阅读了朱永新老师的《致教师》一书，并提交读书心得。学校聘请专家对稿件进行评选，有 10 篇优秀征文脱颖而出，荣获一等奖。5 位教师进行现场心得演讲。其中，尚鑫老师以幸福为话题，分享了教师的幸福来自学生爱上自己的课堂的心得。她通过教学实例提炼出营造神秘氛围、创设好玩的语文活动等有效方法；同时，认为教师的幸福也来自成功应对艰难事情的挑战，大烦恼才有大乐趣，大问题才有大成就。她在解决艰难问题的过程中找到了错字银行、快乐本和快乐写作园地等有效教育措施。刘红赓老师进行了"在'新教育'中与学生同生共长"的主题演讲，刘老师用诗意的语言从坚守初心、重视人文、摒弃功利，把自己当成孩子、把学生当成自己的孩子等方面进行了分享，启发各位年轻教师要注重专业阅读、专业写作和专业团队的凝聚，要站在大师的肩膀上前行，站在集体的肩膀上飞翔，用自己的臂膀奋力攀升。

（5）书院研修。书院环境优雅，充满文化氛围，是进行文化交流学习的最佳场所。当代书院的活动丰富多彩，各种仪式更是具有神圣、庄严之感。我们曾经组织读书会的教师们进行了书院研修活动。2019 年 11 月 23 日，在西山京麓书院研修活动中，教师们倾听了计静晨老师关于整本书阅读的专业解读。计老师从依托阅读实践，从阅读取向、长程设计和策略使用三个方面介绍了关于设计整本书阅读的学习活动，让教师们体会到教学中如何通过整体设计，形成适合自己的阅读策略和方法。教师们也真正地认识到不能光做一个爱阅读的人，还要做个会阅读的人。书的灵魂就藏在文字的背后，发现它不能只是擦肩而过，需要智慧和方法。下午，教师们还参与了饮申时茶、中式插花、抄经等文化体验，获益良多。在满满一天的时光里，充实但内心并不忙碌。在这一日感受到的每一种美的体会，连同美带给我们的好心情，都会带到工作中去。在整本书阅读中，在平日的言行中，在对学生的文化传播中，点点滴滴都会融入我们生命的每个细节里。

（6）学以致用。在阅读中，价值观在潜移默化中逐渐形成。教师一旦有了文化自觉，才会努力去提升自己的素质，才会有精彩的课堂，才能载着学生扬帆远航。我们鼓励教师将阅读所得应用于教育教学实践，真正做到学以致用。有一位语文老师，经常把日常阅读中的发现提炼出有价值的教学点，使之成为重要的教学资源。学习古诗词时，她将安意如、叶嘉莹、蒋勋、张定浩等人诗词评论与鉴赏的内容展示给学生，尤其是对同一首诗歌的解读，让学生在比较中感受着赏析古诗词的不同方法，对诗词的意象、风骨和内涵等有了更深刻的理解，这些专家、大家的学术视野使学生诗词鉴赏的眼界变得开阔。她还把《汉字书法之美》中蒋勋对书法名帖的美学欣赏方法迁移到语文课堂，引领学生将书法的内容和形质结合起来，理解书写者的情感和精神，对行书进行美学意义上的欣赏，于是《祭侄文稿》《黄州寒食帖》在学生眼中复活了。还有一些青年教师把从名师著作中学习到的课堂调控技巧，与学生的沟通技巧等运用到工作中，都有不小的收获。

三、读书会的成效

我们对36位读书会成员2018—2020年的读书情况进行了统计，如表1所示。

表1　学校读书会成员 2018—2020 年读书情况统计

年度	书类	数量（本）
2018 年	通识类教育书籍	110
	本学科专业类书籍	86
	兴趣类阅读（包括文学、历史、文化、艺术、科学、哲学和宗教等）	216

年度	书类	数量（本）
2019 年	通识类教育书籍	120
	本学科专业类书籍	118
	兴趣类阅读（包括文学、历史、文化、艺术、科学、哲学和宗教等）	257
2020 年 （1~3 月）	通识类教育书籍	32
	本学科专业类书籍	29
	兴趣类阅读（包括文学、历史、文化、艺术、科学、哲学和宗教等）	56

两年多的读书会活动见证了青年教师的改变。

（一）提升了教师素养

教师素养的最高表现形式是教育智慧，是洋溢着爱与智的思维、教育情感和教育理性相统一的产物。这样的智慧充满真善美，凸显着科学与艺术的光辉。青年教师们带着极大的教育热情走上工作岗位，他们热爱学生，具有丰富充沛的教育情感，但是往往由于现实问题逐渐忽视了教育理性的重要性。而教育情感和教育理性的统一才是教育者完成教育"使人成人"目标，是促进教育成功的必由之路。《爱的教育》《陪孩子长大》《成功教师的教育策略》《教师日记》《窗边的小豆豆》……一本本著作凸显着教育智慧的光芒，不断影响着青年教师们。当面临不同的教育情境，面对具有不同性格特征的具体的学生时，他们会反思，避免因教育理性的缺失而导致盲目失当的教育行为。当有复杂的、突发的教育冲突事件发生时，他们知道要克制自己，倾听学生的倾诉，了解真相后做出果断的有效决策和行动。他们会考虑学生当事人的感受和现实处境，避免专制性的教育性格的产生，不依赖惩罚和制裁，而是尊重、信任和宽容。学会把握分寸，把握好"度"，抓好时机。以博大的胸怀和长远的眼光，倡导宽容、推崇多元。科学艺术地把自己的教育意图转化成受教育者的需要并加以执行。在读书中，青年教师们的教育智慧得到很大提升。

（二）革新了教育理念

在读书中，在读书会活动的一次次思维碰撞中，青年教师们逐渐从茫然、逐行状态中摆脱出来，不断深化自己对教育本质的认识，深刻认识到教育不仅要传授知识，而且要培养情感、塑造灵魂，培养全面发展的人，朱永新老师认为："一个好教师，应该是一个关注人类命运，具有社会责任感的教师，应该关注社会，关注民生，注重培养学生的社会责任感。"

作为教师，外在形式的事情好做，难的是真正拥有教育的良知。一个教师，要从内心深处关注该负起怎样的责任，使命是什么。要关注每一个生命，给学生最需要的东西。这样才能做到苏霍姆林斯基所提倡的：让孩子在离开校园的时候，带走的不仅仅是分数，更重要的是带着他对未来社会的理想的追求。通过阅读在学科教学中不断拓展学生的认知领域，找准思维的引信，点燃智慧的火种，提升生命境界，这样的教育理念被大家所接受。

（三）提升了教育技能

《让学生都爱听你讲》让教师把握了课堂有效管理的方法，《追求理想的教学设计》让教师知道如何将教学理想转化为优化的教学设计，《不跪着教书》教会教师追求自己的教学风格，《第56号教室的奇迹》引导教师找到打开学生心灵的技巧……正是这些书，让青年教师们的教育做得越来越精彩，越来越有活力。有的老师将电影开发为语文课程资源，对每一部电影精心备课，找到精彩有意义的地方，绞尽脑汁设计有思考和研讨价值的问题，并在过程中指导学生做记录，学会观察和感受电影中的细节，指导如何写影评。学生的观察力、捕捉细节的能力、感知的敏锐力都在不知不觉中提高。有的老师给学生讲述《我在故宫修文物》一书里面的那些传承人，他们"择一事，终一生"的执着和淡定，精益求精的工匠精神和无比珍贵的情怀感动了所有人；给学生朗读《人类学家的田野故事》，人类学者们在各自的田野倾听、观察、感悟，发生着各种各样其他职业所无法想象的传奇经历。这些故事让学生觉得新奇、有趣。生活中的智性谈话很少，但我们的课堂应该是实现"智性谈话"的阵地，围绕一个问题或专题，以智力和知识做基础，把求真作为第一位的，通过师生间的对话推进对这个问题的解决或者思考。青年教师正在向有更高程度智性含量的课堂目标前进。

在班级管理中，也涌现出许许多多可圈可点的案例。小学部的一位老师读了《致教师》，给班级取一个温暖的名字"棒棒堂"。孩子们说："老师，你的糖字写错了。"

老师耐心地给他们讲解这个名字的含义："我们班的每一个孩子都是最棒的，老师希望你们能够听讲最棒，书写最棒，阅读最棒，写话最棒，让我们的班级变成'棒棒堂'。"这不仅仅是一个名字，而是在孩子们心中真正的活起来，成为整个班级共同的生活愿景。她又开始给班级设计班诗、班徽。营造班级文化不仅仅是教师的工作，孩子也能够参与其中，共同创造班级文化。作为一名年轻的班主任，在努力让教室成为独一无二的存在，让生命绽放出独特的光彩。

（四）提高了写作与研究能力

阅读是促进教师专业化发展的根本路径，而专业写作则会极大地促进专业化发展的持续性。所谓专业写作是指对教育生活的总结、归纳、剖析、反思和提升。我们的读书会提倡和鼓励教师撰写教育教学日志、教育叙事、反思性小论文等。朱永新的新教育实验以"师生共同写随笔"这一行动统领，强调日常与坚持，强调理解与反思，强调客观的呈现，强调师生共写，也给我们很大启示。读书会成员通过这样的写作用全新的方式审视自己的教育教学生活。只有当一个教育者真正超越了教学中一时的成败，才能在自我教育中不断成长。坚持写教育随笔，也是对自己教育生涯的记录。当青年教师们回头捧读自己走过的每一步路，就是和曾经的自己对话。看着那样的一个自己不断的成长，是很幸福的事。

不断地反思，不断地写作，自然而然地提高了教师的研究能力。对问题的洞察力，对问题的思考力，解决问题的能力越来越强。有几位青年教师已经有了自己做主持人的研究课题，见表2。

表2　青年教师读书会成员教育研究成果一览表

年度	论文发表	承担或参与课题	研究课（示范课、公开课等）
2018	市级以上：40篇 区级：59篇	市级课题：3项 区级课题：5项	市级：4节 区级：8节
2019	市级以上：52篇 区级：87篇	市级课题：4项 区级课题：8项	市级：5节 区级：15节

在2019年通州区青年骨干教师评选中，我校刘蕊、何悦、谢晨等5位读书会成员获选。

此外，在近三年的读书会活动中，我们见证着青年教师们的成长，也发现了一些德才兼备具有领导素质的青年教师。其中，尚鑫、齐亚飞两位教师分别被提选到干部岗位，成为我校领导班子的年轻力量。

苏霍姆林斯基强调，真正的教师必须是书之爱好者，读书乃教师发展的最有效途径。"从个人发展的角度看，一个人的精神发育史实质上就是一个人的阅读史；从民族发展的角度看，一个民族的精神境界，在很大程度上取决于全民族的阅读水平"。所以，从一定意义上说，读书就意味着教育。在阅读中，价值观在潜移默化中逐渐形成。教师一旦有了文化自觉，就会努力去提升自己的素质,包括丰厚的底蕴、高尚的情趣和扎实的功底。有了这些，才会有精彩的课堂，才会有优质的教育质量，才能载着学生在素质教育的长河上扬帆远航。

朱永新老师的新教育实验认为，打破教师之间的隔膜，形成对话的传统，在专业阅读、专业写作的基础上，借助专业发展共同体提升教师的专业化水平，是教师成长的必由之路。学校以"读书会"的形式建立一个以青年教师为主体的团队，也是想实现这样一个目的：大家在一起阅读、写作、分享和研讨。这样不仅促进了青年教师的专业成长，同时也是避免或者减轻职业倦怠的一个好的方式和途径。读书会的魅力在于发自内心主动学习的喜悦，很多老师从中收获了巨大的幸福感。我们为了自己内在的成长而追求知识，我们为了赋予生命以意义与尊严而从事和反思教育之事。我们彼此支持乐于分享，远离自大或阿谀，彼此欣赏，取长补短，真诚批判或帮助，互相汲取力量。

以"研训一体"培养策略
促进教师专业发展的实践研究

北京市通州区玉桥中学　武长亭

一、研究背景

（一）选题缘由

1. 教育的发展需要一大批高素质的教师

教育强国的新要求、新课程改革、现代网络和信息技术的广泛应用等都要求重视和加强教师培养培训工作。习近平总书记在党的十九大报告中指出："建设教育强国是中华民族伟大复兴的基础工程。"强国先强教，强教必先强师。建设高水平的教师队伍，必须提高教师队伍的总体素质和专业化水平，要按照"有理想信念、有道德情操、有扎实学识、有仁爱之心"的标准，做好教师培养和培训工作。

2. 我校青年教师数量多，培训任务重

最近几年，我校青年教师数量和比例逐年提高。在 122 名专任教师中，处于适应期（入职三年以内）和成长期（三至五年）的教师占 48%，五年内将退休的（停滞期）占 30%，而成熟期的中青年教师只占 20% 左右。这一年龄结构带来的问题是青年教师的培养任务重，学校中坚力量不足，对学校教学工作的正常开展产生了一定的不利影响。这些青年教师在职业理想、教育观念、专业知识水平、教学监控能力及教学行为与策略等方面存在这样或那样的问题，因此，如何使青年教师快速成长起来，全面高效地做好青年教师培训，是学校现阶段面临的一个紧迫任务。

3. 以往培训工作中研训分离，导致资源和时间浪费

在学校以往的青年教师培养工作中，团委、工会、教务和政教等各部门都在做，但是培训内容随意性大，针对性不强；各部门培训活动时间安排经常发生冲突，出现多个部门抢一个时间（每周三下午两节课后为教师的集体活动时间），或一个老师可能要同时参加两个部门组织的培训活动的现象；有时也会出现多个部门在同一时间段培训内容相同或相似的问题。这些问题可以简单概括为"四多四少"：重叠、重复性培训多，有特色的培训活动少；专家集体讲座多，针对教师个体的培训少；听课、观摩多，具体方法的指导少；学校强迫要求多，教师主动参与少。这些问题不仅导致资源和时间的浪费，也增加了教师的负担，影响了教师参与培训的积极性，使培训效果大打折扣。

（二）研究目的与意义

通过"研训一体"培养模式的探索，对教研、教育科研和教师培训进行总体设计，让三者在目标、内容和形式相互融合、有机整合，保证教师培训工作的多维、持续和高效，激发青年教师参与培训的积极性，提高学校教师培训工作的实效性，促进青年教师专业素养的全面快速提升和一支高水平教师队伍的形成。该课题的研究不仅为学校青年教师培养提供有效的策略与方法，还将带动学校教师队伍的整体建设，为学校健康发展奠定基础。

二、概念界定

（一）研训一体

"研"即研究，包括教研和教育科研；"训"即教师培训。所谓"研训一体"，就是将教研、教育科研和教师培训三者在目标、内容和形式上进行有机整合，全面促进教师专业发展。

（二）教师专业发展

教师专业发展就是以教师为主体的教师成长过程，在这个过程中，教师的专业知识得以丰富，教学技能日渐纯熟，与教学活动相关的理论水平、能力和情感特质都得以发展。对于教师专业发展包含的内容我们更认同申继亮教授的提法，即教师专业发展的内容包括职业理想、教育观念、知识结构和教育教学能力。

（三）策略

《现代汉语词典》中对"策略"的解释：①在政治斗争中，为实现一定的战略任务，根据形势的发展而制定的行动方针和斗争形式。②泛指善于灵活运用适合当时情况的斗争方式和方法。《现代经济词典》的解释：在博弈论中，指博弈参与者在给定信息集的情况下的行动规则。

本课题研究的"策略"是指学校在教师培训中所采取的原则、手段和方法。

三、研究目标、内容

（一）研究目标

通过本课题的研究，厘清教研、科研和教师培训三者的关系，找到学校在青年教师培养、培训工作中"研训一体"培训模式下的组织领导、培养实施、效果评价的一套有效策略和方法，构建"以学校为基础（出发点和归宿），以教师为主体（价值取向），以教学为根本（操作方式）"的教师培养体系，切实提高青年教师培训实效，促进教师专业素养的全面提升，促进学校的全面发展。

（二）研究内容

1. 研训分离的现状及问题分析

"研训一体"的教师培养方式，是针对传统的研训分离培训现状所产生的问题而提出的，所以要想使"研训一体"的培训取得更有效的效果，必须对研训分离的培训现状及问题有清楚准确的认识和了解。因此，本课题研究的第一步就是对学校研训分离的现状及问题进行了解和分析，厘清教研、科研和培训三者的关系，从而抓住问题的实质，为"研训一体"培训提出更有效的策略奠定基础。

2. "研训一体"青年教师培养策略研究

从运行机制、管理方式、培养（培训）的实践操作等方面探索培养策略。

四、具体做法

（一）加强组织领导，实现研训组织管理一体化

为了解决以往教师培训工作中随意性大，各部门间培训时间冲突、内容重复的问题，实现各部门培训工作的统筹协调，学校调整了干部分工，成立了由校长直接负责，由德育副校长、教学副校长、教务主任、工会主席、教科研主任和团委书记组成的教师培训工作领导小组和课题研究小组（课题研究小组中加入政教主任、年级主任、教科研组组长）。

学校统一制定教师研训培养方案，学期初制订培训计划。党、政、工、团等部门在此基础上制订自己的培训计划。各部门计划做到各有侧重、内容不重复，人员不交叉，时间不冲突，以保证教师培训工作的有序开展。

（二）开展需求调查，实现研训内容一体化

不同发展时期、不同年龄阶段教师的成长需求不同。为了更好地了解教师的需要，使教师培养工作更有针对性，我们首先从教育观念、专业态度和动机、专业知识、教育能力和职业发展需求等方面对教师进行了问卷调查。

对调查结果我们进行了认真的统计分析：

第一，98%的青年教师经常会思考自己的专业发展，但只有35%的人有自己的职业发展规划。

第二，教师更喜欢一线教育能手和知名教育专家给做培训。

第三，关于中学教师最需要的培训。

青年教师的答案依次是课堂教学的设计能力、课堂教学的实施能力、学科理论知识；中年教师的答案依次是现代教育技术的应用能力、教育科研能力、班主任管理能力。

第四，关于在教师专业发展中，特别是校本培训中，希望学校领导做什么，选项占比排前两位的答案：为中青年教师多提供向老教师学习的机会；希望学校能进一步支持教学骨干外出学习。

第五，关于影响教师专业发展的因素，选项占比排前三位的答案：工作压力、职业理想、自身能力。

第六，关于希望学校为自己的专业发展提供哪些机会和条件，选项占比排前三位的答案：业务进修、教学观摩、赴名校参观访问。

第七，关于当前最需要获得的知识，选项占比排前三位的答案如下所示。

青年教师：教育专业知识、学科教学知识、学科专业知识。

中老年教师：课程知识、新课改知、科研方法知识。

第八，关于当前最需要提高的三种能力，选项占比排前三位的答案是如下所示。

青年教师：教学能力、教育管理能力、交流沟通能力。

中老年教师：撰写教育教学论文的能力、教育科研能力、自我反思和自我学习的能力。

针对以上调查结果，学校干部专门召开会议，分析数据，讨论制定本学期教师培养的重点内容：青年教师以专业态度、动机和能力培训为重点内容；成熟期教师以新技术、新理论培训为重点内容；静止期教师以专业的情感、信念培训为主。

在此基础上，将教师培训对象和内容纳入各相关部门计划之中，如青年教师由继教办负责，教学人员的课程培训、骨干教师培训、课堂教学培训由教务处负责，团委、工会以师德、师风教育培训为主，科研处负责科研课题和项目研究指导，政教处负责班主任工作、心理工作方面的培训。这样一来，全校一盘棋，统筹安排，各司其职，各负其责。

（三）突出培养重点，抓好青年教师培养

由于青年教师数量逐年增多，35 岁以下青年教师占专任教师总人数的 38%，所以我们把青年教师作为培养的重点，学校责成一名中层领导干部专门负责。学期初有计划，期末有总结，过程中有检查评比。培训内容包括教师基本功、师德师风建设、教育教学管理能力等系列化内容；培训形式包括师徒结对、专题专家讲座、专家视导、征文演讲活动、听课评课和外出参观学习等，并每年评选和表彰校级优秀青年教师，通过学校广播和电子屏大力宣传他们的先进事迹，树立榜样，弘扬正气。

（四）以研促培，用科研引领教师发展

课题研究的过程，既是问题解决的过程，也是教师专业素养提高的过程。我们的课题（项目）多数来源于学校发展的需要和教师教育教学中的实际问题，所以以课题研究过程中的理论观念、技术方法等就是教师培训的关注点。

在研究过程中，依据课题进展和需要，我们会安排教科研常识性内容的培训。如在课题申报阶段，讲如何选题；在课题立项以后，讲如何撰写课题研究方案；在课题研究过程中，讲调查问卷的设计、课题研究方法；在成果总结阶段，讲科研论文、研究报告、案例报告的写法等。同时，也有与课题研究内容相关理论、政策的学习与解读，学科专业理论方法的培训等，如"心理健康教育校本课程设计与开发"的研究课题，曾组织教师研读教育部《中小学心理健康教育指导纲要》和《北京市中小学和职业学校心理健康教育工作纲要》，组织"中学生心理问题及对策""主题心理活动课的设计"等专题讲座。在"信息技术环境下的电子白板和平板电脑混合式教学模式研究"课题研究过程中，安排了从最简单的白板和平板电脑的操作系统的使用，到课程的设计、相关软件的应用等系列内容的培训。

五、效果

在上级有关部门和专家的大力支持下，在本校教师的积极努力下，学校教师发展取得了明显成效。

（一）促进了青年教师的成长

青年教师迅速成长起来，成为学校教育教学的重要力量，其中7名老师被评为区级青年骨干教师。石易、郭丽净老师捧得"春华杯"，尤其是石易老师，获得第五届全国初中信息技术优质课展评特等奖，全国微课大赛优秀奖，北京市优秀教育信息化应用成果评比二等奖，并被评为通州区教育系统青年岗位能手；郭丽净老师在中央广播电视大学"国培计划（2018）"资源建设论文评比中获一等奖，在中国高等教育学会教师教育分会科研课题"中华优秀传统文化与现代语文课堂教学实践研究"课题成果评审中荣获教学论文类一等奖；许婷老师的论文在教育部中国人生科学学会教师发展专业委员会举办的"中国梦 全国优秀教育教学论文评选大赛"中获一等奖。

（二）带动了教师队伍整体水平的提高

我校的教师队伍整体素质得到了全面提升，市区骨干数量不断增多，教学成绩稳中有升。2019 年，各学科承担了区级观摩课、研究课多达 23 节，论文、课例和教学设计在区级以上评比中获奖或文章发表 240 余人次。

教师的信息技术应用能力和水平大幅度提高，微课、平板电脑引入课堂，激发了学生学习的兴趣和自主学习能力，提高了课堂教学的效率。2018 年 4 月，通州区教委"信息技术下的课堂教学改革"现场会在我校召开，会上我校的经验和四位老师的观摩课受到与会者好评。2019 年 11 月，通州区学习策略研究工作交流会在我校召开，我校教师主讲的 4 节观摩课和学校课题研究工作汇报得到与会 60 多名领导和教师的好评。

教师们用先进的理念和技术武装自己，在本职岗位上不断创新，成绩突出。高春杰老师在 2018 年第十一届全国中小学创新课堂教学实践观摩活动教学课评比中获一等奖；王新老师在 2018 年创新教育实践培训活动暨创新教学课例评比活动中获一等奖；在全国第三届中小学数字化教学评优中获得课例评比中获一等奖，耿玉梅等 4 名老师二等奖；李美英老师荣获第三十一届北京市中小学紫禁杯优秀班主任一等奖。

（三）促进了研究能力的提高

教研、科研和培训是一个不可分割的整体。两年来，我们以教研为基础，以科研为途径，以培训为手段，基本构建起具有学校特色的教师培养培训体系，取得了 1+1+1>3 的效果。国学教育、心理健康、翻转课堂等多项课题研究成果也在北京市科研成果评比中获奖，8 项区级、3 项市级课题顺利结题。

2019 年，我校又有 6 项课题在区级立项，"现代信息技术与学科教学有机融合的方法研究"课题在北京教育信息中心立项。2018 年 9 月，我校的"玉桥中学青年教师专业发展'研训一体'培养策略的实践研究"课题在北京市中小学中等职业学校教师培训中心立项。2019 年 11 月，该课题研究报告《坚持"研训一体"，促教师专业素养全面提升》获北京市首届"教师专业能力"教育教学研究成果二等奖。

六、反思

教师发展是教师人生价值实现的过程，是教师在充分认识教育意义的基础上，不断提升精神追求，增强职业道德，掌握教育规律，拓展学科知识，强化专业技能和提高教育教学水平的过程。新的课程理念、新的教材、新的课程评价观，强烈冲击着现有的教师教育体系，对教育工作者提出了更高的要求。教师只有不断学习、提高，才能适应新形势的需要。学校应努力为教师搭建发展的平台，满足教师发展的需要，这样才能建立起一支高水平、高素质的教师队伍，从而为学生的发展、学校的发展提供强有力的保障。今后，我们将继续努力，不断实践创新，让学校成为教师专业发展的沃土，从而培养更多优质的学生。

构建幸福教师的"六个一"实践工程

——建设优秀教师队伍的基本策略

北京市通州区台湖学校　张士东

习近平总书记多次指出，要改善教师待遇，关心教师健康，维护教师权益，充分信任、紧紧依靠广大教师，支持优秀人才长期从教、终身从教。要让教师成为令人羡慕的职业，就要让教师在岗位上拥有幸福感。可以说，没有幸福的教师就没有幸福的教育，没有幸福的教育就没有幸福的学生，没有幸福的学生就没有幸福的社会，民族的复兴也就无从谈起。

台湖学校始终坚持文化引领，育人为本、教学为主，以教师专业发展为动力，以规范管理为保障，以科技、艺术教育为特色，以全面育人、构建和谐、人文校园为目标，深化素质教育，提升校园管理水平。台湖学校尤其注重教师生活幸福感的提升，并将其作为学校始终孜孜追求的核心价值观。为此，学校提出了建设幸福教师"六个一"工程，即有一个好身体、一份好心情、一个好工作、一份好收入、一个好团队、一个好朋友。

一、健康身心——牢固幸福教师的根基策略

随着教育改革的深入，教师感受到了来自学生、家长和社会各界的压力，健康问题日益凸显。此前中华医学院管理学会开展的"健康透支十大行业"的社会调查，教师行业赫然在列。事业诚可贵，健康价更高，"健康工作五十年，幸福生活一辈子"。为此，台湖学校将"一个好身体"作为建设幸福教师"六个一"的重要根基。

（一）营养健康保身体

学校从办好餐厅入手，健全餐厅用餐监督管理制度，由教师代表与餐厅管理员组成伙食管理委员会，并定期召开成员讨论会，基于用餐体验建言献策，从不同教师个体的年龄、口味等角度汇聚意见建议，保证菜品的多样性、营养性和丰富性，满足教师不同口味需求，逐步提高用餐质量；打造全新的教师用餐环境，对餐厅进行重新装修，提高就餐环境和舒适度，合理膳食搭配，让教师们不仅吃得香还要吃得健康。尊重个性差异，满足个别需求。例如，针对正在瘦身的女教师，在征求她们的意见后学校特意推出两套瘦身餐供大家选用。

（二）身体健康保工作

为了确保教师体育锻炼的顺利开展，学校重新修缮校内运动场馆，购置运动设备，完善健身硬件设施，开放体育馆、活动室以便教师课余时间休闲身心，为教师身心健康发展提供了良好的平台；积极鼓励教师利用课余时间参与学校组织的集体户外活动，将体育锻炼由校内延伸到校外，使教师在集体健身活动中放松身心，互相增进了感情。校长提出的"健康第一，工作第二"的理念深受教师们的欢迎。

（三）心理健康促乐观

学校积极落实保障教师定期体检制度，制定符合教师群体特殊需求的体检项目，确保教师掌握自身的健康状况，防微杜渐。同时，学校配备了一名专职的保健校医为教师服务，以便教师出现一些常见疾病能得到及时的医治。此外，学校还设置了减压室、母婴室，为有特别需要的教师提供日常便利。

二、良好心态——打好幸福教师底色的策略

心情的好坏决定着工作效率和成就感。学校千方百计防止教师将负面情绪带到工作中，积极营造"心齐、气顺、干劲足"的工作局面。

（一）民主参与，争做主人翁

为了保持教师健康积极的心理状态，学校广开言路疏解教师情绪，使教师的民意表达有方向、有出口。学校规定校长每学期与十位教师进行座谈，并走访五个组室进行沟通交流，定期向党政工团分别听取工作意见和建议。工会每学期末开展合理化建议征集活动，党支部利用民主生活会听取党员意见建议，征集的结果及时梳理，及时反馈，及时指定专人逐条落实。学校的民主氛围越来越浓，教师们都愿意积极参与进来。

（二）心理疏导，增强自豪感

为了教师幸福感的提高，学校专门制订了教师心理健康培养计划；设置茶歇室、心理理疗室等帮助教师疏导心理缓解压力，减少长期教学所造成的疲劳感、紧张感及职业倦怠；设置"三景书屋""书香"教师风采展室，满足教师发展的个性化需求，使其获得职业成就感和幸福感；定期开展放松身心的活动，如举办一年一度的教师节庆祝联欢会，"我心目中的好党员"评选活动，提高教师的归属感。

（三）动静相宜，多彩人生

学校提倡"心要静，身多动"。心静才能心无旁骛，不求名利，心静才能实践习总书记提出的安心教书潜心育人。学校为教师们建设了茶艺室、书法教室、瑜伽室等修身养性场所。为了让教师们动起来，学校专门给教师设置了琴、棋、书、画四艺课程，要求每人要掌握一门技艺，为教师购买乐器和工具，聘请教练教学，教师们在其中其乐融融，吹拉弹唱，动静相宜。

（四）互帮互助，感受温暖

学校党支部和工会提出"四有"服务理念，即"有难必帮、有喜必贺、有丧必吊、有病必探"，最大限度发挥学校服务职能，真正把教师放在心头，为教师谋福利，维护教师"幸福"的权益。老师们遇到难处不愿说、不信任、不敢说时，就需要干部眼观六路、耳听八方，多为教师着想，积极主动伸出援助之手给予帮助。通过这些举措，干群之间互相理解了，互相信任了，情感升华了。

三、享受工作——成就幸福教师发展的策略

工作不分高低贵贱，也不分好与坏，工作起来心情舒畅、个人价值得以体现，这样的工作就是好工作。反之，为工作所累、前途渺茫就是不好的工作。所以，为教师们寻找到适合的工作岗位、营造发展的舞台，助力个人成长成为我们的首要任务。

在学校人事安排上尽最大可能人尽其才，发挥其最大作用。校长刚调到台湖学校时，听说有位顾老师因为患有轻度的抑郁症一直在家休养。他认为，作为老师就要上班，况且一个患有轻度抑郁症的患者更不宜长时间脱离集体。本着对同志负责的态度，校长先找到她的父亲说服顾老师上班，同时安抚周围的教师要与她和睦相处。一段时间后，她身体和精神恢复正常，享受幸福快乐的生活。

一方面，为了使教师享受职业生活的快乐，体验职业生活的幸福，学校不断完善内部现代管理制度，完善内部治理结构，健全议事规则和决策程序，成立教师职工代表大会，定期开展民主选举，组建能够"听民意、表民心、谋民利"的教代会队伍。涉及学校方方面面的重大决策，都要召开教代会议进行讨论决议，注意突出教师主体地位，最大限度保证学校广大教师职工的根本利益，切实落实教师在办学模式、育人方式、资源配置、人事管理等方面的知情权、参与权、表达权和监督权。

另一方面，为了保证教师在职业生涯中能够在工作体验中收获对生活的热爱和对工作的热情，增强工作信心，实现职业理想，学校为教师个人专业发展搭建了广阔的平台。

以"发展"为中心，构建学习共同体，对教师进行全员培训。与周围四校联合，制订了"四发展"（教师专业思想、专业知识、专业技术和专业技能四个方面的发展）的教师共同体培训计划，在中学、小学教师间创设共同体验、共同学习、共同进步的学习研究共同体。邀请学界教育教学专家来校以报告、论坛、讲座的形式，向教师传授现代教学理论、教育思想；通过选派教师去全国各地参与教育部课题的观摩学习，引导教师通过学习提高自己的教育底蕴，形成自己的教学风格；开展精准培训，派出干部或教师多次参加较高水准的培训活动，并且在本校内进行汇报，用学习成果对本校老师再培训。

为了提高教师们的获得感和荣誉感，每学期学校都要组织评优评先表彰活动，如"我心目中的好老师""我们的好后勤""优秀班主任"等。无论是经验丰富的老教师

还是刚刚参加工作不久的新教师，只要他们在自己的岗位上取得一些成绩，就要为他们开表彰会，让教师们的工作与付出受到尊重，让他们享受到无上的光荣与幸福。

四、改善待遇——保障幸福教师地位的策略

要让教师生活上更有尊严、更体面、更幸福，就要不断健全教师工资保障长效机制，健全符合教师职业特点的工资分配激励机制，形成教师之间的良性竞争，在校内建立民主有序的工作环境。

教师是学生发展的引路人和学校发展的支撑者，工作压力较大极易形成职业倦怠，一份满意的收入是缓解教师职业压力、稳固教师幸福感的有力保障。多劳多得、优绩优酬的激励导向，告别了"论资排辈"的老传统；重新修订的职称评定程序，避免了权力和人情关系的介入，一改以往"走关系""结帮派"的弊端；自评、互评、干部评、学生和家长评相结合的全方位立体年度考评制度，确保更客观地对教师进行考评。

五、打造团队——营建幸福教师环境的策略

（一）和谐共进的年级组、教研组建设

教师所在的学校"小环境"，包括和谐的工作环境、民主的领导团队、良好的同事关系。团结协作的工作环境、相互信任的感情氛围、相互帮衬的集体，是教师幸福感获得的重要基础。学校出台了《和谐共进年级组、教研组考评办法》，将组内成员捆绑式考评，每个成员都和小组整体利益息息相关，促使大家心向一处想、劲往一处使，有效避免了单打独斗的局面，组内和谐氛围浓厚。

（二）用活动凝聚人心，促进团队建设

为了增强团队凝聚力，学校开展活动都是以年级组或教研组形式开展，如组织处室环境装饰比赛活动、元旦联欢会分组出节目、团队建设拓展活动等，锻炼提升部门领导的领导力和执行力，增强部门内部的凝聚力。同时，这些活动调动了部门成员主动参与的积极性，激发了教师们群策群力的智慧与活力，并营造创设了温馨和谐的工作环境。

（三）构建温馨和谐的大家庭

为了使学校更有温度，让温馨可以触摸得到，也为每一位在此工作的教师留下一份回忆，在台湖曾经工作过的每一位老师，学校的校史相册上都能找到他们相应的位置，他们对台湖学校发展所做的贡献将永远被铭记。每年教师节，学校都会组织全校教职员工包括保洁、保安等后勤人员照一张全家福照片，张张照片记录着一个团结向上奋发有为的集体不断发展、不断壮大的历程，每个人都流露出幸福的微笑。

六、凝聚朋友——激发幸福教师活力的策略

一群好朋友可以在你忧郁的时候给你劝慰，在你彷徨的时候给你指路，在你情绪低迷的时候给你鼓劲，朋友像臂膀、像兄弟。

（一）亦师亦友师徒结对

学校在新教师培养方面已经形成了一套完整的模式，师徒结对就是其中一项内容。每年新教师入校，学校都要给他们指定一名师傅开展"传、帮、带"工作，使新教师很快融入学校的大家庭。

（二）忘年之交的互补兄弟

每个组中都会有积极向上的老教师，他们对于影响和带动新教师的作用不可小视，他们会时时传递正能量，化解矛盾，促进组内团结。老同志的教诲可以起到事半功倍的效果，他们是年轻人的领路人，年轻人也非常尊敬他们。学校积极鼓励新老同志交朋友，共同进步。

（三）一起玩耍的好朋友

学校积极助力教师培养一些共同兴趣爱好，教师通过一起玩耍增进友谊。学校注意组织丰富多彩的活动，如电子琴、非洲鼓、象棋和书法等才艺培训班，使教师能够在娱乐休闲中拥有"好朋友"的陪伴，提升工作幸福感，获得心灵上的愉悦。

　　学校幸福教师"六个一"策略实施四年，收到了显著成效：教师们爱校如家，视学校为自己的另一个大家庭。全校十多对夫妻在一起工作，很多教师把子女陆续转回本校学习；原来调动都往城里去，现在每年要求调动的教师很少，而城里要求调到我校的教师却在增加，其中不乏市区级骨干教师。优良的环境促进教师个人的成长，区级骨干和市级骨干教师数量急剧增加。几年来，学校为通州区教育输送多名人才，有正职校长、教研员、中层干部，还有借调到教委工作的同志。学校的教学质量稳步提高，初三毕业班工作连续几年受到教委的表彰，获得当地老百姓和当地政府的充分肯定。

　　幸福是什么？我们认为幸福就是每个教师心中的一种感受，一旦这种感受得以升华，就会焕发出无穷的力量与活力。当这种力量注入工作中时，它将是学校取之不尽、用之不竭的巨大财富，是推动学校健康向前发展的强大动力和不竭源泉。

青年教师教学能力提升的策略研究

北京市通州区觅子店中学　张宝国

一、问题提出

《中共中央国务院关于深化教育教学改革全面提高义务教育质量的意见》和《中国教育现代化 2035》等政策文件提出教师队伍建设的要求，即建设高素质专业化创新型教师队伍，并对教师教学能力提出了明确要求：要求教师"深入理解学科特点、知识结构、思想方法，科学把握学生认知规律，上好每一堂课""强化师德教育和教学基本功训练，不断提高教师育德、课堂教学、作业与考试命题设计、实验操作和家庭教育指导等能力"。

学校的发展离不开教师队伍的发展。教师是立教之本、兴教之源。培养一支责任心强、教学水平高的教师队伍，是学校稳步发展的根基。随着新课程改革的不断推进和深入，提高农村地区教师教学能力，已经超越教师的个人层面，成为提高学校教育教学水平、推进教育整体改革所必须面对的问题。

觅子店中学地处京津冀三省交界地带，现有教学班 12 个，学生 340 人；教师 56 人，其中一线教师 42 人，35 岁以下教师 19 人。近八年调出约 40 人，其中部分是学校培养的区级骨干教师和青年骨干教师。目前，学校有区级骨干教师 1 人，骨干教师比例低。优秀教师的流动，给学校发展带来了很大的影响，学校教育教学质量陷入了低谷。打造一支师德高尚、业务精湛、勇于创新、乐于奉献的教师团队，成为提高学校办学质量的关键。

为弥补骨干教师流动对学校的发展带来的负面影响，学校也在不断补充新鲜血液。近些年，学校招聘新教师 16 人。他们年轻、有活力、热情高，但缺乏教育教学经验。学校必须结合实际，让他们尽快地投入教育教学工作中。基于这个背景，学校确立了培养青年教师的目标：为青年教师的快速成长指明方向，搭建平台、设计路径，使每位教师都能获得相应的发展。

二、概念界定

教学能力是指教师为达到教学目标、顺利从事教学活动所表现的一种行为能力，由一般能力和特殊能力组成。一般能力指教学活动中所表现的认识能力，如了解学生学习情况和个性特点的观察能力，预测学生发展动态的思维能力等。特殊能力指教师从事具体教学活动的专门能力，如把握教材、运用教法的能力，深入浅出的语言表达能力，教学的组织管理能力，完成某一学科领域教学活动所必备的能力，如音乐教师对音高的辨别能力、语文教师的写作能力等。

三、文献述评

教师教学能力研究是教师专业发展研究的重点内容。有的研究将青年教师发展分为四个时期，即新手期、胜任期、熟练期和专家期。还有的在研究青年教师培养时，采用了学校层面、处室层面、年级组层面、教师个人层面四个层级的培训。

根据青年教师培养过程的描述，教师经历入门、成才期和发展期三个阶段，每个阶段都应有一个重点：入门期（教龄0~3年）是基础性培养阶段。培养工作从"应知应会"、基本规范着手，如规范备课、上课、作业批改、辅导学生等内容，使青年教师掌握教育教学的常规要求和教学技能，以至崭露头角。

成才期（教龄4~5年）是成就性培养阶段。重点培养青年教师在成熟的基础上向获得成就方向发展。例如，继续钻研教材教法，能够很好地结合课程标准，会解读教材文本；熟练教学方法的使用，形成一定的教学思路等。在这个阶段，可以培养更多的教学能手或教坛新秀。

发展期（教龄6~8年）是发展性培养阶段。按照每个青年教师个性发展的趋势，进行分类培养，具体分成四种类型：一是学术型教师；二是学者型管理人才；三是研究型教师；四是其他优秀教师群体成员。

针对教学能力的构成，专家们也是各自从不同的角度来阐述，因此未有统一明确的定义。根据学校的实际情况，罗树华、李洪珍定义的教师教学能力，包括以下几个方面：掌握和运用教学大纲的能力；掌握和运用教材的能力；选择和运用教学参考书的能力；编写教案的能力；选择和运用教学方法的能力；激发学生学习兴趣的能力；指导学生学习方法的能力；因材施教的能力；实施目标教学的能力；组织课堂教学的能力；教学测试能力；制作和使用教具的能力；操作与示范能力。

针对教师教学能力的培养，青年教师刚刚走上工作岗位，教学工作对他们来说具有新鲜感，我们一定要抓住这一有利的时机，做好对青年教师的培训。通过校内的师徒结对、校外聘请专家等方式，强化落实，促进青年教师的快速成长。

四、提升青年教师教学能力的步骤和策略

（一）调查研究，摸清底数

为进一步了解青年教师在教学中的困惑与需求，我们在青年教师中开展问卷调查。问卷分三个部分。第一个部分是"您认为什么是高效愉悦的课堂？"目的是让教师进一步明确课堂是什么样的，怎么做才能形成高效课堂，有目标、有方向，才能更有动力。第二部分是"您在教育教学中有怎样的困惑？"通过分析困惑，找到解决问题的出路，是思想方面的、教学能力方面的，还是学生管理方面的等。第三个部分是"为提升自己的专业水平，您需要怎样的帮助与指导？"需要学校在哪些方面予以有针对性的支持，学校结合实际安排培训与提高。

本研究共下发 30 份问卷，回收有效答卷 27 份。经过对答卷进行分析，我们发现教师在教育教学中的困惑主要聚集在自身的教育教学能力、学生的学习问题两大方面，分别占比 40% 和 56%。

困惑具体包括如何激发学生的学习兴趣、课堂缺乏细节的设计与规划、新课程理念的新要求与教学实践脱节、怎样真正做到小组合作学习，实操性差、不能更好地完成自己的教学设计、如何评价考核学生课堂收获，学生的水平和备课之间的冲突、到底什么样的课才是所谓的好课等。

在提升专业水平所需的帮助与指导方面，老师们更多的是对自己的教学现状不满意。

在此项回答中，教师们更多的是对自己教学的现状不满意，对专家指导比较渴求，如希望专家进行课堂指导、评课，请有经验的一线教师指导，多些与一线教

师交流的机会，多请教到校的专家，切实指导、以具体案例指导备课，如何设计各环节、构建课堂，请专家给出一些对农村学校和学生适用的学习建议，请优秀教师来校上一段时间的课，学习如何提升课堂教学、整体规划教学进度安排等。

基于对教师发展困惑和需求的调查，学校确定了指导教师教学能力提升的方向和主要内容。

（二）直面问题，逐步解决

通过调查发现，青年教师教学能力依然存在着一些不尽如人意的地方，主要集中在教育观念、教学操作、教学手段及技能和教学研究能力等方面。

教育观念存在局限。新课改实施几年来，教师们公开言明的教育观念与践行的教育观念之间有很大差异，对新课程理念理解并不深刻，因此并不能对其教学行为产生直接的影响，不能有效指导教学实践。

教学操作流程不清晰。有些教师理解并认同了新课改的理念，愿意在教学中大胆改革，但是面对新课改不知道做什么、怎么做，专业发展缺少外部支持和专业引领，教学流于形式。

教学手段与技能贫乏。教学方法较少，存在的问题总是需要外在的动力来推动，而自己内在的变化动力不足，因而导致教学技能普遍不高。

教学研究能力不足。教师参加教研活动进行教学思想的交流有利于教师教学理念的发展，但是在实际的教研活动中开展得不好，教师的教研水平不高，没有前沿内容和专家的指导，教研活动多流于形式。

青年教师是学校发展的有生力量，提高青年教师的教学能力是首要任务。

1. 观念优化，激发内需

对于青年教师教学能力的培养，首先应该是思想意识和观念的培养，只有教师从内心深处认识到教学能力的重要，才能积极主动地参与到培训学习之中。青年教师从做好职业规划开始，给自己的人生找到目标；再辅以正确的指导，在短时间调动起积极性，同时再进行强化，要求青年教师先模仿再创造，先站稳再站高。

2. 组织保障，规范提升

学校建立青年教师培养工作领导小组，定期研究青年教师培养工作，具体负责本校青年教师培养工作实施方案的具体操作。学校领导经过多方奔走，与市、区教研部门沟通，先后争取到的支持项目主要有三个：一是"骨干教师送教到校"，二是"教师研修中心、基教研中心联合视导"，三是"高效课堂协作网"项目组进校支持教学改革。

3. 资源集聚，搭建平台

尽力挖掘青年教师自我实现的需求，引导他们通过自身努力，实现自己对教育教学工作的期望，使其真正领悟生活和工作的真谛，体验到成功的快乐。要求青年教师为自己量身定制成长蓝图，制定个人成长规划，并扎扎实实落实个人成长规划，变"要我发展"为"我要发展"。

4. 技能训练，精准支持

（1）结对子。学校采用"自我培养、外力援助"的方法，为教龄短的青年教师配备一到两名本校或外校的指导教师，结对指导期为三年。指导老师在青年教师成长中遇到问题和困难时给他们出点子、指路子，为他们排忧解难。

师徒结对后，指导教师每学期期初与指导对象共同制订好学习计划，落实平时每次的帮扶内容，制度化、规范化、有效化，注重青年教师成长过程的点滴进步，期末写好学习小结。

指导教师耐心指导、尽心尽职。平时多关心青年教师的日常工作，包括备课、批改、业务知识学习、班主任工作等各个方面。每月至少听取结对青年教师研究课一至二节，并及时进行评课、指导和反思，在教学相长的过程中实现教育教学工作的最优化，实现双赢。

青年教师要好学多问，勤思多写。每月至少听取指导教师示范课一节，并写好听课反思。每月向指导教师汇报一节高质量的研究课，要结合指导教师的评课及自己的思考，及时写好教学案例或教学随笔。

通过形式多样的活动，如"青年教师夜校"，指导教师和徒弟座谈，开展有针对性的指导工作。

（2）搭台子。尽可能给青年教师创造条件、提供机会，鼓励青年教师登台亮相，崭露头角，尽显才华。大胆使用德才兼备、能力较强的青年教师担当教育教学重任，为他们的成长铺平道路。

优先考虑青年教师参加外出学习、考察活动。为青年教师提供一些特级教师和优秀教师的讲课实况录像，请相关教学经验丰富的教师进行课堂分析，帮助青年教

师尽快掌握课堂教学的各个环节。

结合"课堂教学评优"活动，积极开展各种业务素质练兵活动。组织开展"教育教学论坛"，组织青年教师开展教育教学总结交流，发现青年教师的优秀突出做法，指导青年教师改进教育教学中的问题，引导青年教师实现"弯道超车"，从而全力打造"教学理念先进，教学基本功扎实，课堂教学特色明显的青年教师"。

（3）压担子。对有发展潜质的青年教师进行重点培养，通过压担子、导师辅导、优先给予外出学习机会等手段促进其尽早成为优秀教师。以校本培训为抓手，加大青年教师培训的力度和密度，对不同层次的青年教师提出不同的教育教学要求，帮助其更快、更好地发展。

35周岁以下青年教师要做到"六个一"：每学期掌握一门教育新技术，有创新意识地采用一项教学新模式，提出并努力实践一项有意义的工作新建议，积极参与一项教研新课题，帮扶一名学生，转化（培养）一名特长生。

（4）组织开展"校内校外联合培养模式"。充分利用"第三共同体学校""联片教研学校""永乐店中学教育联盟"三大教育合作集团，积极组织青年教师参与各种活动。同时，鼓励支持青年教师"校外拜师"，学习更先进的教育理念和教育方法，促进他们快速成长。

五、教师教学能力提升的初步效果

经过一系列以教学能力提升为目标的活动设计与实施，觅子店中学青年教师教学能力逐步提高。

通过各种培训，教师的理论水平有了提升。近两年来，学校青年教师在专家指导下，阅读各类专业书籍达100本以上，书写阅读笔记、撰写反思或教学心得成为教师专业发展活动的常规活动。在个人和学校共同努力下，有20名教师的文章获得区、市级奖励。

青年教师教学基本功水平有了提升。学校通过举行青年教师课堂大赛、学校优秀课评比等，使青年教师的教学能力有了很大的提升，教学基本功有了明显的改观，受到了学生的喜爱和家长的认可。有六名教师在代表学校参加市、区级教学基本功比赛中取得优异成绩，这是近几年来学校所没有过的情况，极大激励了青年教师的信心与干劲。

教学质量提高。通过搭建各种平台，有力地促进了教师的教学能力提升，使学校的教学质量有了进一步的提高，教学质量明显比前几年有了提高。其中，学校青年英语教师张苗苗，多次在区教师研修中心进行学科教学分析。

　　促进青年教师成长还需要人文关怀，学校已经把这项工作列入议事日程，纳入学校管理的重要板块。另外，教育行政部门也要把促进青年教师成长作为21世纪战略性要务来抓。教育事业的未来是教师队伍整体素质的提高，教育行政部门和学校领导要整合各方面的优势，最大限度地促进学校发展和教师专业化的成长。

初中青年教师专业发展的路径研究

北京市通州区北关中学　张晓光

青年教师作为教师队伍的新生力量，在促进学校发展方面有巨大的推动力。通州区北关中学拥有近60年的办校历史，但学校发展始终难以突破瓶颈。为改变这一现状，本文深入剖析北关中学教师队伍特别是青年教师队伍现状，抓住核心问题，探索青年教师专业发展的路径。

一、现状分析

（一）学校现状分析

通州区北关中学建校已近60年，位于北京市城市副中心城区。学校在职教师50余人，学生近300名。学生生源以非京籍为主，通常占90%以上。学校在建校历史、地理位置和师资数量方面均有优势，但是发展始终不见起色，难以突破。

（二）教师队伍现状分析

北关中学在职教师共有51名，年龄在35周岁以下的青年教师有11名，年龄在35~45周岁的中年教师13名，年龄在45周岁以上的年长教师有27名。总体来看，北关中学教师队伍结构偏于老龄化。

在教师学历结构中，学历在本科以上的共有47人，其中研究生学历共有4人。从学历来看，北关中学教师素质的整体水平较高。中年教师和年长教师多为本科学历，教学经验较为丰富。研究生学历的教师均为青年教师，他们虽理论基础深厚，但教学经验还有所欠缺，两者形成优势互补。

（三）青年教师队伍现状分析

中小学青年教师是指专门从事中小学校教育工作、年龄在 35 周岁及以下的教师。这类教师具有精力旺盛、工作热情高、可塑性强三大主要特点，在教育教学工作中能够积极主动发挥自身优越性，潜心从事教育教学工作。

我校青年教师占全体教师比例的 21.5%，仅有 11 人。其中，从事一线教学工作的共有 9 人，教龄在 1~10 年不等。在这 9 名青年教师中，研究生学历的有 2 人，分别担任历史和体育学科教学工作；其余 7 人为本科学历，从事数学、计算机、物理和英语等学科教学工作。总体来看，青年教师所占比例甚小且均衡分布在各学科，较为分散。

二、青年教师专业发展概念与现状调查

（一）青年教师专业发展核心概念界定

《教师专业发展》一书中提到："教师个体专业成长及内在结构不断更新、丰富的过程即为教师专业发展。"

国外研究者霍伊尔认为："在教师教学的各个阶段，能够掌握良好的知识技能并开展专业实践的过程就是教师专业发展。"

几位学者分别从青年教师内在理论与外在实践等不同角度对青年教师的专业发展做出解释，我们认为，青年教师的专业发展是教师通过不断学习和实践，形成自己的教育理念、实现自身的知识专业化和能力专业化的过程。因此，本文基于对北关中学和青年教师队伍现状的分析，从青年教师的知识专业化和能力专业化出发，探寻学校和青年教师的发展路径。

（二）北关中学青年教师专业发展现状调查

为进一步了解北关中学青年教师在专业发展方面的现状和问题，我们将提前设计好的调查问卷通过"问卷星"形式发放给北关中学的 9 名教师，并在规定时间全部收回并保证全部有效。虽然此问卷发布的范围具有一定局限性，但对于研究北关中学青年教师群体却具有针对性和代表性。

在"具备完成本职工作需要的学科专业知识"方面，北关中学 33.33% 的青年

教师大部分符合要求，有 66.67% 的青年教师完全符合要求，如图 1 所示。也就是说，在学科专业知识方面基本不存在问题。

但在"能够拓展有关学生学习原理和教师教学策略的知识"方面，有 11.11% 的青年教师部分符合，33.33% 的青年教师大部分符合，仅有 55.56% 的青年教师完全符合，如图 2 所示。这也就是说，青年教师在教育教学理论知识方面存在欠缺。

有 77.78% 的青年教师完全能够积极寻求并吸收多样化的观点来不断完善自己的工作，有 11.11% 的青年教师大部分符合要求，也有 11.11% 的基本符合要求，绝大多数青年教师愿意采用新的观点来丰富课堂教学，但值得注意的是，在"能够以创新的方式呈现教学内容"方面，却只有

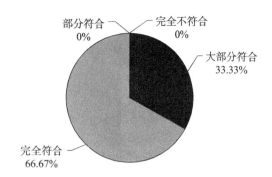

图 1　具备完成本职工作需要的学科专业知识

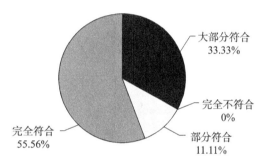

图 2　能够拓展有关学生学习原理和
教师教学策略的知识

44.44% 的青年教师能够完全做到。因此，青年教师虽易接受新观点或新思想，但教师专业发展中的自我创新的意识还不够强。

教师专业发展不仅要对自身进行研究，也要重视对学生的研究。有 56.56% 的青年教师能够完全符合对学生进行分析和研究的要求，有 44.44% 的青年教师部分符合要求。总体而言，青年教师对学情的把控还不够精准。但同时，青年教师对自身的教育教学总结和反思的水平是非常高的，几乎全部能够符合。

青年教师的专业发展还体现在新时期师德的要求上。在"能够认识到在教学实践中潜在的道德和法律问题"和"能够遵循学校的各项规章制度和教师职业道德规范"两方面，北关中学青年教师完全符合，这在一定程度上说明青年教师们在教师职业道德和素养方面水平较高。

有 44.44% 的青年教师能够完全利用业余时间学习专业知识丰富自己，有

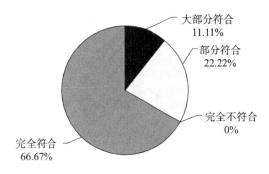

图3　与本学科的优秀教师、教研员、

培训者保持密切联系

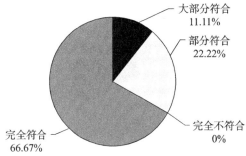

图4　能够得到优秀教师的听课指导

56.56%的青年教师能够不断更新自己的技术知识和技能。虽有近一半的青年教师能够主动学习专业知识和教学技术，但对于学校整体情况而言，青年教师的自主学习意识并不强。

在"与本学科的优秀教师、教研员、培训者保持密切联系"方面，仅有66.67%的青年教师能够完全符合，如图3所示。青年教师需要优秀教师的引领，通过调查发现，北关中学青年教师在同优秀教师或教研员联系方面有待加强。

青年教师中只有66.67%的教师能够得到优秀教师的听课指导，约有一半的青年教师不能完全得到优秀教师的指导，如图4所示。青年教师的专业发展需要有优秀教师的引领，显然，北关中学青年教师在专业发展方面缺少优秀教师的指导。

在"能够得到学校在教育教学工作方面的重视"和"能够得到学校在教学专业发展方面的培训"方面，都有77.78%的青年教师选择了"完全符合"。这一比例并不算高，青年教师的专业发展应得到学校的高度重视。

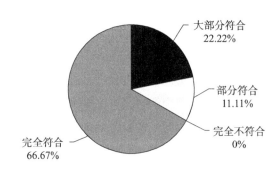

图5　能够定期观摩优秀教师的课例

值得注意的是，只有66.67%的青年教师能够定期观摩优秀教师的课例。近一半的青年教师缺少观摩优秀课例的机会，观摩优秀课例是青年教师专业成长的重要途径，如图5所示。因此，北关中学的青年教师应争取机会多观摩一些优秀课例。

更值得一提的是，在"能结合教学实际进行专业研究或形成科研论文"方面，只有 44.44% 的青年教师能够独立完成专业研究或撰写论文，如图 6 所示。大多数青年教师在专业研究和撰写论文方面存在困难，这也侧面反映出青年教师的科研意识和能力比较欠缺。

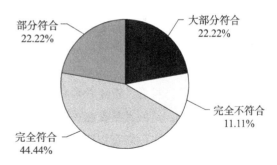

图 6　能结合教学实际进行专业研究或形成科研论文

而更严重的问题是，在"能够定期发表本学科相关的论文或文章"方面，仅有 33.33% 的青年教师能够完成学科专业论文发表，近 70% 的青年教师在发表论文方面存在问题，如图 7 所示。这反映出青年教师的科研意识薄弱，对于学科专业研究少。

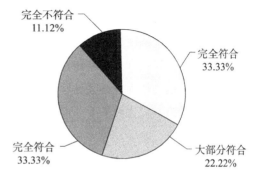

图 7　能够定期发表本学科相关的论文或文章

在调查显示中，几乎所有青年教师都愿意在现实情境中展自己的教学实践，但是另一组数据显示，有 77.78% 的青年教师完全具有参加教学专业展示的校级平台的条件，有 22.22% 的青年教师认为自身部分符合参加教学专业展示的要求。那么，相比较青年教师的意愿而言，显然学校提供的平台和机会还不够充足。

最后，在"能够就所学知识、技能做出未来职业发展规划"方面，仅有 44.44% 的青年教师完全能够根据已掌握的知识、技能做出未来职业发展规划，有近一半的青年教师基本可以做出规划，如图 8 所示。因此，青年教师在自身发展规划方面尚有欠缺和不足。

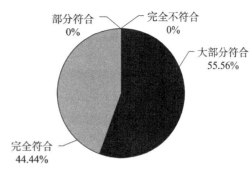

图 8　能够就所学知识、技能做出未来职业发展规划

以上数据和分析都是基于北关中学青年教师的实际情况而得出的，数据具有真实性和客观性。通过此次调查可以看出，北关中学青年教师在专业发展方面主要存在以下问题。

从青年教师自身看，青年教师在教育教学理论知识方面存在欠缺，导致对学情把控还不够精准，这两者是存在关联性的；青年教师本是最活跃的群体，但是北关中学青年教师的自主创新意识还不够强；最引人注意的是青年教师的自主学习意识也不够高，教科研意识薄弱，对本学科专业研究少；青年教师同优秀教师或教研员联系不密切，缺乏参加教研员组织专业活动的积极性，自我专业发展途径较为封闭。

从青年教师专业发展外部环境看，主要问题是北关中学青年教师在专业发展方面缺少优秀教师的指导，并且缺少观摩优秀课例的机会；学校对青年教师的专业发展还不够重视，这就使青年教师缺少发展的平台和机会。

北关中学青年教师专业发展存在的主要问题已经明确，但鉴于北关中学历史发展的特殊性，笔者认为有必要从学校整体大环境进一步分析学校发展对青年教师专业发展带来的影响，这对于下一步解决青年教师专业发展问题有至关重要的作用。

三、北关中学发展的 SWOT 分析

青年教师的发展必须依托整所学校的发展，学校的发展是青年教师专业发展的前提和基础，这就有必要进一步分析北关中学的发展情况。

北关中学 SWOT 象限图，见图 9。

劣势
（1）学校生源较差，学生基础薄弱
（2）教师结构偏于老龄化，师资力量薄弱
（3）学校基础薄弱
（4）学校建设面积小，限制学校发展

优势
（1）学校规模小，便于管理
（2）教师内部和谐，工作积极
（3）位于通州区城区，教育资源丰富
（4）校长管理过三所学校，经验丰富

SWOT

机会
（1）区域集团化，学校面临转型发展
（2）副中心建设，重视区域教育发展
（3）校长兼管永顺小学，学生生源有望提高
（4）区教委重视学校的发展，给予政策支持

威胁
（1）北京市优秀附属中学进入通州区
（2）区域整合，学校可能被兼并

图 9　北关中学 SWOT 象限图

北关中学位于通州区城区，临近通州区教委和研修中心等地。相对于乡村学校来说，教育资源丰富，行政办事效率高。学校教职工和学生数量少，整体办学规模虽然小，但学校教职工的工作热情较高、态度认真、气氛和谐，管理起来较为方便，且笔者曾担任过三所学校的校长，学校管理经验丰富。因此，在这样的优势下，学校的发展态势会越来越好，也会为青年教师的专业发展奠定良好的基础。

与此同时，学校内部也存在着客观的不足。学校占地规模小直接限制了学校的空间和规模发展，使学校难以扩展教职工和学生活动的场所。更为复杂的是，学校建校 60 年来，名声一直不高，学生生源主要为非京籍学生这一现状也难以改变。这是造成北关中学至今发展缓慢的主要原因，加之教师结构偏于老龄化，教学观念和方法较陈旧，本科学历教师占到整体师资的 92%，相对来说师资力量比较薄弱，这也制约了学校的进一步发展。

在通州区成为副中心背景下，通州区教育发展迈向了新阶段，学校发展朝着区域集团化方向发展，北关中学在这种形式之下，也可能会步入集团化，同永顺小学进行新一轮的转型发展。加上笔者兼任永顺小学的校长，可从两校实际情况对两校教育资源进行整合，改善北关中学的生源质量。目前，在副中心建设下，区委、教工委对北关中学的发展给予了高度重视，并给予政策上的支持，使北关中学的发展迎来了春天。

但从另一方面来看，北关中学也面临潜在的威胁。北京市内优秀附属中学将会在通州区建立分校，这些优秀分校在注入新鲜血液的同时也会对本区其他学校带来生源等方面的影响。而学校区域集团化发展也极有可能会使北关中学停留在历史当中。因此，从这两方面考虑，北关中学的发展前景也并不乐观。

通过对北关中学的 SWOT 分析，我们对学校内部的优劣势和外部机遇与威胁有了深入了解，这有利于我们从学校整体层面出发解决青年教师专业发展的问题。

四、青年教师专业发展路径

北关中学青年教师的专业发展与提升是一个系统工程，需要学校从顶层设计入手，实施一系列规范的、科学的、能够操作的策略与路径。

（一）有针对性地进行专业培训，提高青年教师专业理论素养

学校要有针对性地对青年教师进行培训，可以邀请教育专家或学者定期来校举

办讲座，丰富青年教师的教育理论，为青年教师的教学实践提供理论指导，也可积极鼓励青年教师"走出去"，让青年教师走出校园参与市区教育专家座谈会，学习先进教育理念并应用于实际教学。

（二）搭建青年教师专业发展平台，促进青年教师专业发展

学校定期举办"教学基本功比赛""教育叙事演讲比赛""多媒体课件制作比赛""教师综合素质大赛"等多形式的竞教竞技活动。在多种多样的比赛中，加强学校对青年教师的关注与重视，促进青年教师提高专业素质和综合素质。学校领导班子及学科组定期组织观摩青年教师的常态课，并做好观摩交流与总结，切实提出青年教师存在的不足与促进其改进发展的建议。另外，学校重视充分发挥骨干教师或优秀教师的引领和带动作用。骨干教师和优秀教师的开放课是青年教师学习的好机会，能对青年教师的教学行为起到规范作用。学校可借助骨干教师和优秀教师的优质课堂带领青年教师开发出更多的优质课堂。

（三）给予青年教师专业发展支持，调动青年教师专业研究积极性

学校要对青年教师的专业发展给予时间和空间上的支持。多数青年教师将工作重心全部集中在课堂教学方面，备课与教学占据了所有时间，疲于应对学校教学任务，造成其在时间和空间上无暇进行教学专业研究。充分发挥校长的优势作用，由校长带头，通过申请课题项目，带动学校优秀青年教师参与课题研究，调动青年教师参与课题研究的积极性，为其创造科研空间平台、施展才能，进而促进青年教师专业发展。

（四）抓住城市副中心和区域发展优势，为青年教师专业发展提供机会

北京城市副中心的发展将通州学校教育发展推向新阶段，区域集团化成为学校发展的一大趋势。笔者同时管理北关中学与永顺小学两所学校，集团化或一体化发展是有可能的。因此，北关中学在将来生源发展方面会有一个良好的转变，这也将会进一步为青年教师将来的专业发展奠定基础。另外，随着两校的合作加深，中小学衔接发展，建立适合两校青年教师交流与发展的平台也将会增多，进而为青年教师专业发展和综合能力发展提供平台与机会。

学校在促进青年教师的专业发展方面起着关键作用，但与此同时，青年教师若要取得长足发展，提高自身专业水平，就要敢于自我突破、锐意进取。因此，青年教师也要完成自我转变。

第一，转变学习意识，积极主动创新。青年教师的自主学习意识较薄弱，自主创新意识不够高，这就直接导致青年教师的专业发展难以突破。青年教师若不转变学习意识主动学习，即便学校给予再多机会与平台，也改变不了落后的现状。青年教师要主动亲近优秀教师、教研员、培训专家，抓住机遇多同其交流，积极学习优秀教师的经验，再加上利用业余时间自主学习学科专业知识，持之以恒定会有质的飞跃。另外，青年教师多愿意引用新观点应用于教学实践，对于教育变革与教学改进也持积极态度，但却不愿自主创新教学形式和内容。因此，青年教师要转变教学观念，积极主动创新，破茧虽然痛苦，但成蝶才能美丽。

第二，转变懒散态度，积极主动参与。教育科研活动不仅能够帮助教师改进职业生存方式、提高教学水平，而且能增长教学经验、提升教学智慧。教师要提高自身学习的积极性与主动性，积极参与到教育研究当中来。机会永远垂青于有所准备的人，教师只有积极主动去获取知识，善于发现教学中的问题与现象，并将其转化为教育研究，才能更好地促进自身专业成长与发展。

多元合力打造青年教师生力军

北京市通州区次渠中学　陈　勇

教师专业化是一个发展的概念，它既是一种状态，又是一个不断深化的过程。加强青年教师队伍的建设，让农村学校或者薄弱学校的青年教师能快速成长，从而实现城乡学校的师资均衡，促进教育公平，其意义不言而喻。

一、认清形势，分析青年教师成长的现状

北京市通州区次渠中学是一所农村校，学校现有教学班 22 个，学生 685 人，一线专职教师 71 人，30 岁以下教师 29 人，占比 40.8%。随着学校的不断发展，新教师不断涌入，青年教师比例不断增大。我校教师专业化发展面临的主要问题，具体表现在以下四个方面。

第一，专任教师的学历合格率已经达到 100%，但不少教师的实际专业水平与整体素质并没有得到同步提高。

第二，部分教师所学的专业与所教的学科不对口，已成为教师专业化发展的障碍。

第三，教师专业化发展意识淡薄，一些教师在专业化发展过程中缺乏自主性和主动性。

第四，青年教师所占比例大，他们工作积极，是一支富有激情的团队，也是一支教学经验缺乏、教育知识需要尽快转化为教育能力、整体教学研究能力还有待提高的队伍。

青年教师的专业成长将直接影响学校的可持续发展。基于上述现状，研究者把教师专业化发展的重点放在青年教师的培养上。

二、盘活师资，为青年教师成长奠定底色

（一）传承与创新——时刻保有创新意识

在培训过程中，我们始终要求青年教师找到适合自己的教学模式，放大自己的优点，让教师的光环更大、更亮；把学来的经验、方法和技巧变成带有个人风格的经验、方法和技巧，时刻保有创新意识。

（二）耐心与改变——信任与坚持的成长蜕变

个别青年教师成长过程可能会遇到较大的挑战，对个人工作造成困难，短期内无法解决。可以把这些进步过慢的教师安排在其他岗位上培养、锻炼一段时间，再安排在合适的岗位，会有较好的效果。我们相信，人总是会成长的。如 2011 年参加工作的殷老师，物理专业，教了两年物理，教学有较大问题，学校将其调到教务处做职员。很多人对殷老师的工作能力有较大疑虑，但经过认真分析，领导力排众议，坚持让她回到一线岗位。2016 年 9 月，重新回到物理教学岗位上的殷老师现在教学有了很大的进步。

（三）关注与温暖——保证成长的平稳长远

2017 年参加工作的北大硕士聂老师，地质学专业，在工作的第一个学期工作压力很大，非师范专业毕业的她很多工作无从下手。学校通过团队交流，具体指导，单独交流，年级干部做思想工作，关心其生活，使聂老师感受到了团队的巨大精神支持，慢慢适应工作，稳定下来。青年教师发展不能只是对其业务培训，更要给予青年教师足够的精神支持。只有让他们有团队的归属感，有家的感觉，不孤独，才能帮他们走得更远、更平稳。

三、多元合力，打造青年教师生力军

（一）内升为主，顶层设计，强化自主发展

1. 教学常规培训

（1）师徒结对工作。师徒结对工作是次渠中学的一项常规工作。每学年伊始，

我们会根据教师分工，为每位青年教师确定好师傅。师徒结对本着自愿结合、教务处协调的原则进行。确定好师徒关系后，双方签"师徒结对协议书"，协议书主要包括师徒结对的工作态度、听课和做课的具体要求。每学期期末，学校对每对师徒对子进行评估，对过程与成绩达到要求的师徒对子进行表彰。此项工作既促进了青年教师的快速成长，又帮助师傅梳理了成功经验，提升了工作水平。

（2）青年教师培训学分制度。根据对常规工作的梳理，我们对青年教师培养形成了单独的继续教育制度，即次渠中学青年教师培训学分制度。每学期累计 20 分为合格。

校级公开课。每进行一次校级公开课及以上级别展示，计 10 分。听课人员包括学校领导、教研组组长、同组教师和外组教师。授课教师须课堂教学基本功扎实，教学效果良好。

组内公开课。每进行一次组内公开课展示，计 3 分。听课人员包括学校领导、备课组组长、同组教师。此项为必须完成项。青年教师的组内公开课通常为"过关课""师徒结对汇报课"，小范围、备课组内进行。

听课学习。每进行一次校内听课学习，报教务处，每次听课计 0.5 分。

基本功展示。参加校内基本功展示，依据奖项级别等级进行量化赋分。基本功展示包括两笔字、教学设计、微课教学视频、学科特点展示等。评委由学校领导、教研组长、骨干教师等组成。此项活动必须参加。

读书交流与其他展示。每读一本书，完成读书笔记，计 2 分，每学期读推荐书目不少于两本。读书交流为必须参加。

2. 德育常规培训

（1）建立优秀班主任工作坊。以优促新，制订青年班主任培训计划，每两周进行一次工作坊活动，优秀班主任对青年班主任进行专题培训。

（2）"青蓝工程"师徒结对。为每位青年班主任指定一位有经验的师傅，手把手地教他们管理班级的方法。

（3）建立实习班主任制度。为每位工作三年以下的青年教师安排一个班级实习，负责协助班主任做好班级管理工作，增加他们管理班级的经验。

（4）举办青年班主任基本功比赛。围绕主题班会课方案设计，观摩评选、带班方略、情景问题、魅力展示四个环节，开展青年班主任基本功比赛。

3. 工作总结、展示

（1）青年教师学期工作总结。青年教师结合自身的实际情况，对一学期的教育、教学、班级管理工作，进行梳理、总结，分享自己的教学经验与困惑及成长经历。青年教师的师傅对他们总结当场点评，给予肯定，提出希望。

（2）青年教师演讲展示。这既是教学基本功展示，也是个人工作体会的交流。

（二）外引为辅，"手拉手"促发展

1. 师徒结对，开展深度学习

"手拉手"工作是我校外引的一个最重要项目，自2017年年底开展此项工作以来，每学期开展两次大型的教学活动。每次活动公开课都不少于16节，做到了规模大、范围广、效率高、针对性强，为我校教育教学质量的提升注入了强劲的动力。活动中，学校与109中学师徒结对30对，师徒间进行常规交流（微信、QQ和邮件等）与现场互相听课、评课交流。每学期通过两次学校大型教学活动"手拉手促交流徒弟公开课（师傅示范课）"对课堂教学开展研究，不断地研课、磨课、上课，帮助我校青年教师对课堂有了更好的理解与把握。

2. 鼓励青年教师参加区内区外多种研修活动，使其走在课改前沿

学校积极鼓励并要求青年教师按时参加通州区教师研修中心组织的各项研修活动，以及市级教师开放型教学实践活动和面向通州区教师的城区研修活动。同时，学校还积极引进北师大高精尖项目学科培训，通州区第二共同体学科培训和课程项目聘请区内名师到校培训，使教师的专业化素养得到极大程度的提升。

几年来，我们培养出了一批快速站稳课堂、能肩负起教育教学任务的青年教师。在历次大型的检测中，青年教师也有着较好的表现。相信在全体教师的努力下，我们会利用课题研究与实践，探索出一条在城市副中心建设发展形势下农村校青年教师队伍成长的有效路径，较好地满足在教育均衡发展形势下社会对于农村教育的要求。

青年教师专业发展的措施研究

——以通州区运河中学为例

北京市通州区运河中学　李卫东

一、问题的提出

通州区运河中学 2003 年跻身于北京市示范高中行列。2016 年 9 月，运河中学开启"一校两址"办学模式，东西校区实行一体化管理。多年来，学校的初中、高中教育教学质量一直位于通州区前列，学校各方面的建设得到快速发展。同时，学校也遇到限制可持续发展的一些问题。尤其是近几年，大批青年教师加入运河中学教师队伍中。学校 35 岁以下青年教师 117 人，占专任教师的 41%。加强青年教师的培养、积极促进青年教师专业发展成为学校刻不容缓的首要任务。本课题研究中的"青年教师"是指年龄在 35 岁及以下的专任教师。

二、教师专业发展概念界定

我们可以把教师专业发展理解为教师在不断接受新知识、提高专业能力、发展学科核心素养的过程中，逐步培养社会责任和教育情感，最终形成个人独特的教育智慧的过程。在这一过程中，教师通过不断学习、反思和探究来拓宽其专业内涵、提高专业水平，从而达到专业成熟的境界。教师专业发展强调教师的终身学习和终身成长。

要准确把握教师专业发展的含义，必须明晰以下两点：

第一，教师专业发展具有综合性。教师专业发展不仅仅是学科专业知识和技能的积累，还应包括一切与教育教学活动有关的知识、技能和能力等方面的综合提升，如学生发展的特点与规律、反思意识、合作能力等基本的社会素养。

第二，教师专业发展具有过程性。教师成长分为职业认同与专业发展两个方面。教师职业认同是教师成长的内在动力机制，专业发展是教师成长的技术支持系统，两者相辅相成，在不同的发展阶段有不同的发展速度和侧重点。例如，对于青年教师而言，对自我身份的理解与定位，即在教学实践中，充分体验专业技术和教学技能，逐步认同自己所从事的专业活动，形成较为稳定的专业价值观和专业精神应该是本阶段的侧重点。

三、运河中学青年教师专业发展存在的问题

通过调查，我们发现运河中学青年教师在专业发展上主要存在以下三个方面问题。

（一）青年教师缺少职业生涯规划意识，个人专业发展目标不清晰

有的青年教师对职业发展没有目标、没有想法；有的青年教师职业的认同感低，教育理想和职业追求不明确；有的青年教师由于自身的定位不准确，使每个阶段教育教学成长达成的具体目标不清晰、不准确，缺少切实有效的行动。其原因主要是没有树立正确的教师职业观，缺少科学的教师专业发展观。

（二）青年教师学科专业知识不扎实，学科教学基本功有待提高

有的青年教师专业素养和专业知识需要提升，不擅长把教育教学理论知识和课堂教学实际联系起来，教学模式陈旧，不能调动学生积极性，造成课堂教学能力弱，课堂教学效果不佳，学生主体作用不能得到充分发挥。主要原因在于教育教学理念落后，对学科本质的理解欠深刻、不到位，对学科核心素养把握不够精准、不全面，没有树立正确的学生观和学习观。

（三）青年教师教学反思能力不强，专业学习意识薄弱

实践证明，在"实践—理论—实践"的循环往复中，只有不断总结经验和自我反思，青年教师才可能迅速成长。教育教学反思不仅能唤醒教师的主体意识，帮助

教师审视自己的教育行为，还使教师在复杂的教育情境中，评价自己行为的后果。但有的青年教师对教育教学中存在的问题缺少分析总结和深刻思考，不重视教育教学反思，这在很大程度上影响了青年教师的专业发展。

四、运河中学青年教师专业发展的措施

（一）开设青年教师培训班，构建成长共同体

结合校情实际，我们开设了青年教师培训班，构建成长共同体。"独行快，众行远"。通过在共同体中相互学习，可以更好地提升教师群体的专业化水平，更快地促进青年教师成长。为使共同体更好地发挥作用，我们着重采取了三个措施：一是研究制定青年班培训方案。学校针对青年教师专业发展需求进行问卷调查。学校对调查结果进行汇总分析，规划青年教师的培训课程和培训方式。二是加强教师考核、建立成长档案。制定青年班教师学期量化考核办法，通过《青年教师专业发展记录手册》，建立青年教师成长档案，丰富评价的内容和方法，使教师能看到自己的成长过程。学校也可以通过教师成长档案了解教师成长过程和现状，为促进教师的专业发展和学校可持续发展提供决策。三是创建青年班教师微博。结合互联网的蓬勃发展及未来社会对人才的需求，培训班通过微博开展青年教师交流活动，发布青年教师成绩、展示青年教师才艺，形成了网络研修共同体，以此扩展青年教师之间的交流、互动，更好地促进其发展。

（二）做好职业发展规划，明确青年教师发展目标

青年教师有争强好胜的心理，希望自己的努力与付出能得到集体的认可。但他们往往急于求成、急功近利，缺少耐心与坚持。这就需要学校根据青年教师成长的规律，帮助他们建立发展规划和目标。为此，学校对青年教师实施"一三五培养计划"，即一年站稳讲台（教学基本功过关），三年熟悉教材（胜任学科的全过程教学），五年做出特色（成为学校学科教学骨干）；从促进个人看，学校积极帮助青年教师制定个人发展三年目标。通过个人专业发展现状分析，帮助其找准优势和不足，并制定具体措施，以切实促进其发展。

（三）加强党建引领，提升青年教师政治思想水平

积极发挥党组织的战斗堡垒和政治核心作用，坚持围绕中心抓党建，将党组织建设和学校的教育教学工作融合在一起。学校积极开展师德培训、名师讲座、劳模宣讲、道德讲堂、学习优秀教师事迹等系列活动，不断创新活动内容和载体，引导青年教师要坚持立德树人方向，树立正确的价值观和教育观，不断凝聚人心，强化爱岗敬业、无私奉献的精神，推进青年教师的师德师风建设，不断提高政治思想水平。

（四）搭建发展平台，用"八步曲"助推青年教师专业成长

课堂是教师专业成长的主阵地。教师只有站稳课堂、赢得课堂，才能赢得专业发展。学校在制定《运河中学教师发展规划》的基础上，根据青年教师的成长规律，制定了青年教师专业发展的"八步曲"，并在实践中不断丰富完善。

第一步：岗前实习培训。新教师要进行校内为期一周的培训。主要内容是校史、教育法规、教学常规、班级管理和教学基本技能。

第二步：建立"帮学对子"。由学校指定骨干教师与青年教师结成"帮学对子"。通过制订帮学计划，严格落实《运河中学"帮学对子"协议》，共同完成听课、评课和观课活动，撰写帮学总结，表彰优秀帮学师徒对子，帮助青年教师过教材关、教法关、学生关。

第三步：教学视导。学期初学校干部以预约课的形式听新教师课，反馈听课意见，提出改进措施。

第四步：系列培训提升素养。通过期中、期末考试与学生同步限时答题增进教师对教材与学生的了解，提高教学的针对性；通过听骨干教师示范课、名师大讲堂，更新教学理念，明确教学方向；通过参加课改培训活动，提升青年教师专业素质；通过网络教学、微课制作培训等使教师适应大数据时代的挑战。

第五步：开展"三新"教师汇报课活动。新毕业、新调入、新转岗的教师在校工作满一年后上一节汇报课，全校教师听课、评课，并及时将听评课的结果反馈给新教师，帮助其改进教学。

第六步：举办"新芽杯"教学竞赛。工作1~4年的教师参加"新芽杯"教学竞赛。由最初的评一节课发展至考查教师的专项基本功、教学设计、微格教学等综合能力。这些举措推动了青年教师重视提高自身综合素养，不断实现实践创新。

第七步：参加市区竞赛。比赛前，组织参赛教师进行教学设计、现场微格教学等培训。在比赛准备过程中，全学科的教师协助选手备课，通过竞赛锤炼青年教师，开阔教学视野。

第八步：引领青年教师进入名师工作室。市级骨干教师、区级名师为核心的骨干教师群体是学校宝贵的人才资源。学校成立了 15 个名师工作室，工作室吸收青年教师入室学习，参与课题研究、课堂教学实践研究、校际展示等活动。在研修学习的过程中，通过理论研究与教学实践相结合，为青年教师指引发展方向，使工作室成为青年教师快速成长的加速器。

（五）搭建科研平台，引领青年教师专业成长

学校重视以教科研引领青年教师专业发展，通过开展科研方法讲座、撰写教育故事、支持课题研究等活动，引领青年教师积极投身到教育教学和科研中去，积极开展课堂教学改革，学以致用，不断提升教育教学能力。

（六）加强情感沟通，拓宽青年教师获得幸福感途径

学校重视尊重青年教师的话语权，注意通过非正式谈心谈话、问卷调研、邮件反馈等方式，及时了解青年教师现实需求和思想动态，关心解决青年教师生活、工作上的困难，注重情感沟通交流，以增强他们的认同感、归属感和幸福感。

（七）名师引领成长之路，助推青年教师快速成长

学校聘请市区学科教研员担任学科工作室指导教师并主持开展活动，通过学科讲座、课堂观察、听课交流和校际展示等活动，提升青年教师专业素养，提升其驾驭课堂的教学能力。

五、效果与反思

（一）效果

上述措施实施两年来，学校青年教师队伍建设初见成效。

1. 激发了青年教师内生动力，提升了思想境界水平

这主要体现在以下三个方面：一是青年教师落实学校"和谐发展教育"的办学理念更加全面。在教育教学中，青年教师能够坚持以人为本的原则，关注学生的全面发展，充分遵循教育规律，尊重学生的个体差异，平等公正地对待每一个学生，把真心关爱学生落实在细节中，对学生的辅导帮助更加细心和耐心。在学校组织的学生评教活动中，青年教师的评教分数和满意度逐年提高。在"我最喜欢的老师"评选活动中，青年教师占入选教师人数的 80%。二是青年教师切实增强了责任感，敢于担当主动作为。班主任工作强度大、压力大、工作负担重、工作时间长、工作内容烦琐具体，班主任岗位与其他岗位相比需要付出很多辛苦。一些教师宁愿在学科教学方面付出更多精力，也不愿从事班主任工作。目前，更多的青年教师主动申请担任班主任工作，勇挑重担。通过创建家长联系 QQ 群、微信群把班级管理和家校合作结合起来，保持与家长的密切联系。在全校 68 位班主任中，青年教师是主力，有 49 位，占 73%。三是学校教师队伍的凝聚力和团队合作意识得到普遍加强。青年教师用他们的工作热情和敬业精神，有效地带动了中老年教师工作的积极性，促进了教师之间的互帮互学，教师合作意识日益增强。

2. 丰富了课堂教学方式，有效推动课堂教学改革

青年教师坚持因材施教原则，注重对新课标的研究，积极开展新课程理念下"自主、合作、探究"学习方式的探索与研究，通过运用分层教学和小组合作学习等方式，引导不同层次学生主动参与，逐步提高学生的创新意识和探究能力。2020 年新型冠状肺炎疫情暴发后，青年教师认真贯彻"停课不停学"要求，充分发挥信息技术应用能力强的优势，积极进行线上教学创新研究。2020 届毕业班教师克服了疫情的影响，用奋斗谱写了毕业班工作新的篇章。学校获得中考、高考优秀校，办学品质得到进一步提升，其中青年教师做出了重要贡献。

3. 强化了课题研究意识，提升了学校整体教科研能力

学校鼓励青年教师以课题为依托，积极开展教育教学研究。很多青年教师在教学和科研中不但感受到了成功的愉悦，而且发展了自我。他们从不知道如何选题、论证、申报、立项、结题到能够独立承担课题研究，所承担的课题多次获得市区级奖项。在这个过程中，青年教师不仅掌握了教育科研的理论与方法，提高了创新能力，也使自己逐渐成长为"研究型"的教师。

（二）反思

虽然在促进青年教师专业发展方面，我们取得了一些成绩，但是也存在一些问题，需要改进。

第一，青年教师在培养学生的核心素养方面能力有待提高，在对学科本质的正确理解上仍然要下功夫，在深刻理解学科的核心概念、学科的核心思想、学科的研究方法等方面仍然需要加强研究，要成长为优秀教师还需要锻炼。

第二，青年教师班级管理能力需要加强。一些青年教师没有担任过班主任，缺乏班级管理能力，在学生管理方面缺乏经验。

加强青年教师的培养是学校可持续发展的关键。教师的专业发展不仅关系到教师个人的职业生涯长度与厚度，更关系到学校的长远发展。在今后工作中，学校要进一步完善青年教师专业发展措施，促进青年教师专业发展，以创造更适合学生发展的教育，打造让人民满意的学校。

依托学校文化，打造清新雅正的教师团队

北京市通州区芙蓉小学　李　涛

芙蓉小学共有教职工 128 人，35 岁以下青年教师 87 人，占教职工总数的 67.97%。其中，研究生学历 21 人，占青年教师的 24.3%。自建校以来，学校一直重视教师队伍建设，把打造清新雅正的芙蓉之师作为师资建设的总体目标，始终坚持以文化为引领，以课程改革为中心，立体构建、多元融通、体系化建设，走内涵发展之路。

一、依托管理文化，培育大气包容的管理团队

学校管理文化，是一种管理精神、管理氛围，是领导者在管理活动中人文精神的积累。一所学校独特的管理文化是学校内涵发展的生产力，也是学校管理的至上追求。我校在构建学校管理文化中，努力建设"大气能包容，清新而明朗"的文化氛围，建构清新明朗的制度体系，强调发挥人的主观能动性，强调团队精神和重视情感管理。

（一）健全管理制度

学校根据师资构成，科学规划组织结构，合理配置各处室及组成人员，完善学校组织制度。同时，根据学校岗位工作需要，明确各处室岗位职责，并创立制度实施情况的监督机制，建立由行政领导、教职员工代表和学生代表组成的监督队伍，切实保证各项制度的落实。在规范学校制度文化建设的过程中，不断加强制度的规范性、连续性、导向性研究，做到"全员参与"制定制度，"人文具体"执行制度，积极渗透"民主管理""人文管理"的理念，注意对师生员工进行"制度意识"的

培养，构建大气包容的管理制度，使刚性的制度转化为以学校文化为导向的柔性自觉行动，使制度管理转化为自我管理。

（二）发挥校长职能

1. 发挥自身的影响力

校长是一个学校的灵魂，为了使这种"灵魂"效应体现在形象与行为之中，校长应努力做到"三性"：站位高瞻性、思路长远性、实施创造性；同时，抱有执着态度，无论是学校在发展进程中遇到问题和阻力，还是自己在事业追求、人生拼搏中遇到挫折和挑战，都力求自我把握与控制、自我完善与发展，在荆棘中前行，在困难中突破，在超越中提升。

2. 发挥情感的亲和力

每名教职工都有被认可、被尊重的需要，在日常工作中，校长要努力做到"四及时"：及时发现问题，及时予人赞赏，及时传递感动，及时付出真诚，让每一位教职工都感觉是在校长的精心培养之中、热心关注之下。

3. 发挥激励的感召力

教育是充满激情的，只有干部和教师对教育事业充满激情，才有对孩子的关爱，才能让孩子有激情。也只有在激情中，才能使每一位教职工都成为学校的主人，自觉关注学校发展并为之付出创造性的劳动和不懈的努力，共同完成历史赋予我们的重任。在实践中，校长的激励有时针对教师个体，有时针对整个教师群体，更多的时候是通过对个体的激励带动群体发展，发挥激励的感召力，实现激励效能的最大化。

（三）助推干部成长

在学校 11 名行政干部中，有 6 人任职年限在 5 年以内，属于管理层的新人。为了使他们出色地完成本职工作，我校以在学习中提高、在实践中成长、在反思中完善为宗旨，要求每位管理者增强"三个意识"，即学习意识、问题意识和引领意识。

1. 增强学习意识

经研讨干部们达成共识，要将本专业的相关杂志作为详读书籍，同时涉猎经典、休闲等其他类书籍。学校每周的行政会有学习"三部曲"：经典书籍学习，轮流解读；

精彩文章学习，人人参与讨论；管理书目学习，结合学校案例故事进行分析。学习使干部从各个角度拓宽了管理视角、生活视角，逐渐提高了管理水平。

2. 增强问题意识

发现问题不可怕，可怕的是不能得到及时有效的处理和解决。学校实行每月工作汇报制度，汇报中针对工作中遇到的困难进行讨论，加强对问题本质的追问和思考，加强对问题解决方案的梳理和优化，促使干部具备接纳问题的胸怀，有发现问题、提出问题、解决问题的能力。

3. 增强引领意识

学校借助项目研究的契机，利用行动研究的方法，增强干部对分管工作的规划、计划和策划能力，通过活动案例的展示和反思将先进的理念行为化，将优秀的行为标准化，从而形成对广大教师的专业引领，进而形成干部管理水平螺旋上升的态势。

二、依托教师文化，建设清新雅正的教师队伍

教师在学校文化的建设中起着承上启下的主体作用，他们既是学校文化的创造者、实践者和传承者，也是学校文化的受教育者和受益者。当学校文化的核心价值观内化为教师个人价值观，使教师的个人价值的体现与学校战略目标的实现结合起来的时候，教师的文化就能起到引导、熏陶学生文化发展的作用。因此，教师文化建设在学校文化建设中起着举足轻重的作用。

芙蓉花叶清秀、花香四溢、沁人肺腑，有迎骄阳而不惧、出淤泥而不染的气质。"清新"彰显了芙蓉小学教师为人师表、以身作则的职业操守。"清新"的教师文化体现教师洁身自好、行为世范的良好职业品质。"雅正"即典雅纯正。汉应劭《风俗通·声音·笛》："笛者，涤也。所以荡涤邪秽，纳之于雅正也。"宋王安石《上邵学士书》："虽庸耳必知雅正之可贵，温润之可宝也。"清黄宗羲《答张尔公论茅鹿门批评八家书》："按序中言其学问通博，文辞雅正深粹。""雅正"还有方正之意。南朝宋刘义庆《世说新语·方正》："峤性雅正，常疾诙谐谑。"《南史·张种传》："种少恬静，居处雅正，傍无造请。"典雅纯正即教师的气质典雅，为人刚正不阿，为学生树立做人典范，以身作则，立德树人。

为构建"清新雅正"的教师文化，真正体悟教师职业无法替代的尊严、快乐和价值，帮助教师实现生命价值与职业价值的内在统一，学校积极为教师搭建发展平台，实现教师专业的可持续发展。

"依于仁，游于艺"是好教师的境界。教师应该扎根于"仁"的坚实大地，仁爱满满，同时还应该掌握"艺"，因为专业就是力量。为此，无论是针对教师个体还是群体，我校都坚持从践行"五个一"入手，铺设"三环路"，构建"三维度"，以实现教师个体与教师群体的全面成长，实现教师发展与学校发展的双赢。

（一）践行"五个一"，弘扬教师文化

我校改变教师例会模式，实施模块会议，每次教师例会按四个模块进行：融通异域智慧（讲述自己外出学习培训的心得体会，收获感悟）；体悟文字温度（交流分享自己读书的心得，唤醒同伴读书的愿望）；教师文化大家谈（结合自己看到的校园事例，谈自己对教师文化的个性理解）；近期工作通报（回头看已经完成的工作进行总结，向前看近期工作进行安排）。用模块会议的形式践行"五个一"：一滴水、一盏灯、一本书、一条心、一辈子。要铭记芙蓉小学的每一个人都是一滴水，一滴水只有融入大海才永不干涸，每一个芙蓉人只有融入这个大家庭才能最大限度地实现个人价值。每个人都是一盏灯，为自己、为他人，更为芙蓉这个全新的集体照亮前行的路。每个人都是一本书，用不同的故事、不同的手法表现对生命的理解和价值的追求。每个人都和同伴一条心，用无数个体的成长实现芙蓉的成长。每个人都立志为自己从事的教育事业奉献一辈子的光与热。

（二）铺设"三环路"，形成科学的教师梯队

青年教师历练教学基本功，铺设成长的"外环"路。骨干教师锤炼教学策略，铺设发展的"中环"路。品牌教师提炼教学思想，铺设走向成熟的"内环"路。"三环路"的铺设，给不同水平的教师树立了前行的目标，实现了教师个体的层级发展和教师整体水平的螺旋式上升。

（三）构建"三维度"，促进教师全方位成长

学校从专业知识、专业能力和专业情谊三个维度促进教师立体化、全方位成长。

1. 不断丰富专业知识

专业知识即教师的基本功和学科底蕴，直接影响课堂教学的实效。我们的教学要讲出学生不知道的东西，才有吸引力，为此教师需要专业的阅读。学校深入、细致的读书活动，为教师们专业知识的丰盈和更新提供了途径。

2. 不断提高专业能力

教师由学识和人格魅力衍生出的教学智慧是教师专业能力的具体体现，是征服学生、赢得学生信赖的制胜法宝。这需要教师不断学习、思考，更需要不断磨炼。我校拓展校本培训新形式，实施"青蓝结对"工程，创办"青年教师沙龙"，开展"全学科参与式教研活动"，举办"教师教学技能大比武"，成立"骨干教师工作坊"，招募"科研项目执行人"，组建"教师社团"，定期组织"新蕾杯""智慧杯"课堂教学技能竞赛，适时进行"节点事件分享"，各部门联手精心策划各类活动……独特、丰富的活动，切实提高了广大教师的专业能力。

3. 不断增强专业情谊

专业情谊即爱与责任：有爱，则有包容、理解、关怀和尊重，让学生幸福成长；有责任，则有爱岗敬业、德行端正、以身立教、为人师表，让学生健康发展。学校会定期评选并表彰对芙蓉小学特殊贡献的教师、魅力教师、黄牛教师，积极营造进取向上的舆论氛围和诚信友善的人际风气，打造清新雅正的教师团队。

三、更新理念，变"能者为师"为"觉者为师"

（一）关于"觉者为师"的理性思考

谁是老师？老师是谁？这不是一个哲学问题，而是一个很现实且值得我们认真思考的对职业的追问。我国的教师发展史漫长而又曲折，无论是在职业时期还是在非职业时期，师者都有时代的特征与印记。氏族部落时期"长者为师"，原始社会末期和奴隶社会"吏者为师"，在封建社会时期，就有了"师者，所以传道授业解惑也"的说法。那是一个很漫长的"学者为师"的时代，清朝末期则开启了"能者为师"的时代。现在，衡量和评价教师的标准规范越来越详细，越来越具体，教师职业开始走向专业化发展，但从根本上来说，仍然没有摆脱"能者为师"的条框。其实，我们忽略了一个简单而又现实的问题：在许多时候，一位教师能否做好教育，不是

"能不能"的问题，而是"愿不愿"的问题。对于大多数教师来说，拥有的专业知识和技能都能够满足教学的需要，他们所欠缺的是自觉去做教育的力量，这份力量来自教师内心的觉悟和觉醒。

（二）关于"觉者为师"的实践探索

1. 课程研发唤醒自觉

学校四层连廊"融通自然，放飞第五季"课程综合实践基地的落成，大大吸引了芙蓉人的眼球，班级种植区、植物救助站、芙蓉植物秀……孩子们在与植物相识相伴的日子里，感悟了责任，收获了快乐；在欣赏花开花落间，领略了生命的价值与意义。当然，这个多彩的课程基地也激发了师生成长的潜能，美术教师王梓、吴璇收集掉落的花瓣与枝叶制作了压花创意台灯，并由此研发了"梓璇手作"系列课程。后来因课程需要，教师经向学校申请将一间办公室改造为"梓璇工作室"。工作室外墙壁的创意墙绘是师生共同设计和绘制的，工作室内的工作台是老师、家长用食堂淘汰的餐桌改造的，墙角的装饰花卉是公园内捡拾来的树枝加工而成的。温馨的工作室使其具备课程研发与实施的功能，自工作室落成后，相继开设了"手绘 T 恤""创意手鞠""圣诞有礼"等系列课程。"梓璇工作室"成为学校一处灵动的空间，也成为两位美术教师教育梦开始的地方。

梓璇工作室的创设为教师共同体的培育提供了新的路径，在芙蓉实现了"能者为师"到"觉者为师"的跨越。继两位美术教师之后，两位数学教师申请开发烘焙课程，学生、家长、教师共同设计方案、协同施工，将原本使用率不高的接待室改造成了"芙蓉甜甜屋"。这个童话城堡风格的空间,每周四都会弥漫糕点甜甜的味道，溢满孩子们甜甜的笑声，浓情蛋挞、纸杯蛋糕，以及重阳主题、圣诞主题、冰雪季主题饼干都成为孩子们美好的童年记忆，成为芙蓉孩子别样的体验。孩子们在感受烘焙文化的同时，感悟着数学、美术、语文和科学等多学科融合的无边界课程的魅力，品味着劳动与分享的乐趣。两位数学老师的魅力指数更是一路飙升，她们把甜甜屋的数学故事带进自己的数学课，用甜甜屋的电子秤和各种食材给孩子们讲授重量单位，用甜甜屋的包装盒讲物体形状，用甜甜屋制作的小甜点作为孩子的奖品……总之，她们的课程是有意思的、有温度的。

一位教师，只有在精神上觉醒了，专业上觉悟了，才会有教育实践上的自觉，才会以一种自由、创造、给予的人生态度赢得教育人生的未来。芙蓉小学的"炫荷佳音"音乐创作课程、"爱布释手"布艺课程、"指间魅力"剪纸课程、"魔法世界"益智玩具课程，以及戏剧、机器人、创意搭建等课程，正在通过行动研究的方式边研究边实施。学校将会应更多教师共同体发展的要求筹建教师工作室，从而唤醒更多的觉者。

2. 微沙龙研讨激励自觉

学校各部门的领导会在学校 QQ 群、微信群分享一些教育故事或课堂教学片段，针对这些分享教师自愿谈自己的见解，反思自己的教育行为。这样一种交流平台和方式让教师有了更多的思考空间和话语权，形成了打破学科边界、学段边界的融通沙龙模式，这种模式下的思想碰撞更多元。

农村中心小学青年教师培养的五大阶梯策略

北京市通州区漷县镇中心小学　冯玉海

位于通州区城市副中心东南方向的漷县镇中心小学，是一所历史悠久、积淀深厚的百年老校。中华人民共和国成立后，漷县镇建有三十多所初级小学，2000 年合乡并镇，逐渐形成了现在的一所中心小学下辖 6 所完小的格局。如今，这所老校不断注入新鲜血液，几年的时间里，已经招聘新教师近百人。

新教师的进入改善了师资严重不足的现状，但是也带来了普遍性的问题：青年教师理论强、实践弱，学历高、能力低，没有教育经验，不能满足农村学校（语数包班、当班主任）的现实需求。因此，寻找适合的策略培养青年教师，就成了农村中心小学面临的一个重要课题。

一、青年教师队伍存在的问题

本文提及的青年教师指农村中心小学每年新招录的、教龄不满 8 年的任课教师。青年教师学历高、能力低，这里所说的"能力"特指教育教学能力。近些年，我校招入的青年教师几乎都是非师范专业的毕业生，这些青年教师没有经过教育教学的相应培训，不了解教育规律，不懂怎样组织教学，不懂教学方法，完全凭着个人的主观想象进行教学，其效果可想而知。另外，农村学校的办学条件和水平，与城镇、城市学校有一定差距，青年教师基本上都是在第一个合同期满后，就选择往城镇、城市流动。青年教师的培养和未来发展都面临着问题，需要学校下大力量研究。

二、青年教师的培养策略

为了做好新教师的引导和发展工作，让他们在三尺讲台的道路上越走越好、越走越远，学校提出了五大阶梯培养策略。

（一）"主动出击"策略——招得来

从前些年的招聘情况看，农村学校留不住人。于是，学校在招聘教师环节，从传统的"守株待兔"——坐等投简历，变为"主动出击"，包括主动梳理招聘信息、主动做好学校的宣传工作、提前收集优秀毕业生的信息、了解应聘人员的需求和心理等，通过和"和候选人建立联系""引发应聘人的兴趣""讲同龄人的故事""不给对方压力""承诺提供成长空间"等，努力将适合的人选吸纳到自己麾下。

在招聘新教师、制定新聘教师的成长规划等方面，学校通过入职培训、岗前培养等，努力把良好的职业修养、公民素质和敬业精神等放在教师成长的首位。学校每年都组织未上岗教师来校进行为期一个月的岗位实习活动，让他们与优秀教师一起参与班级的管理、听课和上课等。这样的方式使他们真切、深入地了解教师工作的特点和学生的年龄特点，岗前就有了学习的时间与空间，尽快积累直接的工作经验。为了方便实习，学校还为他们提供免费的食宿，使他们专心工作。

正是因为有了这些策略和做法，近几年，学校的招聘工作几乎百发百中。

（二）"互助关心"策略——留得住

把适合的人才招进了学校，签订了合同，还远远不够。对于团队中的新鲜血液——新员工，如何帮助他们尽快找到归属感至关重要。为此，学校提出了"互助关心"策略。

1. 温暖的话语

学校有位青年教师，在写教育叙事时，记录过这样一个小案例。

作为一个名牌大学的研究生，初到完小，确实感到与自己最初的梦想有些差距，加上离家又远，难免会有些不适应。

还记得入职第一天，中午在食堂吃饭时，我既感到陌生又觉得紧张，见到很多陌生的面孔，不知道怎么打招呼。黄主任和老师们像亲姐姐一样，非常热情地招呼我坐下，姐姐们有帮助端饭的，有帮助端菜的；食堂师傅也笑脸相迎。吃完饭，正巧碰上徐校长走过来，关心地问了一句：

"怎么样？学校的饭吃得惯吗？"

就这一句很平常的话语，顿时让我感到心里暖暖的。

领导和老师都这么友好和善、朴实宽厚待人，我这颗紧张和戒备的心，终于慢慢放了下来……

这位完小的校长非常有管理经验，他的一句家常式的问候语，给了新教师一种安全感。安全感是一种感觉，是学校给新教师的一种可以放心、可以舒心、可以依靠、可以相信的心理。这种心理，不能靠喊口号，而是靠校长和老师们的言谈举止逐渐产生的。

2. 关怀的行动

有位叫"彤拉嘎"的蒙古族姑娘，刚分配到学校时，也遇到了一件小事。

记得我第一次来靛庄小学是 2016 年 8 月 25 日下午。中心校派车统一把各校教师送到各完小。送完几拨老师后，总算轮到我了，可是眼见着车越走越偏、越开越远。

当汽车拐拐绕绕到了学校时，简陋的校门，几排涂有浅蓝色油漆的房子和一个 200 米跑道的操场映入我的眼帘。我心里五味杂陈，从开始的期待，到最后变成了难以表达的惆怅。

一开车门，一位身穿浅粉色 T 恤、面目和善的男教师过来迎接，原来他是我们的张校长。

张校长嘘寒问暖，把我和另一个伙伴领进校长室。叮嘱、寄托、希望……听了校长的话，我心里又多了份沉甸甸的责任。

下班时间到了，我正不知所措，学校广播响起来了："校长带来了自家种的香菜，放在门口了，老师们走的时候拿点啊……"

顿时，我心里掠过一丝暖意，似乎闻到了家的味道。

工作没有多久，又发生了一件令我难忘的事情。

我担任音乐教师工作，还兼任大队辅导员。可能是不适应北京的气候，有一天，我去校长办公室汇报工作，校长看我病恹恹的样子，不等我汇报完工作，就问我怎么回事？哪里不舒服？吃药了没？

我一个人在北京，孤零零的，没有去医院，也没有药。

校长问："一会儿有课吗？"

我说："没有。"

"走！"

我跟着校长上了车，起初并不知道要去哪里，后来才知道，是医院。

我感动得不知道说什么好！只有好好工作，回报校长和老师们的关心和厚爱！

曾听到认识张校长的一位领导说："张校长是把一个事业单位硬生生地过成了一个家！"

是啊，我们学校，有150多个学生，十几名老师，我们不就是一个家吗？校长、主任分明是我们的家长。

我喜欢我们这个家，喜欢家里的每个成员。

老领导、老教师们都是用实际行动和贴心的话语，让一个个年轻教师有了归属感。教师的归属感有了，自己的舞台找到了，工作起来便会心安踏实。相信教师所获得的满足感与激励，是多少金钱都难以换得的。

教师对学校的归属感，是教师团队建设成功的重要基础。有了强大的个人，就会有强大的团队！

（三）"多种激励"策略——用得好

激励，是指激发人的行为的心理过程。激励这个概念用于学校培养青年教师，是指激发教师的工作动机，也就是用各种有效的方法去调动教师的积极性和创造性，使他们能努力去完成教育教学任务，实现培养目标。

新教师怎样才能在农村学校"用得好"？学校的做法就是给他们机会，搭设平台，为他们设定与各自的水平层次相匹配的最近发展区，让他们顺利成长。

1. 搭设平台

学校为不同年龄段的教师提供帮助，一是积极组织外出培训和校本培训，拓展教师专业知识。为了让教师有名师面对面学习的机会，学校坚持"走出去，请进来"的做法；同时，引导教师撰写教学反思、教育随笔、教学论文，把教学实践中的得失成败上升到理论高度，并积极推荐优秀文章在各种刊物上发表。对教师的成果进行宣传展示，无疑是他们扩大影响的"快车道"，是提高工作热情的"助推器"。让教师体会到成功的喜悦，可以激发他们的自豪感和内驱力，增加每位教师的成功机会。

2. 目标规划

青年教师队伍建设是一个系统工程，必须考虑长期发展。学校结合实际情况，组建专家团队把脉问诊，帮助青年教师根据学校"教师队伍建设三年规划"来制订自己专业发展的三年计划，采取各种切实有效的措施，为教师"加油"。要求教师每天进行线上学习、写作练笔，与名师进行交流，与专家进行对话。每学期鼓励教师看书，如朱永新的《新教育》，苏霍姆林斯基的《给教师的建议》《影响教师一生的100个好习惯》等。要求教师认真学习，做好学习笔记，随时写下心得体会，定期进行沙龙研讨，只有培养教师广泛阅读的良好学习习惯，吸纳百家精华，"腹有诗书气自华"，教师在教学中才能厚积薄发。

3. 课题研究

通过课题研究，教师就最为关注的教学问题进行研讨，可以不断地发展教师个人的教学思想和反思个体的教学行为，理性地回答教学中的"是什么、为什么、怎样办"的问题，从而将实践经验提升为有价值的理论认识。学校带领新教师在课题的选择、设计、研究和结题一系列活动过程中，帮助新教师自觉加入学习和研究的行列，成为教育教学的研究者、实践者和创造者。

在"用得好"方面，学校同时也很关注教师自我发展的需求，注意帮助教师尽早根据人生目标和学校需要找准自己的岗位定位，进行相关知识培训学习，找到适合自己的发展路径，飞得更高，走得更远。

（四）"助推引领"策略——站得高

青年教师有思想、有感情、有独立的人格、有各种需要、渴求自身价值的实现，这些正是作为生命个体的人的主要特性。学校正视青年人的这种需求，在注重管理的科学化、有序化的同时，以人为本，努力为教师创造展示才能、实现自我价值的机会和条件，积极助推其到更高的平台。

1. 参加市区宣讲团活动

学校不断推荐青年教师参加市区活动。魏敬、王宇、梁晓东和彤拉嘎等老师参加了区"建设副中心百姓宣讲团"的宣讲活动。这个活动的参与，给了青年教师体验、感受及表达的机会，充分发挥了青年教师的潜能，促进了教师自我发展、自我完善。

2. 成立班主任工作坊

学校将优秀青年班主任教师组织起来，成立了"四度空间班主任工作坊"。班主任工作坊的创立是帮助青年教师成长的新举措，是专家引领教师共同成长的一个具体实践，是努力探索青年教师成长的新途径。

3. 建立微信群

中心校下属各完小分别建立了以青年教师成长为目的的微信群。微信群的交流注重在精神生活上给予青年教师帮助，使青年教师建立自信，以积极的态度与周围的客观环境融合。

4. 成立名师工作室

针对青年教师教学经验不足的情况，学校还请专家、名师，给青年教师提供指导，让他们有机会和老教师进行面对面的交流，并组织青年教师听名师的课，记听课笔记，写教学计划。这样一方面帮助青年教师迅速成长为教学骨干，另一方面有利于提高学校整体的教学质量，同时也化解了青年教师在工作中的压力。

5. 组织多样的活动

学校开展了"千师访万家"活动，先后有百余名班主任和科任教师走进学生家里进行家访。

6. 开展师徒结对

"师徒结对"是学校培养青年教师广泛采用的一种模式。学校提出了一些相关的具体要求。

首先，推出师德好、教育教学水平高、教学能力强的骨干教师作为师傅人选。其次，选择参加工作三年内新教师或五年内积极要求上进、热爱教育事业、肯于钻研、工作认真的青年教师作为徒弟人选。师徒双方通过双向选择，经教务会议通过结成师徒对子，双方签订师徒结对协议书，明确师徒各自的责任。这有利于迅速地帮助青年教师完成从学生到教师的角色转变，促进青年教师的专业成长。师徒结对并不只是老带新，也是一种互帮互助的双赢关系。

（五）"梦想放飞"策略——飞得远

学校努力地招来了新教师，又努力研究怎样用得好，让教师发展得好，但是合同到期后，必须要面对部分教师"远走高飞"，去实现梦想的问题。

从学校角度说，培养青年教师是要为学校服务的。培养好了，流动走了；再招聘，再培养，再送走……学校经历了从不舍到支持的思维转变过程。

从教师个人发展的角度看，合同到期了，教师找到了更好的、更有发展前景的工作岗位，从农村普通、薄弱校流动到城镇重点、示范校，可以在良好的氛围中得到更快提高，从而能最大限度发挥主观能动性。

教师调动有助于保持教师对工作环境的新鲜感，从而激发他们的工作热情，最大限度挖掘自身的潜能。

通过探索，学校已经有了完善的教师流动政策、程序和制度，以法规的形式，确定了教师聘任制度，并进行规范化、制度化操作，保障教师调动工作的公正、公平和有效，革除不合时宜的陋习、理念和做法，形成一套完善的教师流动制度，从而不断提高管理水平和实效。

总之，科学合理的阶梯式培养策略，保障了潹县中心小学在人才竞争中，立于不败之地，教师队伍不断焕发更强的生机和活力。

提升教师学业乐观素养的策略研究

北京市通州区民族小学　王艳荣

学校要发展，拥有一支高素质的教师队伍是关键。近年来，通州区民族小学围绕提升教师学业乐观素养，进行了深入的研究与实践，取得了一定进展。

一、核心概念界定

（一）教师学业乐观

教师学业乐观，即教师基于效能感、对学生和家长的信任及对学业的重视这三种信念而产生的一种对学生能够取得学业成功的积极期待。教师学业乐观包含学校组织层面的教师学业乐观与教师个体层面的教师学业乐观两个方面。

（二）教师效能感

教师效能感代表教师对是否有能力完成教学任务、提升学生学业成就所进行的主观推测与判断，包含教师自我效能感与教师集体效能感两个层次。

教师自我效能感指教师相信自身有能力帮助学生甚至最困难的学生提升学业成就；教师集体效能感代表教师相信全体教师有能力提升学生学业成就。

二、问题诊断

为了深入了解学校教师学业乐观的整体情况，我们围绕教师学业乐观进行了调研，涉及的变量包括四类：教师学业乐观构成要素、影响教师学业乐观的教师个体因素、影响教师学业乐观的班级学生及其家长因素、影响教师学业乐观的学校组织因素。

这次调查诊断出教师团队存在的主要问题，就是自我效能感低，不仅对自己不自信，而且对学生、家长不信任，少部分教师对学校的发展不抱有希望。针对这个症结，学校决定认真研究如何提高教师自我效能感、增强学业乐观的问题。

三、对策

（一）改进、完善考核和评价体制

科学健全的体制，是工作顺利开展的有力保障。近几年，根据教师发展需求，学校深入进行考核评价体制的改进与完善，重视提高教师自我效能感。

1. 设置年终考核机制

为了进一步调动教师工作积极性，提升自我效能感，学校设置了年终考评机制，打破了以往的轮流坐庄惯例。本项机制主要考评德育与教学常规工作，以此强化教师重视工作细节。年终考评机制刚一出台，就在教师中产生了不小的反响，尤其是青年教师，表现很积极活跃。这说明考评机制对教师有了较大触动，产生了积极影响。

2. 注重常规工作评价

第一，重新修订《教学工作评价细表》。在原有的评价量表的基础上，去旧添新，调整分值比例，树立正确评价导向。第二，制定《教师专业发展手册》。手册的特点具有调研的性质，如教师要制定学年发展目标、提出需要学校帮助解决的问题；督促教师进行反思；促使教师进行回头自省，如本学期目标实现情况、取得的各项荣誉等；注重学生形成性评价，如进行单元成绩统计与分析等。

（二）加强校本培训

1. 健全规章制度，保障校本培训实效

为了保障培训工作能够正规且深入实施，学校制定了系列规章制度，主要包括《教师培训管理制度》《和悦论坛管理办法》《教育教学成果奖励制度》等。这些制度和管理办法的出台，不仅规范了学校教师培训工作，而且使工作开展得更加深入、扎实。

2.明确部门职责，保障培训顺利进行

学期初，各部门根据学校整体工作计划、教师发展需求，制定具体培训内容。培训分为必修与选修，并按照"培训主题、培训方式、培训时间、培训地点、主讲人、培训范围、出勤情况、培训过程、培训作业、培训成果、培训小结"记录每次培训过程。

3.顶层建构体系，制定校本培训方案

学校根据问卷调研情况，从顶层开始构建培训体系，重新制定了校本培训方案，从而让校本培训更加具有针对性、系统性和实效性。培训目标：增强从事教师职业的幸福指数；解决教师职业倦怠心理和职业压力管理问题，提升教师情绪管理能力；促进教师专业理念有转变，专业知识有拓展，专业能力有提升；进一步强化教育教学的科研意识，培养科研型教师团队；提升教师凝聚力，打造适应新时期课改需求的教师队伍，促进学校内涵发展。

4.讲求指导策略，提高校本培训实效

美国学者伯利纳认为，教师发展成长经历新手教师、熟练新手教师、胜任型教师、业务精干型教师和专家型教师五个阶段。不同阶段的教师，对于培训的需求也是不一样的，因此学校必须根据自身实际，从顶层建构培训规划体系，不断拓宽培训途径。

（1）岗前培训，规范入职。重点进行三新教师培训。对于新入职、新任职和新调入的教师，他们的需求是了解学校教学工作的基本常规要求。学校组织一系列岗前专业培训，组织研读《青年教师入职读本》，熟悉学校文化，了解教师共同发展愿景。

（2）日常跟进，强化常规。学校教师人数较少，某种程度上讲，也存在指导优势。在日常工作之中，我们通过常态听评课，可以发现很多问题，采取跟踪听课指导法，只针对一到两个问题进行观察与指导，从而督促教师加以改进和提升。

（3）潜力教师，分层培养。学校通过观察、访谈等形式，充分、细致了解每一位教师情况，指导每一位青年教师制定《三年发展行动规划》；跟骨干教师结成师徒对子；通过任务驱动，进行分层培养；搭建学习与展示平台，鼓励他们实现自我超越，尽快成长起来，乃至脱颖而出。

（4）课题研究，提升自我。

第一，确定学年研究重点。科研工作的特点就是严谨和系统，进行课题研究一定要有规划。教务处根据"有效提问"课题研究的进展进行切分，确定每学年的研究重点，这样每学期制订教学计划时，不仅能够研究有侧重，而且经过每学期的探究，还会取得实质的进展。

第二，开展针对性培训。为了促使教师真正研究起来，学校做了很多具体的工作：通识培训，统一认识；案例培训，强化认识；课例培训，提升效果；反思培训，专题小结；课例研究，探讨交流。

第三，制定课堂观察量表。为了提高研究实效，教务处制定了两份课堂观察量表。一是围绕教学主要环节：导入、新授、过渡、练习和总结等环节，观察与分析教师提问；二是围绕教学重点，设计《教学框架问题量表》，观察教师关键问题提出的时机、反馈实效等。

第四，听课任务单。常规听课时，教师要准备一张听课单，内容包括教学目标、重难点、学情分析、三分钟、核心问题、导学单和板书等内容，促使老师在备课时，重视研读教材，重视学情分析。

（5）专项培训，提升技能。部分问卷反映出老师认为自己目前知识枯竭，跟不上形势。于是，我们细致了解教师当前的主要困惑，然后根据教师的需求，采取专项培训的方式，促进教师专业技能的提升。

（6）精准反馈，提升质量。区级检测二级反馈。目前，区里教学质量检测已经成为常态。每次区里反馈之后，学校要进行两次反馈，一是面向全体教师，反馈学科教学之中存在的共性问题；二是各教研组再次进行细致反馈，共同分析试卷，然后讨论解决对策，加以改进。常态教学评查及时反馈。我校规模小，因此评查工作可以进行得更加细致、深入。每学期例行的常规评查，均是当时评查、当时反馈，向教师反馈存在问题，提出改进建议，不合格的还要进行复查。

（三）全方位引导教师

1. 策略一：引导教师做好职业发展规划

目标即动力。很多教师陷于日复一日的繁杂教学事务中，没有做好职业规划，因而降低了职业幸福感和自我效能感。

学校根据《教师专业技能发展工作手册》，及时了解教师发展需求，然后分别找他们谈话，指导教师细致做好职业规划，树立奋斗目标，焕发工作热情，主动寻求发展。

2. 策略二：引导教师找准专业发展点

每位教师只有在恰当的位置上才可以发挥出更大的光和热。学校根据教师发展需求，努力做好人事安排，帮助教师找准位置，继而发掘更强的内动力。

例如，英语小郝老师，之前我们认为该教师对待工作没有目标，通过访谈、观察等方式，逐步去了解其优点及内心想法，发现他的主要问题就是缺乏自信，职业认同感低。于是，我们帮助小郝老师制定发展规划，并将教研组组长的重担交给他，为他和北京市级英语骨干马军华老师结成师徒对子，每周调出一天课，去北京小学通州分校参加英语教研活动等。目前，小郝老师找到了自己的发展点，非常努力，对于自身的发展充满信心，在学校里散发着积极的正能量。

3. 策略三：引导教师主动反思

面对教师工作中的失误，学校领导会带领教师及时反思，总结其背后的原因，找准方法策略，从而促使工作效率和质量进一步提升。

4. 策略四：引导教师正确归因

我们就教育教学工作与教师进行交流时，经常会发现教师会不由自主地埋怨学生和家长。这种现象说明教师把责任推卸到了学生与家长身上，没有认真分析自己存在的主要问题。这种现象的可怕之处就在于教师不正确的归因方式，不仅会导致教学质量的滞后，还会僵化师生关系，乃至家校关系。于是，我们就引导教师多从自身找原因，多向他人找策略，相信自己，这样才会更加有利于问题的解决。

（四）鼓励教师学会信任

1. 学会信任自己

（1）欣赏策略。我校在升旗仪式及教师会上，加入"荣誉分享"环节。共同分享指导学生和自己努力取得的硕果，大家互相欣赏，也是提升教师职业认同的有效途径。

（2）情绪管理。常态工作之中，教师偶尔会出现有怨气、发牢骚等现象。这种情况下，我们会及时找教师了解起因，然后加以劝解和引导。这也是对教师情绪进行积极管理的一种方式，目的就是不让这种负面情绪蔓延。

（3）扬长策略。充分挖掘每位教师身上的优势资源，然后采取扬长策略进行引领，逐步提升教师自身的工作学习力与执行力，如校刊编辑、活动策划与组织、微文撰写等。

（4）和悦论坛。学校设有和悦论坛，给教师们提供了一个及时交流与研讨的平台。例如，教师参加培训回来进行二级传达；交流反思、课题研究策略、读书心得等。

（5）学期首尾呼应。开学前，要认真进行规划；学期末，要对照自己开学初的规划进行反思与总结，分析取得成绩的原因，查找存在的主要问题，然后进行组内交流。这样一个学期首尾的呼应，就可以促使教师树立更高的奋斗目标，注重工作方式方法的更新。

（6）沙龙分享。例如，随班就读教研组学期末要举办沙龙活动，一起交流对于特殊学生的教育教学心得，大家相互学习，共同提高随读工作质量。

（7）分层评价。学校每学期开展的教学评优活动，都是采用分层评价原则进行的，力争让同一阶段的教师站在同一起跑线上，进行相互竞争与学习。尤其是青年教师，每次课堂教学评优活动，不仅注重横向比较，更重视自身纵向成长。因此，在评价标准之中，会单独列出属于每个人的评价要素1~3点，然后以此要素为评价重点。这样即使是刚参加工作不久的老师，通过自己的努力，也可以获得一等奖。

根据美国心理学家马斯洛的需求层次结构理论，尊重与自我实现的需求是人类的高层级需求。在低层级需求基本得到满足以后，这些高层级需求就将成为激励人们的主要因素，推动人们不断地超越自身极限、实现成就与自我价值。因此，我们对青年教师要给予足够的尊重与肯定，让他们不断享受到被尊重，以及成功的快感。这样他们就会逐渐感受到真正的幸福，不是物质的享受，也不是金钱的攀比，而是付出后的收获，以及他人的认可与尊重。

2. 学会信任同伴

（1）制定共同发展愿景。各教研组教师一起制定共同发展愿景，围绕一个核心共同努力。

（2）成立研究共同体。学校根据研究的需求，成立了多个学习研究共同体，如年级段备课组、课题研究小组、随读组、国学小组、校刊编辑组等。充分发挥团队精神，启迪团体智慧，相互交流与切磋。

（3）开展活动，降低倦怠。学校通过组织开展各种活动，调动教师积极性，使其感受到温馨的校园氛围，如春游踏青、师徒结对子、趣味运动会、团队拓展、声乐训练、学期沙龙等。丰富多彩的活动，充分调动了教师的工作热情，使其在忙碌之余，也充分感受到了生活的乐趣！

3. 学会信任学生

（1）换位思考。当教师一再埋怨学生时，我们会引导他们换位思考：自己是否达到了学生心目之中好老师的标准；自己如何改进，提升人格魅力，才能真正受到学生的欢迎等。这种疏导作用很大，有利于促进教师进行自我反思。

（2）相互欣赏。欣赏是相互的，师生、生生之间都应当相互欣赏，这样课堂才会是充满生命力的。因此，学校提出一定要通过评价手段，激发学生兴趣，课堂上要有掌声、有笑声、有质疑声。

（3）以学定教。调研反映出部分教师认为学生缺乏学习能力，其实也折射出教师对学生的不信任。于是，学校大力推行导学单帮助培养学生自主学习能力；通过互动反馈技术，及时了解学情；充分质疑，绘制思维导图，培养学生思考力等，引导教师逐步做到以学定教，不盲从教案。

4. 学会信任家长

（1）换位思考。我们带领班主任做过这项工作：假如你是家长，你愿意把孩子放到本校，甚至本班进行学习吗？你希望把孩子交到什么样的老师手里？你是这样的老师吗？等等。老师们经过换位思考后，也能够了解甚至理解家长的共性心理特点，为信任家长奠定了基础。

（2）家长培训。我们也会去问埋怨家长的老师：遇到素质不高的家长时，你对家长做了哪些实质性指导工作？然后，学校会统一指导教师如何利用家长会等途径，采取什么方式去培训家长，使家校教育形成合力。

以"四行"增"四力"
引领中老年教师续航发展

北京市通州区南关小学　王玉霞

　　北京市通州区南关小学是一所百年老校，中老年教师占多数。在 65 名教师中，45 位是中老年教师，平均年龄 41.6 岁。这样一支教师团队要想更好地适应当今社会发展和教育教学改革，就必须采取有效措施促进他们的专业发展。为此，我们对本校中老年教师的专业发展状况进行了调查，并以问题为导向积极探寻解决策略，有效促进了中老年教师的专业发展。

一、中老年教师专业发展现状

　　教师专业发展包括专业知识、专业能力、专业理想和专业智慧四个方面。我们从这四个方面入手对中老年教师专业发展情况进行调研，通过分析发现本校中老年教师专业发展现状如下。

（一）专业知识需更新

　　教师的专业知识是指教师顺利完成教学任务所需要的知识，包括本体性知识、条件性知识、实践性知识和操作性知识。本体性知识是指教师所具有的特定的学科知识；条件性知识是指教育学、心理学和教法等相关的教育心理方面的知识；实践性知识是指教师积累的教学经验；操作性知识是指教师在具体教学中所具备的组织课堂的知识。在调查中，我们发现中老年教师对自身专业知识的评价明显低于青年教师。在课程标准、学科整合及人文社科知识、所教学科的知识体系、基本思想与方法等方面都低于 35 岁以下年轻教师的要求。之所以出现这样的状况，是因为近几年提倡的学科实践、学科整合及新课程标准对于中老年教师来说都是新的，他们的接受速度明显慢于年轻人。这一调查结果提示我们，必须促使中老年教师持续学习，提升他们的学习力，让他们与时俱进，才能更好地帮其适应当今的教育教学改革。

（二）专业能力待提高

教师专业能力是指教师在从事教育教学活动时，顺利完成教学任务所表现出来的个性心理特征。它包括课堂教学能力、教学评价能力、教育科研能力、学术交流能力、教学领导能力、资源开发与利用能力和技术应用能力七个方面。调查中，我们发现，中老年教师在教育科研、学术交流、教学领导力和资源开发方面的培训需求大于年轻教师。分析原因，我们认为，年轻教师在毕业之前都做过毕业设计，对教育的研究程序、方法和结果表达都掌握得很好。中老年教师则缺少这方面的学习，所以在教育科研、学术交流方面明显感觉到有压力。教学领导力、资源开发都是新理念，中老年教师对其内涵理解不到位。信息技术对于中老年教师来说更是新生事物，很多人在这方面都很欠缺，有 15% 的教师目前还不会使用微信，85% 的中老年教师希望学校提供信息技术培训。这些调查结果提示我们要从研究力、领导力、技术应用能力入手促进中老年教师专业发展。

（三）专业理想不明晰

费斯勒的教师职业生涯循环理论认为，中老年教师正处于职业生涯中后期，在这一阶段，很多教师放弃了专业理想，缺少明确的目标和方向，工作缺少激情，比较保守。调查中，我们发现，只有 35% 的中老年教师希望自己在教学中有所改变。这种状况提示我们，要从中老年教师发展的内驱力入手，帮助他们重新确立专业理想和目标，调动他们改革和创新的积极性，提升他们的创新力。

（四）专业智慧欠梳理

教师的专业智慧包括课程智慧、教学智慧、管理智慧、行动智慧、合作智慧和人格魅力。中老年教师在长期的教育教学中积累了一定经验，具有自己的教学风格，但缺少系统的总结和梳理，缺少将教育经验上升为教育智慧的能力，更缺少将教育智慧转化为创新实践的能力。调查显示，有 95% 的中老年教师认为自己有一定的经验，但缺少梳理。有 65% 的中老年教师认为自己缺少转化经验的能力。这要求学校要帮助中老年教师总结提炼，形成教育智慧。

二、中老年教师专业发展的策略

针对南关小学中老年教师专业发展的现状，我们采取以"四行"增"四力"的策略，促进他们的专业发展。

（一）以学促行，提升学习力

学习力是学习动力、毅力和能力的综合体现，是把知识资源转化为知识资本的能力。具有学习力的教师能够很快学到新知识，掌握新理念，获取新方法，也能够很快把学到的新知识、新理念、新方法应用于教育实践当中。它是教师提升道德修养、扎实专业能力、掌握现代技术、拓展兴趣特长、推进教育实践、深化教育改革的基础。中老年教师的专业知识，特别是新课标、新理念、新方法的学习比较欠缺。因此，我们必须要从提升中老年教师的学习力入手，引导他们树立终身学习的意识，提升他们发现和吸纳新知识的能力，以及整合新知识、新技术、新理念和新方法的能力。实践中，我们积极组织中老年教师学习新课程标准，开展"我给年轻教师讲课标"的活动，促使中老年教师掌握新标准。我们积极组织中老年教师开展团队读书活动，大家坐在一起就一本书谈体会、谈收获，促使中老年教师掌握新理论。我们积极组织中老年教师学习使用"微课宝"等软件和工具，开展整本书阅读、写作指导等微课评优，促使中老年教师学习新技术。在抗击疫情"停课不停学"期间，我校中老年教师都参与到网课录制、网络答疑当中。一位即将退休的女老师，每天在网络上听市级资源课，从而让自己系统地掌握了习作教学的方法，对小学阶段的语文教学体系有了清晰的理解，自己感觉一下子年轻了许多，对工作也有了信心。

（二）以研促行，提升研究力

研究力从某种程度上来说是科学的行动力，是教师由经验型、事务型向研究型、创新型、专家型转变的关键因素。它不是"教育研究能力"的简称，而是研究动力、研究态度、研究方法、研究效率及创新思维和创造能力的综合体。研究教育规律、研究课程构建、研究教材教法、研究课堂教学，始终怀着研究的姿态观察、实践、思考……这样的老师才会自主地学习教育理论，多学科多方位构建知识结构，努力让自己成为一个终身的学习者、实践者。这样的老师才能不断生成教育智慧，不断书写教育精彩。这样的老师才能将知识转化为有趣的故事。这样的老师才能将教育、互联网、自媒体相结合，推动方法和技术创新。基于这样的思考，我们引入了各种教育教学改革项目，并引导中老年教师自主开展教育教学研究，提升研究力。几年来，我校中老年教师先后研发了图文日记、整本书导读、整合学习单、南街研学等校本项目，实现了从引入资源到生成资源的转变。另外，我们还积极帮助中老年教师梳理教育教学经验，积累教育故事，总结对教育的认识，提炼教育观点，筛选成功的策略和案例；在此基础上，为他们创造展示的机会，激发中老年教师专业发展的热情。比如，让有关联阅读经验的教师做展示课，让有班级管理经验的教师介绍治理措施，让国学诵读工作做得出色的教师展示国学课……我们把中老年教师的教育教学经验结集成册，鼓励他们著书立说，生成智慧；还组织中老年教师走出学校到武当山及市区兄弟学校介绍经验。2019年，我校两名中年教师到内蒙古进行交流。其间，她们将图文日记教学、家校合作项目研究和传统文化教育、读书活动经验进行了系统梳理，得到了"手拉手"学校干部教师的充分肯定。

（三）以智促行，提升领导力

领导力是指把握组织使命并动员人们围绕这个使命奋斗的能力。"它是一种特殊的人际影响力。组织中的每一个人都能够影响他人，也都要受到他人的影响，因此组织中的每个人都具有潜在的和现实的领导力。"这一思想迁移到教育领域被称为"教师领导力"。这一概念赋予所有教师都有权利、有能力、有责任成为学校领导者和专业领导者，学校的任务就是创造一个环境唤起所有教师的领导力。教师每天要带领几十甚至几百个孩子一起学习，还要与学生家长沟通，所以必须要具备领导力，才能带动家长、影响同事，尤其是激励学生实现学习目标。

在教育领域，领导力被细分为校长领导力和教学领导力。校长领导力更多指管理能力。教学领导力则是教师在教学过程中带动和影响学生的能力，包括制定和实现教学目标的能力；对学生和自己建立合理期望的能力；创造良好教与学氛围的能力；开发和利用教学资源的能力……具备领导力的教师，会对工作满怀激情，具有极强的自主性，从而主动变革和完善教学，建立以生为本的教育观念，调动学生的积极性与主动性。贵州师范学院的吴晓英在《论教师教学领导力的生成逻辑》一文中指出，教师教学领导力的运行机制是由"愿景激励→动力催生→实践修炼→互动创生→文化彰显"五环节构成的领导力循环。它以"课堂教学"为场域，以"教师个人内、外条件的具备"为前提，以"发挥领导力的动力"为因，以教学中"师生有效互动与追领型师生关系的形成"为中介，以"教学成效的实现"为评价尺度，伴随教学进程使师生彼此的知识、能力及情感与价值观都得以升华，以促进学生自主自动学习、教学领导文化逐渐彰显。以这一机制为引领，南关小学在中老年教师当中推进了三项措施：第一是聘请专家培训，让中老年教师明了自己的专业发展阶段，然后组织他们制定职业规划，明确努力方向和目标，制定具体可行的行动措施。第二是开展中老年教师带徒活动，让每一名中老年教师都有机会带徒弟，促使他们自觉自动梳理工作经验并传授给年轻人。我们要求徒弟每周都要听师傅的课，师徒的教案可以共享，徒弟的教案师傅要签字才能进行实践，这样就促使中老年教师不断总结教育教学经验，生成教育智慧，精心设计教案和课堂教学，不断地学习新理念并有效落实到课堂教学当中，有效促进了中老年教师教学领导力的提升。第三是在总结提炼的基础上，为每一位中老年教师确立一个教学风格，让他们向着这个方向发展，使他们成为某一方面的领跑者，进而带动他人一起行动。比如，让教师承担国学吟诵项目、让教师做学科整合研究等，这样做有效促进了中老年教师领导力的提升。

（四）以变促行，提升创新力

教育创新能力是难以被替代的能力，是优秀教师的基因。要培养学生的创新精神，教师首先必须具备创新能力。工作中不因循守旧，教学方法灵活，活动方式不断出新，鼓励学生有新想法、新做法……这样才能培养出具有创新能力的学生。中老年教师受习惯和"啃老本"心态的影响，在教学中往往固守过去的经验和模式，缺少创新的动力和方法。这不仅限制了自身发展，也影响了学生能力的提升。为了促使中老年教师改变思想、创新方法，我们推行了五项措施：第一是每个学期期末组织中老年教师把自己的特色作业、特色经验、特色做法以专题汇报的形式进行展示，促使他们在工作中增强创新意识，变革日常教育教学活动，引领他们走向变革之路。第二是奖励创新"力行"者。我们建立了奖励制度，从奖励性绩效工资中拿出 5% 的份额用于奖励那些主动、勇于创新的教师，调动中老年教师创新实践的积极性。第三是开展评优竞赛活动。随着职称制度改革，中老年教师也需要有赛课、科研的机会。于是，我们启动了一系列竞赛活动，促使中老年教师改革创新。比如，制定"力行课堂教学评价指标"，启动中老年教师"力行杯"教学竞赛，促使他们变革课堂教学模式，改变"一支粉笔一张嘴，从头讲到尾"的方式。我们组织开展中老年教师板书设计竞赛，促使他们运用思维导图，设计新颖的板书内容。第四是打破学科组、年级组，让中老年教师形成学术研究共同体，促使他们解决教学难题、问题，让他们在不断研究中变革和调整工作策略。第五是采取学校建模的方式，促使中老年教师变革。比如，引导中老年教师开展快乐读书吧、图书导读研究，通过设计导读手册、建立测评题库、设计导读微课、组织展示活动等一系列实践模式，促使中老年教师掌握整本书阅读理念，将课内阅读与课外阅读有机整合，实现阅读教学理念和方式创新。再如，围绕学校的力行理念，构建"两有四会"力行课堂教学模式：课堂有目标、有评价，学生会合作、会探究、会质疑、会思考。在实践过程中，我们一步步推进，一步步引导，促使中老年教师的课堂发生了很大变化，凸显了以生为本、以学定教的理念。

三、中老年教师专业发展的成效

通过两年多的实践，我校中老年教师专业发展取得了初步成效。骨干教师从 3 位增加到 6 位，其中 4 人为中年教师。中老年教师在"十三五"期间立项 7 个市、区级课题，并在各项征文、赛课活动中获得 665 项奖励。在各种项目引领下，中老年教师变革教学模式，形成了自己的教学风格。有 5 位中老年教师到四川、云南送课或做全区观摩课。他们应用技术的能力也得到很大提升。在抗击新型冠状肺炎疫情期间，每个人都能独立完成视频录制，给学生准备了一节节精彩的微课。以下是我校中老年教师 2013 年至 2019 年获奖情况统计，如图 1 所示。

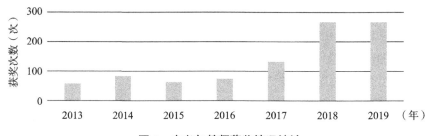

图 1　中老年教师获奖情况统计

上图让我们看到了研究成效，也引发了我们对中老年教师专业发展问题的思考。

中老年教师专业发展的关键点在于"帮助"，即帮助他们梳理经验，明确教育教学风格，这样才能调动他们的积极性，激发他们的自信心，有效促进他们专业发展。

中老年教师专业发展的着力点在于"变革"，即变革学习方式、变革激励机制、变革教学模式、变革管理策略，这样才能促使他们打破思维和行为定式，实现续航发展。

中老年教师专业发展的切入点在于"研究"，这种研究应该是共同体式的研究，这样既能够实现"以研促学"，也能够实现"以研促行"，有效促进中老师教师的发展。

很多人说，中老年教师就像老中医一样，有丰富的经验。学校一定要充分发挥中老年教师的优势，不断激发他们的工作热情，帮助他们突破发展瓶颈，让他们不断续航、不断发展。今后，我们会立足实际，进一步完善以"行"增"力"的策略，促进中老年教师续航发展。

基于专业发展需求的校本研修模式研究

北京市通州区马驹桥镇中心小学　邵学良

一、研究背景

课程改革给教育界带来的最大挑战莫过于对"教师专业化"的挑战。"课程即教师"，课程改革的成败归根结底取决于教师。这就必然要求教师在教育思想、教育观念、教育方法、教育手段上不断更新，在知识结构、能力结构上不断完善，在思想素质、业务素质、身心素质上不断提高。伴随着教育深综改的全面落实及通州城市副中心建设的全面推进，教师的工作职能出现了深刻的变化，这些变化极大地提高了教师劳动的复杂程度和创造性质，对教师的专业化发展提出了更高、更迫切的要求。加强教师队伍建设，培养"有理想信念、有道德情操、有扎实知识、有仁爱之心"的高水平教师，已经成为社会各界争相探讨的热点问题。

北京市通州区马驹桥镇中心小学建于1928年，地处古老的凉水河南岸，处于北京经济技术开发区、南六环和京津塘高速路环抱之中。优越的地理位置及经济建设的迅速发展致使大量流动人口涌入，学校办学规模迅速扩大。目前，学校拥有6个校区，170个教学班，5656名学生，400名教师。其中，市级骨干教师1人，区级骨干教师12人，区级青年骨干教师20人。为了满足教育教学工作需要，近五年来，学校引进新教师228人，而且85%是非师范类教师，大量的新教师对学校管理、培训提出了严峻挑战。

由于地域性限制，与城区小学相比，农村小学的信息比较闭塞，导致教师的信息摄入量相对较少，如果不综合利用学校资源，对教师进行校本培训，那么差距将会越来越大。如果一味地依赖校外资源，到城区及其他地方去参加培训，不仅使培训的成本大大增加而且会加剧农村学校人员紧张的局面。马驹桥镇中心小学一校五址且相对分散，班主任老师语数双科、科任学科教师周均课时在20节以上，经常性的、集中统一的培训学习也会影响正常的教学秩序。因此，我们确定了"基于专业发展需求的校本研机制研究"这一课题，结合学校实际情况，为教师自主发展提供良好的平台，为教师成长提供更广阔的空间。

二、研究意义

校本研修主要是指"以学校为本，以学校为基础，在学校中进行"的以校为本的教学研究，它强调学校应该是教学研究的基地；教师应该是教学研究及促进共同发展的主体，其侧重点是以新课程实施过程中教师所面对的各种具体问题为对象，将学习、工作和教研融为一体的学校性活动和教师行为。马驹桥镇中心小学依据国家课改要求，以马驹桥镇深厚的历史文化底蕴为依托，在杜威教育生长论的基础上，确定了"生长教育"的特色办学理念。生长教育即尊重生命、遵循生长规律，通过生活化的教学实践活动，使学习者在适宜的教育生态环境下，个性与能力不断得到展示和发展，生命潜质不断得以实现和积极变化，从而获得真正义上的生长。这个核心概念里的"学习者"指的是学生和教师，所以马驹桥镇中心小学的校本研修必须是以全面、真正了解教师专业发展需求，遵循教师成长规律，注重教师自主发展，符合学校实际情况的教师专业发展模式。

所谓基于教师需求的校本研修是基于教师对校本研修的主观愿望和期待而进行的校本研修。教师的校本研修需求表现为对校本研究目的、内容、形式和制度等方面的需求，具有实效性、差异性和动态性等特点。通过对本课题的研究与实践，我们试图解决当前的校本研修中，理论学习与实践提高脱节、案例学习缺少行为跟进、校本研修的方法策略缺乏系统性等不利于校本研修促进教师专业化发展的问题，探索出提高小学校本研修的实效性，以及促进教师专业发展的方法、途径和操作策略，从而使校本研修更有效地服务于课程改革的需要，立足于学生的全面发展，着眼于教师队伍综合素质、专业水平的提高和更加合理的结构配置，完善以校为本的教学研究机制，提高教师专业化发展水平，提升学校办学品质。

三、研究思路

本课题从学校的实际问题和需求出发，运用调查研究、文献研究、行动研究和案例研究等科研方法，调查当前小学校本研修的现状、小学教师专业化发展的现状及当前的校本研修对教师专业发展的影响，然后收集分析和归纳整理出小学校本研修与教师专业化发展的成功做法和有益经验，为课题的研究提供典型的范例，揭示经验的实质，探索小学校本研修促教师专业发展的内容、方法和途径。

四、研究内容

第一，全面调查、了解农村小学校本研修工作开展的实际情况，掌握各层次教师的发展需求。

第二，针对不同层次教师的专业发展需求，采取针对性对策提高教师专业发展水平。

第三，探索农村小学基于专业发展需求的校本研修模式与实施策略，提高教师专业水准，提高学校办学品质。

五、研究原则

（一）针对性原则

以教师和学校的实际需求为出发点，多种途径、多种形式、多种模式地进行，有针对性地解决教育教学中的现实问题。

（二）实效性原则

紧密结合教育教学实际，以新课程实施中出现的问题为研究内容，以行动研究和案例分析为主要方法，在问题解决中增进实效。

（三）自主性原则

学校自主研修、自主管理，教师自主学习、自主发展。

（四）协同性原则

实现校内教学、科研、培训的有机整合，对外与培训机构良好合作。

（五）开放性原则

注重自我反思，同伴互助和专业研究人员的专业引领。注重校际间的合作与交流，借助现代信息技术，寻求援助。

六、研究方法

（一）文献研究法

收集、整理、运用国内外与课题相关的教育理论，为课题研究提供科学的理论依据。

（二）调查研究法

调查当前小学校本研修的现状、小学教师专业化发展的现状，以及当前校本研修对教师专业发展的影响，为课题研究提供充足的事实依据，并提出具体对策，明确研究的主攻方向。

（三）经验总结法

收集分析和归纳整理出小学校本研修与教师专业化发展的成功做法和有益经验，为课题的研究提供典型的范例，并揭示经验的实质，使之上升到理性高度，找出可以利用和借鉴的规律性东西。

七、研究实践

（一）全面调查，了解内需

课题组对400名教师进行了调查问卷，对60名教师进行了个别访谈。86.7%的教师认为现行的各级各类培训缺乏实效性；64.6%的教师认为校本培训、教研应该结合教师的真正需求，解决确实存在的问题；58.2%的教师认为各级各类的培训学习与教育教学工作存在一定的冲突；52.8%的教师建议进行菜单化、个性化的学习培训方式，可以进行自主选择，提高实效性；26.6%的教师认为平时教育教学工作繁重，没有精力参与学习培训。课题组对问卷和访谈情况进行了详细分析、论证，发现不同的教师在教学基本功、教学技能、教学个性和专业发展需求等方面存在着较大差异。即使是同一位老师，在不同的成长时期，他的教学技能、教学风格、发展需求也存在着很大区别。因此，找准每一位教师的专业起点，对教师群体合理分层，组建不同的研修团队是实施分层校本研修的前提和关键。

（二）唤醒内需，自主发展

以往的教师发展更多的是教育行政部门或学校考虑的事情，管理部门通过制定政策、组织培训、组织比赛等活动来提高教师的专业水平，教师只是教育政策和学校计划的接受者、执行者和被培训者。这固然对教师是有促进作用的，但是它的实际效果可能是值得反思的，其负面的影响就是造成教师的被动性、统一性。教师素质的提高应当要有多种外在客观条件的保证，这是不言而喻的。但相对而言，有效的教师发展应该是自主的和能动的，教师个体自身的努力、有无自主发展的意识和能力，是更主要的条件。外因是变化的条件，内因才是变化的根据。相同情况的教师在基本相同的条件下，素质上所展现的巨大差异便证明了这一点。因此，有效地激起教师自主发展的意识，自觉地促进自身的发展，才是提高教师素质的根本所在。只有当自主发展成为一种自我需要，才会产生强大的内驱力，也才能使教师的提高进入良性循环，走向不断自我提高、自主发展的理想境界，教师队伍建设才会取得事半功倍的成效。

1. 文化唤醒，引领教师生长自觉

马驹桥镇中心小学依据国家教改要求，以马驹桥镇深厚的历史文化底蕴为依托，在杜威教育生长论的基础上，确定了"生长教育"的特色办学理念。文化是一种力量，是一种激励，是一种精神，更是一种追求。优秀的学校文化总是以特有的象征符号向人们潜在或公开地灌输着某种思想规范和价值标准，使全校师生在不知不觉中接受教育。当你走在校园里，就会有一种无形的精神力量在感染、吸引和改变着你。因此，着力打造学校文化，是学校内涵发展的需要。适宜师生成长的骐骥文化，丰富多彩的骐骥课程，激发生长动能的八骏评价体系，每天进步一点点的策略推进，引领教师走上自主专业发展之路。

2. 制度唤醒，促进教师生长自觉

学校把符合现代教育要求的办学思想、质量观和人才观等，在全体教师充分认识和积极参与的基础上，用制度的形式规定下来。不用个人的好恶来处理工作中出现的问题，保持一定的延续性和稳定性。这样有利于教师确立和保持正确的工作方向和目标，有利于学校管理者真正实施有效管理。学校重新修订了马驹桥镇中心小学教学管理制度、生长课堂评价标准、骨干教师和优秀班主任的评选方案、激励奖励制度。这一系列切实可行的、操作性强的常规管理制度，让教师在日常工作和职业发展上有章可循。

3. 评价唤醒，实现教师生命价值

学校坚持扬长避短的原则，在统一的评价标准下，允许异步发展，即对教师的发展要求因人而异。在具体操作中，我们让每一位教师先寻找现实坐标，再规划发展坐标，制定发展措施。在对教师的教学评价中，采取过程评价和终结评价相结合的方法，即不仅看教师终点的教学成绩，更要看起点的高低，使评价更公正、合理，全面调动教师积极性，激发教师专业发展的内驱力，使教师的提高进入良性的循环，走向不断自我提高、自主发展的理想境界。

（三）分层培养，因需施训

我们在调查分析的基础上，把教学技能、发展需求接近的教师组成研修团队。遵循分层培养、分类推进的模式，针对教师发展需求采取个性化"闭环师培"模式，逐步引领教师走向专业化。我们结合学校文化实施了教师成长三个工程：伯乐教师工程，通过新教师岗位培训、师徒结对、教学干部负责、过关课评优等形式，促进新教师做到一年入门，两年合格，三年达标；伯乐导师工程，通过外出培训、专家引领、基本功竞赛、生长杯评优等途径促进青年教师形成自己的教学风格，成为儿童健康生长的引路人；伯乐名师工程，通过课题研究、示范引领、教学开放日、名师工作室等形式充分发挥骨干教师的模范带头作用。经过几年的努力，我校逐步建构起行政之外的学术金字塔，形成了校内的教坛新秀、骨干教师、学科带头人三级人才梯队。

视野决定未来，创新成就格局。近年来，为了促进教师队伍建设，我校坚持"眼睛向外"——走出去、开视野、展风采、明目标；"眼睛向内"——引进来、挖潜力、重内涵、促提升。我们先后与奋斗小学，翠微小学，武当山太极湖小学，常熟市报慈小学，南通市天生港、永兴、曙光小学，以及通州区学校发展共同体结成友好发展联盟，定期进行课堂教学研讨活动。曙光小学自觉理念下的课堂学习策略研究，奋斗小学问题引领全学科课题研究，永兴小学家校协作办学经验，天生港小学生长教育实践，报慈小学守望教育课程体系，成为我校生长教育特色办学理念的有益补充。截至 2019 年 11 月，"聚焦课改，提质增效"京苏两地教学研讨活动已经举办了五届。系列化的研讨活动促进了南北教学理念、课程体系、课堂文化的深度融合。年轻教师在不断的学习、交流、思考与碰撞中改变自己、提升水平，逐步成长为教学改革的骨干力量。

我们在积极参与市、区各级教研活动的同时，有计划地邀请市、区教研专家到校指导教师发展。为了促进学习培训成果的内化提升，我们开设了骐骥讲堂，按照"集体备课、现场授课、互动评课、修改磨课、集体议课、现场授课、课后反思"的模式进行系列指导。如果把"走出去"喻为动脉，"请进来"则为静脉。"走出去"与"请进来"的循环运行，使教师在不断地学习与实践中遇见了更美的自己。

八、总结与思考

经过近三年的研究与实践，课题组在全面调查和了解农村小学校本研修工作实际开展情况、掌握各层次教师的发展需求的基础上，针对不同层次教师的专业发展需求，采取针对性对策提高教师专业发展水平，并初步探索了出基于教师专业发展需求的"闭环师培"模式：发现问题—针对培训—课堂实践—课后反思—发现新问题—再次培训—课堂实践—反思提出新问题。课题研究全面深入地调动了教师自主发展的积极性，教师专业发展水平显著提升，学校生长教育特色办学也取得了显著成效。

基于教师专业发展需求的"闭环师培"模式，取得了初步效果，同时也存在许多需要完善的地方，需要在后续研究与实践中深入探索。学校在骨干教师和伯乐名师培养上还需要进一步加大力度、优化措施，持续扩大骨干教师队伍。

教师队伍品牌建设策略

北京市史家小学通州分校　李文凤

一、修炼品行，打造教师形象

（一）留下美好的"第一次"

"首缘服务制"是我们学校一条不成文的制度，每个人都把遇到的事情当作一份缘分，如见到来访者主动打招呼；遇到他人有困难，主动提供帮助；突发事件面前没有分内分外。每一位教师都是学校形象的代言人，学生、家长的眼睛就是照相机，教师细微的言谈举止、行为处世都印在他们的眼睛里。

每一次新教师培训时，学校会指导教师经历"第一次"。新接班时，第一节课不只是备课，还要备"形象"，穿什么、说什么，在学生心中留下什么；第一次家长会以表扬为主，体现我校"欣赏教育"的办学理念，教师时时、处处要以欣赏的眼光看待学生。

同时，我们充分利用"史家讲坛"，为教师搭建"亮相"的平台。我们对每一位教师的发言都细致地进行指导，力争让教师首次亮相在同事心中留下美好的记忆。学校教师多，很多教师平时没有接触的机会，我们创造这样的机会，让教师之间相互欣赏。

（二）永远做学生的榜样

榜样是什么？榜样就像寒冷季节里一束温暖的阳光，让人愿意接近。孩子以什么样的人物为榜样，决定了他的价值取向和人生追求及兴趣品位。尤其在3~12岁人生发展的关键期，我们往往能够在学生身上找到教师的影子。如一个写字非常漂亮的语文教师，其学生的书写往往也干净、整齐；一个善于用欣赏的眼光看待学生的老师,她的学生一般也善于发现同伴的优点;一个总能带着学生做"微善"的老师,她的学生心中也总是充满爱的。

1. 制度导行——正师风

我们学校制定了《教师十项良好习惯》《"八字"行为准则》《八项承诺制》《"四四一"要求》。"四个一"是指尊重关心每一位学生;热情接待每一位家长;认真上好每一节课;努力做好每一件工作。"四不准"是指不准因学生问题斥责家长;不准随意把家长叫到学校;不准通过学生向家长索要礼品;不准把教师应承担的工作推给家长。"一严禁"是严禁体罚和变相体罚。

2. 活动导行——立师德

只有将内在的师德观念要转化为外在的教育行为,才是师德建设的最终目的。通过开展灵活多样而又见实效的教育活动,务必让教师能够躬亲自省。学校的"史家讲坛"应运而生,作用主要是树立榜样、分享收获,传递正能量;引导教师做认真的人、尊重别人的人、欣赏别人的人。

3. 激励导行——铸师魂

学校的领导经常跟教师说:"您希望您的孩子遇上什么样的教师,就请您做这样的教师。"我们每学年都要组织"感动校园好老师"和"感动校园十件事"活动,评价主体多元化,如校领导、教师、学生家长,不仅要写出教师的姓名,还要写出评选的原因。大家都有一双发现美的眼睛,因为我们学校的校训是"美是到处都有的",大家要发现身边人的可贵品质。这样互相欣赏,既让大家互相学习,也能够让被评选的人得到一种认同,把这种理念持续贯彻下去,指导自己的行为。

二、提升品位,陶冶内在气质

(一) 以书为友,丰富自身

近年来,当手机逐渐成为方便、快捷的新型阅读工具时,越来越多的人爱上了不需要太多思考、浏览式、碎片化的阅读,不少年轻人都成了"手机控",不屑于阅读书籍。自2014年起,"全民阅读"已经连续八次被写入政府工作报告。为人师的人如果都不能以书为友,何来让阅读成为学生的一种习惯呢?

1. 制度约束读，内化欣赏教育内涵

教好书离不开读好书，学校重视通过抓住阅读来促进教师的专业发展，从建校初就形成了读书制度。初期以学习"欣赏教育"类书籍、文章为主，并进行摘抄，每学期10篇。教师只有理解了欣赏教育的内涵，才能够接受并成为欣赏教育的践行者。

学期末，主管领导亲自审阅教师的读书札记，并且在年级会上大家要交流学习心得。渐渐地，很多教师由初期的应付心态，盲目阅读，到边思考边阅读，边阅读边实践。

2. 自主发展读，增强个人魅力

教师自主学习只能依靠大量自主阅读。教师要把专业阅读作为一种研读，即教师通过一本书来获得一种新的教育理念，运用阅读获得理念来审视自己的教育教学行为，通过实践经验来形成自己独特的风格，通过阅读书籍来增长知识、丰富世界观。我校在教师中开展"走近名师大家"和"整本书阅读"的读书活动，利用四叶草平台与同伴、学生和家长分享。大家互相学习，欣赏，形成一种良好的阅读氛围。学校领导班子会肯定教师的学习收获，把"欣赏"渗透在一点一滴，让欣赏别人，欣赏自己成为每位教师自觉的行为。

（二）以人为镜，提升自身

随着社会竞争的日益激烈，随着家长对优质教育需求的不断增高，随着教育领域综合改革的不断深化，教师的教学功力就是一张名片。

教师们以身边的教师为榜样，努力提升自身、互相学习，这是我校的常见画面。我校的一位青年教师身为书法老师，字已经很漂亮了，但仍然拜师学艺，经常跟同办公室的老师研磨书法，书法水平有了很大提升。

三、文化认同，知行合一

学校的主人翁是谁？是学生！我们学校的一切工作都要围绕学生的发展和未来进行。学校的品质由谁决定？由学生的素质决定。学校要做学生需要的真实的教育。

（一）学生需要什么样的教育

1. 学生内心需要什么

在学校里，最让学生自豪的事情是什么？

在调查中，46.19% 的学生表示，最让他们感到自豪的是可以帮助身边的人解决问题，有一群好朋友。只有 21.07% 的学生认为，考试取得好成绩或在竞赛中取胜是最值得自豪的事。

在学校里，学生最希望得到怎样的评价？

25.52% 的学生希望被评价为"人品好，值得信任"；22.54% 的学生希望获得"积极热情，热心为大家服务，有公益精神"的评价。相比之下，只有 11.21% 的学生希望成为"学习能力强，让人仰望的学霸"。

从这两道题目的调查中可以看出，学生渴望成为集体中有用的人，能够帮助别人解决问题，做有益的事情，值得别人信任。

2. 学生喜欢什么样的老师和课堂

"假如你是老师会怎样？"从对这一有趣的题目的回答中，可以看出学生的内心世界。

34.46% 的学生表示，自己会像朋友一样对待学生，听他们说心里话；25.7% 的学生希望成为讲课生动有趣的老师，让自己的学生享受学习的乐趣；17.96% 的学生想做不偏心的老师，尊重每一个人，民主地管理班级。

学生最喜欢什么样的课堂？

79.22% 的学生表示，他们喜欢能够启发自己思考的互动式课堂，可以分成小组讨论、实践，有分享和提问的机会。7.66% 的学生最喜欢"老师侃侃而谈，从头讲到尾"；10.08% 的学生最爱课堂上的"各种多媒体手段"。

由此可以看出，学生喜欢尊重自己的老师，自己能够进行更多思考的课堂。

面对学生的这些需要，我们教师要怎么做呢？

（二）为欣赏教育理想持续奋斗

随着学校青年教师队伍的不断壮大，对于教师的职业理想教育绝不能仅限于入职初期，而应成为一项永远的工作。学校向教师推行了"首缘服务制""八项承诺制""多元学习制""基本功常练制"等。

1. 重温初心，坚定理想

在欣赏教育的办学理念下，史家小学通州分校的制度中有教师的八项承诺，我们经常重温，坚定教师最初的理想，尊重每一个孩子，给每一个孩子机会。

对孩子微笑——保证任何一个孩子不受到冷落和歧视；与孩子交谈——做到每一个孩子都能和老师平等对话；教孩子求知——能耐心解答孩子提出的每一个问题；让孩子自主——尊重孩子的意志，张扬孩子的个性；给孩子机会——保证每一个孩子的特长都能得到充分展示；为孩子着想——帮助有特殊困难的学生完成学业；帮孩子明理——让每一个孩子在体验中辨别真、善、美；替家长分忧——让孩子在校园生活愉快、安全。

2. 落实承诺，诠释教育

大家是怎样落实这些承诺的呢？为了让大家内化欣赏教育内涵，改进行为，诠释教育的含义，我校开展了多种小活动。

（1）主题职业理想培训会。每学期都组织一次主题职业理想培训会，如2015年12月，我们组织了"且学且行共话成长"分享交流会，骨干教师肖辉、青年骨干教师魏亮、孙旭等4人一同分享了自己的成长历程。2016年11月，学校组织了"路在脚下"主题培训，引发教师们思考"为什么同样的教师、同样的环境，大家走出的路却是不同的？"

（2）5分钟小讲坛。每次例会或教研组活动时间，教师将学习到的欣赏教育文章，摘抄的学习笔记或实践案例、反思，与大家分享。

（3）骨干教师讲坛。每月安排一名骨干教师介绍自己教育教学经验。这个讲坛营造了教师们互学、互帮和共同提升的团结协作的氛围。

（4）欣赏教育大家谈。每学年，学校征集欣赏教育叙事故事，组织"欣赏教育大家谈"，展示交流一年中教师践行欣赏教育的小故事。

通过多种形式的欣赏教育思想的传递，我们更新了观念、转变了行为，努力用自己高尚的人格去感染学生。

（三）让欣赏教育理念落地开花

在教育领域综合改革大潮中，"教学"的意义发生了很大变化，今天的"教学"更多地是指"课程建构"。面对城市副中心的教育背景，教师不仅要会上好课，更要会挖掘资源开发课程，把学校办学理念融合到课程中，再浸润到学生心中。

1. 高端引领，围绕特色做文章

面对城市副中心的巨大变化，如何激起城市副中心的孩子们知家乡、爱家乡的情感？我校集体开发了"美在通州"的实践课程。从三年级开始，孩子们在地方课程"通州社会"中，了解了一些关于通州的历史、人文的发展状况等，但在孩子们的头脑中，"通州"可能仅仅是个家乡的名称而已。作为通州未来的主人，对通州的认识不能停留在书本上，了解通州的历史，发现、欣赏和感受通州的美丽与巨大变化，真正产生热爱家乡、建设家乡的情感势在必行。联系学校的校训——美是到处都有的，我们将主题确定为"美在通州"。通过引导学生查阅资料、调查采访、参观体验等，了解通州的历史；走进通州的美丽景点、名胜古迹、特色乡村；接触通州名人；品尝特色小吃；发现通州问题等，培养学生学以致用和到生活中学习的意识，锻炼他们发现美、欣赏美、分享美、表现美和创造美的能力，让他们产生热爱家乡的情感体验。2016 年 4 月，在北京市教委组织的跨学科实践活动研讨中，我校受到了专家的一致好评。

2. 百花盛开，提升学校办学品质

学校的引领和指导给教师了极大的信心，大家根据自身兴趣和学生特点自主开发了独具特色的课程，让学生在课程学习实践中体验学习的乐趣和思考的意义。

例如，学生从五年级开始学习老舍的《趵突泉》《猫》《草原》等文章，我校教师张玉秀就开发出"走近老舍"语文实践活动课程，收集老舍相关资料、参观老舍故居、品读老舍散文集、小说集、观看话剧《茶馆》并模拟表演片段，从一篇课文到一位作家、一段历史、一种文化，学生多角度、全方位地认识了著名作家老舍，有效帮助学生转变学习意识，使他们懂得学习语文不能把目标局限在书本上，要走进生活、走近作家，使学生在熏陶感染的过程中增加文化积淀。

如果每一位教师都自觉地修炼品行、提升品位、打造品质，那么全校教师就会有一个共同的气质，那就是自信、阳光，欣赏自己、欣赏别人，成为史家小学通州分校品牌代言人，为学生带来更温暖的教育。

青年教师培养的有效机制与实施策略

北京小学通州分校　刘卫红

一、青年教师队伍能力提升迫在眉睫

2018 年 9 月，习近平总书记在全国教育大会上提出了"五育并举""六个下功夫"和"九个坚持"。学校以立德树人为宗旨，基于育人目标，构建活力课程体系，以活力课程建设作为统领学校工作的重要突破口，探寻出了学校课程发展的"三化"路径，即教育内容"课程化"、核心素养"校本化"、课程结构"体系化"。为了实现活力课程的教育功能和教育价值的最大化发挥，需要教师团队具有较强的课程研发与实施能力、课堂教学实践能力、课题研究能力。我校青年教师知识结构新、专业基础好、思想活跃、创新思维强、接受新事物快、富有朝气、精力充沛、充满活力，但他们教育教学经验少，教学技能和驾驭课堂的能力有待提高，教师成长的周期化与城市副中心教育的高要求存在矛盾；高素质家长群体的要求，对活力教育的高期望值与教师队伍年轻化也存在矛盾。

青年教师的成长是实现学校发展的关键。目前，我校工作在 10 年以内的青年教师有 65 名，占学校教师总数的 50.8%，前期对青年教师成长尽管很关注，国家也出台过很多激励政策，给予更多关心和指导，但青年教师发展的进程缓慢，在撰写论文、案例、课题上参与者寥寥。究其原因，主要是青年教师的培养缺乏长效机制，培养的目的性不强，方式、活动针对性不强，内容零碎，形式较多，势必影响教师的专业持续和有效发展。因此，促进青年教师专业成长，根据现代教师专业素养的基本构成要素，从专业信念、专业知识、专业能力等方面建构主题内容，有计划地、有针对性地对教师进行分类推进，分层培养，探索有效的培养机制和模式，是实现青年教师有效培养的理想选择。

二、重建青年教师培养的有效机制

基于以上的理解和认识，我们提出了建构科学培养机制的研究课题，旨在改变我校当前青年教师队伍培养的现状，建立扎实有效的青年教师培养机制。

研究问题确立为"建构科学培训机制，促进青年教师成长的研究"，其中包括两个子问题：影响青年教师健康、快速成长的因素研究；青年教师培训方法的研究。

本课题中的关键概念解释如下。

建立培养机制。所谓培养机制是指培养时探索其内部组织和运行变化的规律，遵循相应的规律和采用相关的手段，以实现特定的目标。所谓教师主题式培养机制是指根据教师的成长规律和专业发展的基本要素，确定教师专业成长的主题内容，构建与之相适应的培养模式、内容、方法、策略和评价等要素有机统一的培养机制。

专业成长。华东师范大学叶澜教授认为，教师的专业素质至少包括与时代精神相通的教育理念，并以此作为自己专业行为的基本理性支点；多层复合的专业知识结构；多方面的教育智慧和能力。而教师专业成长的标志：确立与新课程相适应的教学观念、教学信念；构建体现新课程理念的教学方法、教学模式、教学风格；形成驾驭新课程教学的有效经验、教育智慧；具备校本课程开发的知识和能力；具有众多个性化的教学故事和案例。因此，青年教师要又好又快地成长必须有终身学习的思想。

校本研训。以校为本的"研"和"训"，也就是"校本研究"和"校本培训"的有效整合。所谓"校本研究"，就是教师为了改进自己的教学，教室中发现某个教学问题，并在教学过程中以"追踪"或汲取"他人的经验"的方式解决问题；所谓"校本培训"，是指在教育专家指导下，由学校发起、组织和规划，以提高教师教育教学和教育科研能力，促进学校发展为目标，通过教育教学和教育科研活动方式来培训学校教师的一种校内在职培训。

学校可持续发展。"可持续发展"从字面上理解是指促进发展并保证其具有可持续性。持续（Sustain）一词来自拉丁文 Sustenere，意思是"维持下去"或"保持继续提高"。可持续发展的内涵是极为丰富的，主要表现在三个方面：可持续发展的公平性内涵；可持续发展的持续性内涵；可持续发展的共同性内涵。学校可持续发展的关键在于教师队伍的可持续发展，教师可持续发展的能力是学校进步和发展的前提。对教师的培训不再停留于适应性的培训和教师基本功的培训，而是侧重强化教师的可持续发展能力。

通过本课题研究，定期组织研讨会、辩论会、教学论坛；组织听课、评课、说课、优质课和观摩课等活动，把实践研究与教师能动的活动结合在一起，避免课题研究从报告中开始，又在报告中结束的不务实际的做法。

三、青年教师培养的具体策略

抓好青年教师的培养，是实施新课程改革、全面推进素质教育的需要。要推行新课程改革实施素质教育，必须先培训出高素质的教师。

（一）基于学校定位确立培养策略

我校是通州区定位现代化国际新城、北京城区副中心规划后的第一所名校办分校小学。其基本定位是与通州现代化国际新城、北京城区副中心同步发展，并力争超前，以适应现代化国际新城建设对人才的需求。这对学校的发展和教师的专业发展提出了高要求。作为基层学校，积极探索教师专业发展的有效途径和办法，使其在教师专业化发展进程中发挥积极的作用是创建品牌学校的首选措施，更是学校可持续发展的需要。在通州区教委和研修中心的关心与支持下，我校成为通州区"教师专业成长研究与实践校"。这既是上级对我校以往教师专业培养工作的肯定，更是对我校未来教师专业培养工作的期待。我校坚持"科研兴校"的理念，以科研课题的方式使"教师专业成长研究与实践校"向着更好的方向发展，是学校发展、教师发展的需要。

学校是每个学生的栖身与学习之地，学校的教育方式与手段对学生的影响极大。学生专业知识水平的高低，很大程度上受教师知识水平的制约。因此，只有每一位教师，尤其是青年教师刻苦钻研业务、提升业务能力、拓宽自己的知识领域、把一些与教材内容有关的新知识适当地补充在学生学习之中，才能让学生获得全面发展。

（二）基于青年教师队伍情况分析确立实施思路

学校的青年教师虽然学历达标，但存在着部分青年教师的教学能力弱和水平低，甚至不达标，缺乏教育教学经验和能力等问题。不过青年教师可塑性很强，有效地抓好青年教师的培养，使他们掌握新的教育理念和教学方法，能为新课程改革和实施素质教育奠定坚实的基础。应科学分析青年教师队伍情况，找准制约青年教师发展的内因，制订青年教师培养计划。

青年教师作为学校实施教育教学的主力军，其专业发展尤为重要。然而，现在青年教师在成长中出现了一些共性问题：专业研究主观能动性不强，不善于总结教学得与失，撰写教学论文、发表论文的意识淡薄。青年教师参加了各类培训，但没有很好地理解和消化学习内容，导致在教育教学中难以落实。从青年教师现状分析，部分青年教师缺乏自我发展的内在动力，原因如下。

第一，经过一段时间的教育教学实践，他们对学校教学活动有了一定了解后，认为教学工作不再有很大的挑战性，自己的知识教小学生绰绰有余，于是不再注重学习、读书和研究，将更多的时间花在上网聊天、娱乐和网购等上。

第二，部分青年教师工作几年后，通过自己的努力在教学上取得了一定的成绩，骨干教师评上了，职称也评上了，便对自我发展缺乏再进一步的内驱力，于是什么活动也不愿主动参加，出现了"高原期反应"。

第三，人才选拔制度的放宽使一些非师范类教师通过一两年的努力跻身教师队伍。这类教师从未接受教育学专业培训，专业研究意识淡薄，专业能力欠缺。此外，生活的压力在一定程度上也会影响专业发展。

（三）全方位落实干预措施

基于上述分析，如何改变青年教师队伍的现状，促进青年教师主动发展、尽快成长？依据学校计划，青年教师制定每年度个人发展规划，按计划层层推进，以此达到全面培养目标。加强青年教师培养方法的研究，培养过程中做到全面关注，选取重点培养对象，重点培养；培养过程有策略，做到以"点"带"面"，共同进步。

1. 精神塑造唤起青年教师职业自豪感

教育意识和职业信念是教师工作的内驱力，也是青年教师成长的最关键要素。我们将以一个"导"字为准绳，加强对青年教师的精神塑造，以唤起他们的职业自豪感、幸福感。计划以"青年教师自主发展"为主题，以"演讲会"或"座谈会"的形式进行专题交流、探讨，对青年教师进行理想教育，传递给他们这样的信息——"学校为你的存在而骄傲"，激励青年教师成为令自己学校感到骄傲的人；通过讨论和学习"职业生涯规划"、名人名言，帮助青年教师树立职业认同感，体验"教育是太阳底下最光辉的事业，教师是良心的事业"的真正含义。让青年教师有机会倾吐教育过程中的喜怒哀乐，从内心深处唤起职业幸福感，增强责任心和荣誉感；同时，鼓励青年教师学习优秀师德材料，拜访优秀教师，用优秀教师现身说法，激励青年教师树立成为一名优秀教师的崇高理想。

2. 分类培养、分年推进提高青年教师专业水平

只靠工作热情承担不了"百年树人"的重任，只有不断培养和提高各梯队教师的业务能力和知识水平，才是培养青年教师工作的关键。

（1）第一阶段：2019—2020 学年度。

目标：建立青年教师培养梯队，开展活动，营造氛围，让青年教师行动起来、参与进来，形成在竞争中成长的良好局面。

具体措施：

①夯实"三个一"（写一笔好字、练一副好口才、写一手好文章）基本功，落实青年教师"五个一"（做一本规范的教案、讲一节校级汇报课、写一篇深刻的反思、读一套教育丛书、完成一篇合格优秀教学设计）活动，要求青年教师多读书、多写作、多反思、多总结，不断提高自身的教研水平。

一是制订读书计划，明确读书任务，写出读书随笔。

二是以名师为榜样，研究名师授课，写出成长感悟。

三是整理自己在教学中的教育故事，写出案例评析。

四是开展小课题研究，在研究的过程中实现个人成长。

②为青年教师结对子，学校采用"自我培养、外力援助"的方法，为青年教师配备一名指导教师，指导教师在青年教师成长中遇到问题和困难时给他们出点子、指路子，为他们排忧解难。

一是师徒结对后，指导教师每学期期初与指导对象共同制订好学习计划，期末应写好学习小结，并按时交教务处存档。

二是指导教师需耐心指导，尽心尽职。平时应多关心青年教师的日常工作，包括备课、批改、业务知识学习等各个方面。对青年教师的备课、讲课要把好关。每月至少听取结对青年教师研究课一节，并及时进行评课、指导。

三是青年教师要好学多问，勤思多写。每月至少听取指导教师示范课一节，并写好听课反思。每月至少向指导教师汇报一节研究课，要结合指导教师的评课及自己的思考，及时写好教学案例或教学反思。

③举办青年教师课堂教学比赛，以提高授课水平为出发点，要求全体青年教师高度重视、认真准备、积极参与。制定课堂评价标准，成立评委小组，公正、公平、公开地评价每一堂课。根据比赛结果，选拔重点培养对象，对薄弱教师进行跟踪指导。

④搭建展示平台，展示工作中的成果，激励其工作的积极性、创造性。

一是举办青年教师常规教学和教研成果展示会。

二是开展教学反思、教学案例、读书心得交流会等活动。

三是开展青年教师教学基本功比赛活动。

⑤加强过程性监控与管理，高标准、严要求，确保各项工作落到实处。

（2）第二阶段：2020—2021学年度。

目标：根据上一学年青年教师的综合表现情况，各学科选拔1~5名教师作为学校骨干；选拔6~10名教师作为区青年骨干加强培养。

具体措施：

①继续夯实"三个一"基本功，落实青年教师"五个一"活动。

②发挥师徒结对的作用，促进青年教师成长。

③提供外出参观、学习的机会，创造机会让第一梯队的教师多走出去，开阔视野、增长见识、更新观念。要求把外出学习的收获整理下来，写出感悟，介绍给其他教师。

④请区教研员等专家到校开展专题讲座，对青年教师的课堂教师进行指导，对这部分年轻骨干教师进行量身打造。

⑤积极参与区级以上举办的各类教学比赛，在大的舞台上展示自己、崭露头角。

⑥成立指导小组，专门对这部分教师进行指导，加强精细管理。

（3）第三阶段：2021—2022学年度。

目标:培养出校级骨干教师15人，区级青年骨干教师15人，区级骨干教师5人。以点带面，推动青年教师整体发展。

具体措施：

①合理安排青年骨干教师的工作，保证各学科都有优秀的年轻骨干教师任教。

②发挥骨干教师的模范带头作用，成立帮教小组，形成"一帮一""一帮多"的帮教模式，让其带领其他青年教师和老教师共同进步。

③继续开展公开课的展示和指导工作，教学研究上做足文章。

④整理总结自己的成长经历和感悟，做典型发言。

四、青年教师培养的阶段反思及展望

课程改革给教育界带来的最大挑战莫过于对"教师专业化"的挑战。青年教师是学校发展的生力军，是实现活力教育特色办学理想、实现课程育人价值的重要保证，是建设实活相济高效活力课堂的重要力量。青年教师专业素质的提升，要在学校情境和教育实践中去提高。教师的专业发展只有与学校改革及教育实践紧密结合起来，才能真正得以实现。

促进青年教师思想转变，激励教师敬业与奉献，鼓励青年教师参与教学改革和部门建设，提高青年教师的主人翁意识和责任感，使其成为学校发展的生力军，推动教师队伍的全面发展。

通过对学校青年教师队伍的科学分析，形成青年教师培养梯队，分层培养、分类推进，加大各级骨干教师后续力量的培养，促进骨干教师队伍的不断壮大。三年内，培养校级骨干教师 15 人、区级青年骨干教师 15 人、区级骨干教师 5 人。

通过师徒结对，为青年教师解决成长中遇到问题和困难，指导教育教学工作，提升了职业幸福感和专业素养。

利用多种资源，鼓励青年教师不断学习，通过多读书、多写作、多反思、多实践、多总结和多交流等方式，促使青年教师开阔视野，提高研发课程、驾驭课堂的能力。

为青年教师的成长搭建平台，定期举行教学研究活动和各类评比，开展教师座谈会和教学沙龙，不断提高青年教师的教学水平和素质。

青年教师队伍建设直接影响学校的持续发展，因此，构建着眼于青年教师专业成长、服务于青年教师成长的教师培养机制，是实现青年教师专业发展的必然要求。

激发教师发展内驱力的策略研究

北京市通州区宋庄镇中心小学　武志松

一、学校管理面临的挑战

（一）相关政策要求

"教师是教育的第一资源，是关键、是基础、是保障。"教育的发展离不开教师的发展。以习近平同志为核心的党中央高度重视教师队伍的建设，《在 2017 年全国教书育人楷模及优秀教师代表座谈会上的讲话》中指出：教师是立教之本、兴教之源。党和国家需要一支宏大的师德高尚、业务精湛、结构合理、充满活力的高素质教师队伍。教师的专业发展是国家、社会和学校共同关心的话题。

（二）教师专业发展需要激发其内驱力

我校一直在课程建设、教师队伍建设等方面存在问题：一会儿抓课程，一会儿抓教师，一会儿抓教学，一会儿抓德育。这种做法只见树木、不见森林，忽视了学校文化的引领作用。

各个教育部门也紧密围绕政策方针，积极开展各项培训。近年来，我校一直紧密围绕教师队伍建设开展工作，坚持以促进教师专业发展为主，致力于培养教育教学高水平人才。我校采取"常规培养、重点打造"的策略，积极组织教研活动，借助活动，助推教师听好课、备好课、讲好课；请"专家"走进来开展讲座，提升理论修养；派教师"走出去"，学习先进经验；投入物力、财力、精力进行师德培训、教育学与教育心理学专业培训。

学校在管理过程中虽取得了一些成绩，但也暴露出很多问题：中层干部忙于会务、工作纷繁复杂，抓不到要点；教师被动接受安排、理念认同感低，于是出现了"高频率参与学习，低效率提升素质"的状况。

一名教师全面发展的关键还是发自内在力量的主动发展，自身的内驱力是最为重要的。基于这样的现实，我们认为唤醒教师主动发展的内驱力是十分必要且重要的。

二、确定研究问题

（一）对问题的初步分析

1. 首先，要明确哪些是管理层需要解决的，哪些是教师自己可以解决的，哪些是需要学校领导、家长和学生一起努力解决的，哪些是目前无法解决的

教师缺乏主动发展的因素，主要可以归纳为两大点：外部因素和内部因素。外部因素主要分为校内因素和校外因素。在学校内，一所学校的工作氛围、学校的文化与理念定位、评价与管理方式和同事之间的情感因素，均是影响教师主动发展的关键因素。在校外，教师的主动发展受学生、家长与社会人员对于教师工作的评价和地位认可程度，以及教师自身经济收入和社会角色定位等社会因素的影响。从自身方面讲，一名教师的职业理想、职业信念、职业道德与职业热情是其是否主动追求自身发展的关键所在。

2. 其次，要明确哪些是技术问题，哪些是思维方式问题

受传统教育教学模式的影响，教师的专业发展更多的是被动学习培训模式。教师本身也常年在习惯中故步自封，缺乏自我追求与主动发展的意识，"听安排""安于现状"的思维方式急需解决。

3. 最后，要明确哪些是主要问题，哪些是次要问题

主要问题：

教师主动发展的内驱力与学校管理机制的关系？

教师主动发展与自身职业规划的关系？

教师主动发展与教育情怀、教育理想的关系？

自主学习与自主发展内驱力的相关程度？

次要问题：

教师主动发展与学生家长认可程度的关系？

教师主动发展与其经济收入的关系？

内因是变化的依据，外因是变化的条件。教师的专业发展需要自身积极主动追求实现。因此，打造合适的环境、激发教师内驱力是教师队伍建设的关键所在。

（二）确立问题和重要概念界定

经过分析之后，我们将研究的主要问题确立为"打造一个什么样的环境，创造一种什么样的管理机制，利于唤醒教师主动发展的内驱力？"

内驱力是源于心理学的一个术语，就是驱使个体去从事某项活动的内在动力。美国教育心理学家奥苏贝尔在对教育心理进行研究时，将内驱力分为认知内驱力、自我提高内驱力和附属内驱力。其中，认知内驱力是指理解知识及系统地阐述问题并解决问题的一种初期需要；自我提高内驱力是指个体因胜任能力或工作能力而赢得相应地位的一种需要；附属内驱力是指为了获得赞许或认可表现出的认真工作的一种需要。同时，他认为，人类这三种内驱力同时起作用，但是其影响程度会随着年龄、性别和社会阶层的呈现地位等因素的变化而发生变化。

三、激发教师发展内驱力的策略

（一）完善制度，保障教师主动发展

为了进一步提高青年教师的岗位责任意识，我校完善、落实了《学校制度汇编和岗位职责》，强化岗位职责，规范管理行为；建立完善各项评聘、考核制度，通过制度落实，实现学校稳定、持续地发展，树立正气，保持教师专业成长的持续动力。

（二）树立榜样，激发教师主动发展

有什么样的好榜样，就会形成什么样的氛围。榜样是方向、榜样是前进的力量，榜样体现的是教育的情怀与格局。以不同岗位的突出成绩，激励教师成长。每学期，评优、评先、评"十佳"，印发《光荣册》《教学成果集》《教师光荣榜》《特殊贡献奖》《青年教师风采集》，对优秀教师隆重表彰，促使青年教师在工作中发扬优点，改正不足，在扬弃的过程中提高；充分发挥先进典型作用，调动工作积极性，延续他们专业成长的后劲儿。我校现有"运河人才"1人、市级骨干3人，区级骨干11人，

镇校级骨干多人，骨干人数和学科分布呈现逐年上涨的态势。我校充分发挥发挥他们的带动和辐射作用，发挥他们的先锋模范作用，让青年教师有目标可学、有愿景可想，达到"以一个人的成功进步为载体，推动教师团队的发展，推进学校工作开展"的目的。

（三）建设团队，帮助教师主动发展

学校坚持"看到你进步，才是我进步"的办学理念，努力形成"取人之长，补己之短；扬己之长，助人发展；互动合作，共同发展"的和谐的教师团队。在校本培训体系下，学校根据青年教师自身发展的需要，依托学校的现有资源和优势，为广大青年教师创设更多的交流、学习、磨炼、展示的机会，搭建互助成长的平台。

开展"定目标、促成长"活动，搭建青年教师自主学习和互助合作的平台。主要包括5个环节：定目标、结对子、促学习、勤交流、树榜样。定目标：入职教师结合自身的特点，向优秀教师看齐，制定三年发展目标，依据目标努力实施。各完小起到扶持、帮助、指导和检查的作用。中心校每学期对应届新教师的计划完成情况进行检查，有反馈、有跟进。结对子：每位教龄不满三年的教师，结合学科特点认一位师傅。促学习：积极为新教师提供完小级、中心校级、市区级的学习、培训、展示的机会。中心校统一下发优秀课例光盘、优秀教学刊物到各完小，组织新教师学习并写好学习记录。各完小充分利用好电子学习室，采取自主与集中的学习方式，明确学习主题，在新教师中营造出浓厚的学习氛围。勤交流：充分利用教科研组活动的时间，组织教师进行学习、交流、研讨活动，展示学习的过程，共享学习的成果。坚持开展"走出去、请进来"的学习培训活动，坚持做到"外出必反馈、学习必交流"。每学期组织两次新教师座谈会，畅谈生活、工作中的得与失。QQ群、微信等网络交流方式让沟通更便捷，更具实效，发挥"互联网＋"的优势，努力实现"通过同龄人的进步带动教师整个群体的进步"。树榜样：通过橱窗、光荣册、风采集、经验成果集、校报、展示活动等树立典型，宣传学习榜样，激励广大青年教师不断进步。

我校通过上述举措，有效实现了"目标引领青年教师自主成长，新老教师合作相伴成长，互动交流群体共同成长"的目的。每位青年教师努力做到"心中有目标，工作有要求；心中有目标，工作有思路；心中有目标，眼中有学生"。

（四）搭设平台，允许教师主动发展

校本培训是我校青年教师成长的核心培训平台，多角度、多层面地帮助青年教师，有效激发积极性，挖掘潜力，实现基础、互动、组合、优化作用。我校的校本培训平台由"完小培训、中心校培训、市区级培训"三级培训组成。

1. 完小培训

完小培训做到"四定"：定时间、定地点、定专题内容、定中心发言人。"四有"：有计划、有记录、有过程材料、有总结。"四突出"：突出励志教育、突出"1~5教学基本思路"、突出榜样作用、突出实效。开展多种形式的活动，学习教育教学理论和实践经验，普及推广教育教学成果，达到"以一节课或一次活动为载体，推动课堂教学研究工作，提高课堂教学质量"的目的，实现成果普遍开花。鼓励完小结合本校特点和教师重点关注问题开展活动，提高校级培训的自主性和针对性，中心校加强各完小的展示交流和经验共享。

2. 中心校培训

（1）学科年级组培训。发挥各年级组长或学科组长的作用，探索实施年级负责制。给予组长自主开展教研活动的权利，教学工作层层抓，人人抓，争取做到每一个年级不掉队，每一名教师不掉队。每学期，评选优秀学科年级组、年级组长。

（2）两个"中心"建设。强化中心校和中心组建设，打造领军人物。以中心校为龙头，充分发挥引领、示范、辐射作用，带动各完小的建设。把有发展潜力的教师和有影响力的教师吸收到镇中心组，形成梯队管理。每个月，组织中心组活动，中心校教学主任直接负责，努力打造出一批业务精良、师德高尚的年轻骨干教师。争取每一学期都能把中心组的教师推到更高的舞台，使中心组成为打造领军人物的阵地。

3. 市区级培训

依托中心校和中心组建设，创造条件和机遇，积极向"区核心组和区中心组"输送教师，给适合的教师创造更好的学习机会和发展空间。把有特长、有能力的新教师积极向区教研团队推荐，鼓励青年教师"走出去"，帮助青年教师去更广阔的天地体验和学习。

学校经过一段时间探索，初步取得成效。总结成功的经验，主要有四点。

第一，激发主动发展的内驱力。充分发挥榜样作用，从身边典型入手，树立榜样，带动教师追求自我发展的积极性。

第二，保持主动发展的内驱力。借助活动，对老教师"捧"、对年轻教师"练"、对骨干教师"赞"，增强实干精神、在实干中长经验、长智慧。分层培养教师，各得所获。充分发挥不同教师的作用。

第三，提升主动发展的内驱力。以学科为抓手，为教师发展提供平台，助力发展。

第四，留住主动发展的内驱力。以信任为基础，放手自主学习，提升教师教学能力，提供自主发展的空间、时间。

促进小学成熟期教师专业发展的实践研究

北京市通州区东方小学　何永彤　孙亚桂

北京市通州区东方小学是一所有着近四十年历史的公办小学。学校现有专业教师 143 人，平均年龄 41 岁。其中，教龄 10 年以上教师 115 人，占教师总数的 84.6%；取得一级以上职称教师 84 人，占其总数的 73%。我校教师平均年龄偏大，因此成熟期教师的专业发展水平直接影响学校的教育教学水平。在学校整体平稳发展的同时，学校希望建立一种长远有效的激励机制，探寻一条适合成熟期教师专业成长的发展道路，进一步促进成熟期教师专业发展，进而提高学校的师资水平。

一、成熟期教师的界定

成熟期教师是指专业发展到"成熟阶段"的教师，最早出现在美国学者凯兹关于学前教师的专业发展阶段理论中。从 20 世纪 50 年代末至今，国内外多位学者对教师专业发展阶段进行研究。通过他们的研究发现，成熟期教师一般具备以下特征：

第一，教学年龄一般在 10 年以上。

第二，有自己相对稳定的教学风格，工作和教学能力也已经达到了一定相对稳定的水平。有丰富的教育教学经验，能精准分析教材，能全面关注学生的个性差异，能很好地完成教学工作。

第三，专业发展处在高原期，容易产生自我满足而停滞不前，也有可能在原有基础上专业发展更上一个台阶。

对照实际情况，我校对成熟期教师的界定：教龄满 10 年；具有良好的职业道德，掌握系统的专业知识和专业技能；初步具备科研能力，能在教师中起引领示范作用；初步形成自己的教学风格，成熟且有提升潜力的教师。我校成熟期教师包含教研组长，市区校三级骨干教师，区青年骨干及初具特色的教师，共计 42 人。

二、对成熟期教师专业素养进行测评

为了解成熟期教师的专业素养现状，课题组基于《小学教师专业标准（试行）》研发了《成熟期教师专业素养评价指标》并对 42 名教师进行了前测。

评价指标分为课堂教学、科研能力、引领示范、人际关系四大维度共 59 个指标，对成熟期教师专业知识、专业能力、科研能力、引领示范能力等进行测评。通过前测，我们了解到，我校成熟期教师专业知识、专业技能、专业情意和学生、家长、同事多方满意度均能达到优级。主要存在两方面问题：一是科研能力不足，集中体现在每学期论文发表篇数少、参与学术研讨活动少、阅读专业书籍或期刊少、课题研究相关知识与方法不了解等；二是教学风格不突出，87.7% 的教师在"个性鲜明，特色突出"一栏打分为"优"，但却没能写出"特色之处"。这说明，教师有形成个人特色的意识，但缺少深入思考和剖析。

因此，如何提高成熟期教师的科研意识和能力，挖掘成熟期教师的教学特色非常重要。工作坊的成熟期教师都根据前测结果进行了个人自我分析，完成"自我分析表"。对自己的专业现状、优势与不足、爱好、特长、困惑、个人风格、研究意向等进行深入细致的阐述，明确了专业发展方向，制定了专业发展目标。

三、促进成熟期教师专业发展的措施

课题组根据成熟期教师专业素养测评的结果，确定了促进学校成熟期教师专业发展的措施。

（一）通过校本教研活动，提升成熟期教师学科教学能力

我校围绕"以学生为本，聚焦实际获得"的教研主题，创新校本教研形式，努力使教研活动内容专题化，学习主题序列化。

第一，组内集体备课，达成共识。优化教学设计，转变教与学的方式，形成切实可行的课堂教学方案；同时，将课堂上遇到的问题带到集体备课中交流，从而实现高效课堂与校本教研相互促进、良性循环。

第二，研磨课堂，规范环节。在集体备课时，重点研究教法、学法，将课前课后说课相结合，解决课堂中遇到的共性问题，夯实校本教研。

第三，注重反思，总结经验，积累案例。教师及时将反思课堂教学的成败梳理成案例，以此促进教学质量的提高。

（二）利用网格化课题研究模式，提高成熟期教师教科研意识与能力

第一步，学校聘请专家为成熟期教师做研究方法的指导，改变教师对于理论学习的习惯看法，大大提升了工作坊成员课题研究的积极性。

第二步，面向工作坊成员，分坊课题研究，形成研究团队。各分坊结合坊内成员自我分析表的研究意愿，确定分坊研究课题。

语文组确定了"小学中高年级语文课堂提问策略的研究""运用'双主'教学模式提升学生思维品质的实践研究"和"挖掘教材文化资源，提升学生人文底蕴的实践研究"三个研究团队。数学坊基于教师在课堂教学中没有充分运用几何直观培养学生数学素养的现状，确定研究课题为"几何直观在小学数学课堂教学中的运用研究"。英语坊基于小学生对英语某一话题的表达缺少思路，确定了"运用思维导图提升小学生英语思维品质的实践研究"。科任坊基于成员分布在不同科任学科，确定共同研究课题为"运用微课提高课堂实效性的实践研究"。

第三步，面向个人，"一对一"的课题指导。学校成立了"课题指导小组"，由教科研主任牵头，教科研骨干教师参与。指导小组随时对成熟期教师课题研究中遇到的问题进行一对一的指导，帮助其提高课题研究能力。

（三）固化成果，进一步挖掘教师个人特色

我校形成《东方小学特色教师工作坊实施方案》，完成了《特色教师工作坊成员手册》和考评量表的制定，便于成员积累过程性材料、形成成果。学校通过特色教师工作坊，塑造特色教师。在成熟期教师中，有些教师已初显个人风格。例如，杨帆老师文学底蕴深厚，是通州区传统文化名师工作室的成员，也是我校国学组的核心成员。于是，课题组为她搭建展示的平台，在全校班主任工作会上做"国学经典打造典雅班级"的经验交流。她的特色塑造个人案例也发表在《教育》杂志上。

（四）师徒"立体培养模式"，提高成熟期教师指导示范能力

我校将原有的"平面培养模式"改为"立体培养模式"，实行一师多徒或多师

一徒制。师徒结对方案中明确规定了师傅的责任和徒弟的任务，以及考核管理办法。这使成熟期教师能够充分发挥自身优秀的指导能力，承担培养青年教师的职责。不仅如此，成熟期教师还与"手拉手"学校永乐店中心小学教师结成师徒对子，多次通过"手拉手"教研活动上师傅示范课及对徒弟进行课堂教学指导，既发挥引领示范作用，又提高了带徒弟的能力。

学校将继续加强成熟期教师专业发展的案例研究，将成熟期教师个人专业发展的过程进行梳理。下一阶段，针对成熟期教师的管理机制，学校还要进行深入研究。

潞苑小学教师队伍建设实践探索

北京市通州区潞苑小学　刘会民

2017 年 5 月，伴随着北京城市副中心建设的提速，通州区潞苑小学正式成立。三年来，我们坚持"科学管理、文化立校"的管理思路，坚持"边改造、边办学"的办学策略，一手抓学校硬件建设，一手抓学校内涵发展。学校在习惯养成教育、传统文化教育、学生阅读素养提升等方面初步形成了工作特色；尤其在文化理念确立和教师队伍建设中取得了可喜的成绩，开启了潞苑小学发展的新篇章。

对于一所学校的发展而言，教师的重要性不言而喻，营造积极上进的教师文化是一所学校内涵发展的重中之重。作为一所新建小学，创造一种什么样的教师文化，是积极的还是消极的，是保守的还是创新的，是个人化的还是倾向于合作的，这直接决定了这所学校教师的生命底色，也关乎教师的专业发展潜力与学校的未来发展。

一、明确学校文化理念，使师生的成长有方向

（一）坚守教育信仰

小学期间学校最根本的任务是，给予学生快乐成长的童年记忆、激发学生的学习兴趣、培育学生良好的习惯，帮助学生养成良好的行为，为学生的未来发展和一生的品质生活奠基。我们认为，在认真完成国家课程教学任务的基础上，学校仍需加强以下三方面的工作：一是中华传统文化，这是中国人的基因和底色；二是终身阅读习惯，这是提升人文素养、保持终身学习的有效方法；三是科技教育，这是一个人面对成长、面对未来社会的必备本领，也是人类打开未来世界之门的钥匙。

（二）把握时代脉搏

党的十九大明确提出，中国特色社会主义进入新时代，我国社会的主要矛盾已经转化为人民日益增长的美好生活需要和不平衡不充分的发展之间的矛盾。教育作为民生工程，直接关系到每个家庭的希望和未来。办好一所学校，就是实现了一方百姓对自己子女享受优质教育的美好期待，这一期待也是一个家庭美好生活的重要组成部分。此外，学校的发展不仅要遵循教育规律，还要与本地区经济社会发展紧密结合。潞苑小学论地域属于农村小学，但位于北京城市副中心，就通州未来的发展而言，已经不仅仅局限于农村学校的概念。因此，学校建设要充分体现新时代要求，要有城市副中心标准。

（三）立足立德树人

当前，"深化教育综合改革"已经成为我国基础教育改革与发展的核心价值追求。在这样的改革趋势下，以改革推动发展、提高质量、促进公平、增强活力成为当下教育改革的基本思路。为了更好地推进我国教育向着这一方向发展，党和政府出台了一系列深化教育改革与发展的文件。这些文件中的一个共同精神是明确把立德树人作为教育的根本任务，将培育和践行社会主义核心价值观作为中小学德育的主旋律。尤其是《中国学生发展核心素养》的发布，是指导我们学校落实立德树人任务、追求办学品质的重要依据。

（四）突出办学定位

一是坚持以"学生为中心"。学校是学生成长的场所，我们要力争在规则意识的前提下，办一所让学生喜欢的学校，让学生把上学当成一天中最高兴的事情。学生喜欢上学了，就有了学习与进步动力。同样，学生喜欢了，家长就高兴了，人民也就满意了！

二是切合校名寓意。"潞"与水有关，我们学校就是潞河之滨的一所小学校。"苑"的意义之一是学术、文艺荟萃之处，代表着一定的层次，可以理解为品质；之二就是古代植林木的地方，多指帝王的花园，将儿童寓意小树也符合小学生的年龄特点。

三是注重未来品质生活。品质生活是我们每个公民追求美好生活的重要组成部分。学校教育应该在培养学生成人成才的同时，更培养学生有品质、有意义地生活。

基于上述几方面论述和理解，我们形成了潞苑小学的核心文化理念体系 1.0 版。确立了"办有根基的教育、育有品质的学生"的办学理念，"让每一棵小树苗壮成长"的育人目标。我校办学目标是"让上学成为孩子最期待的事儿"，校训"树有根、人有品"。

二、厚积文化认同感，开启杞梓之师养成之旅

教师对学校文化的认同度越高，满意度就越高，积极性就越高，就越能促进学校的发展。因此，自建校以来，学校采取了多种形式提升教师的学校文化认同感。

（一）理念宣讲促认同

学校重视学校文化理念的推广与发展，在每一学年的第一次全体教师会上，都会和所有新入职教师、老教师重温学校文化理念，认识学校未来面临的机遇与挑战，思考学校未来的个性化办学之路，使学校的办学理念成为教师"共同的教育信念"，形成共同的价值取向，让学校理念在每一位潞苑教师心中落地生根、抽枝长叶。

（二）拓展交流促融合

作为一所新建校，面对每学年都会有 20 余位新教师入职的现状，学校将新学年返校的第一天定为破冰拓展活动日，通过团队拓展活动，让老师之间由陌生到熟悉，推动教师快速建立同伴关系，有利于教师快速进入工作状态，更有利于新教师快速融入新环境、新团队，从而更好地为学生服务。

（三）评价鼓励促提升

学校开展"十佳"教师评选活动，包括最佳新人奖、最佳成长奖、最佳奉献奖等十个奖项；制定了评选方案，奖项设置还考虑到了入职阶段不同、岗位不同、专业发展层次不同的所有教师。每学年末评选一次，有的奖项是教师自主申报，有的由学校校务会推荐，再进行民主测评。对获奖教师在全校大会上进行隆重表彰并颁奖，让每一位教师的付出都有收获，极大激发了教师的工作积极性。

学校随时收集教师中的好人好事，在全体教师会上由校长将这些默默奉献的感人故事分享给每一位教师；利用学校公众号做好对外宣传工作，让每一位潞苑教师都成为学校形象的代言人，让教师感受到被认可的幸福感。

三、多元化校本培训，提升杞梓之师专业素养

课程的落实者是教师，打造一支高水平的教师队伍能更好地为学生的成长加油助力。

（一）实施分层培训，促进教师个体专业成长

学校紧紧抓住教师专业发展的几个关键期，按照适应期、发展期，成熟期分层，对不同层次的教师进行有针对性的"递进培养"，满足不同教师的发展需求。

适应期（新入职教师）是基础性培养阶段，突出一个"扶"字。以岗前培训、团队建设，"传、帮、带"为主要手段，注重基础，从"应知应会"着手，使青年教师掌握教育教学的常规要求和教学技能，使其尽快适应学校的教育教学工作要求，积极应对角色转换，认同学校的制度和文化，加快专业技能发展。

发展期（教龄 2~5 年）是发展性培养阶段，突出一个"练"字。要求青年教师做到有态度、有作为、有发展，按照每个青年教师个性发展的特点，通过校内外教研培训、听评课指导、"雨润山青"师徒结对、适时展示等，为他们创造成长的舞台，并充分发挥教师个人的主观能动性，促使他们有目标地自我发展。

成熟期（教龄在 5 年以上）是成就性培养阶段，突出一个"实"字。以各级各类教学改革课题为依托，鼓励并支持教师开展教学方法与教学手段创新、课程体系与教学内容改革，关注创新能力的培养，鼓励教学研究与教学实践，充分发挥教师中坚力量，使这部分教师在成熟的基础上往获得成就方向发展。

（二）创新联合大教研活动，提升教师团队整体水平

建校初期，结合学校年级少，教师总数少的特点，组织开展了全学科联合大教研活动。联合大教研就是以教育教学过程中存在的问题为研究专题，由主管主任组织，某一学科教研组承担，共同策划、研讨、备课和上课；学校全学科教师一

起观课议课，有研讨主题，有观课记录表，有现场课例；听课后，各学科老师坐在一起结合观课记录进行研讨，大家互相启发，共同分享。联合大教研聚焦教学中遇到的问题，激活教师主动学习的欲望，大大提升了教师对课堂问题的研究意识、反思能力和观课议课水平。随着学校年级的增多，教师人数的增多，我们又及时调整思路，把全学科大教研活动转换为单一学科跨年级大教研活动。活动中打破年级界限，教师们围绕主题展开听评课研讨活动，将教师们隐性经验显现出来，供大家分享、互相启发，以达到单一学科知识的纵向连接，进而达到提升教学水平的目的。

联合大教研是校本教研形式和内容的一种创新，是对深度教研的一种探索。这种教研方式，打破了学科及年级的界限，多门学科相互整合、多种思维相互碰撞、多种兴趣相互交融，激活了全体教师主动探究的欲望，很好地解决了教师教育教学过程中遇到的问题。

（三）引进项目，提升教师研究素养

建校初期，由于教师来自不同的学校，有过不同的工作经历，特别是青年教师占多数，为了尽快提升学校教师队伍建设的总体水平，我们借助校外资源，启动了"新建学校教师队伍专业素养提升项目"，力争通过知名教育专家和名师走进课堂，对教师实施跟进式的培训，提高教师专业素养，提高课堂教学水平。之后，学校又参与了北京市教委"春雨计划"项目，目前已完成"学校经验自我孵化的分析与总结"，"语、数、英学科教师关键能力提升""校园阅读促进""班主任专业发展共同体构建实践研究"等项目也在持续进行中，培训效果明显。

学校在"请进来"的同时也重视"走出去"的培训，在学校人员紧张的情况下，大力支持干部教师积极参与上级教育行政和研修部门的各项培训活动，给教师们创造外出学习的机会，实现开阔教师视野、促进教师专业素养提升的目的。目前，学校干部和教师中参加各种外出培训活动的人达到了90%。

总之，学校借助项目培训、校本教研和各种形式的活动，努力为教师搭建更多的发展平台，提升全体教师的专业素养，逐步建设一支团结协作、勇挑重担、业务精良、敢于实践的教师队伍，为潞苑小学的未来发展提供坚实的基础。

四、营造有温度的环境，提升杞梓之师学校归属感

要让上学成为孩子最期待的事儿，就要先让上班成为教师最期待的事儿。教师归属感是学校发展的内动力，是一所学校长盛不衰的根本所在。潞苑小学在建校之初就把建立教师对学校的归属感作为学校管理的重要一环。

（一）积极营造宽松和谐有温度的工作氛围

1.团队合作，教师走向前台

我们坚持学校的各项工作都把教师推向前台，教师以教研组为单位，以团队合作的方式直接参与到学校的诸多工作中。比如，家访、家长会、读书节、学生社会实践活动由年级组长牵头，本组教师共同参与活动方案制定、组织方案实施；科研课题研究、校本教研由教研组长牵头，教研组教师一起制订研究计划，按计划开展活动，总结研究成果；元旦联欢会、教师节庆祝会、教职工运动会等由工会组长牵头，以科任教师为主体组成团队，设计、组织和开展活动。学校的很多工作都是全体教师集体智慧的结晶。

2.教职工大会，教师当家做主

学校定期召开全体教职工大会，讨论通过了《潞苑小学发展三年规划》《潞苑小学管理制度》《潞苑小学完善绩效工资方案》等；教师参与学校发展远景的设计，各项规章制度的制定，这些措施让教师真正成为学校的主人。

3.做学校主人，见证"家"的成长

《潞苑每日播报》是潞苑小学对外宣传的主阵地，教师以主人翁视角将每天在潞苑小学发生的大事小情撰写成文，见证潞苑小学成长历程，三年多的时间，从未间断。在这个过程中，教师主人翁意识也在潜移默化中形成。

（二）努力构建温馨舒适、有品质的工作环境

1.舒适生活，幸福安心

学校为离家比较远的教师安排了宿舍，为保证教师安全，还安装了防盗门；设计了浴室，购买了冰箱、洗衣机、微波炉、电磁炉等电器，解决了教师的后顾之忧。

2. 品质生活，美好舒心

为了提高教师生活品质，学校建立工会之家，为教师购买跑步机，动感单车、乒乓球桌等运动器材，教师可以在工作之余进行锻炼，增强体质；在餐厅的旁边设置了咖啡吧，午餐后，教师可以在悠扬的音乐中品咖啡、聊人生。

3. 多彩生活，愉悦身心

学校在工会的组织下成立教师空间，教师可以通过空间活动释放压力，取得了良好的效果。教师空间由有特长的教师建立，以有共同兴趣爱好的教师组成固定的团队，围绕共同的目标定期开展活动。学校给予最大的支持与鼓励，提供所需场地和设备，设立专用时间。目前，我校成立了墨舞轩、巧手阁、得乐、武舞堂、无"羽"伦比、问渠斋、舞动乒乓共 7 个教师空间，大家在此提笔练字、吟诗作对、巧手制作、挥洒汗水，乐在其中。

教育大计，教师为本，杞梓之师的打造永远在路上。

激发青年教师专业发展内驱力的途径探究

北京市通州区中山街小学　王晓慧

一、问题提出

北京市通州区中山街小学是一所有丰富历史沉淀的百年学校。学校秉承"以爱立教，以美育人"的办学理念，以"因材施教，美言善行"为准则，以"培养乐观、乐学、乐群、乐行的健美少年"为目标。多年来，这里不仅是学生成长的摇篮，也是一片教师成长的沃土。近几年，随着深化通州区教育综合改革的实施，大批具有高学历的青年教师走到学校教学一线。现学校 35 岁以下青年教师有 41 人，占整个教师群体的 43.6%，其中本科 17 人，硕士研究生 24 人。他们既承担着传承学校百年文化底蕴和优良教育传统的重任，又承担着百年学校在副中心教育发展新时期不断发展和创新的重任。因此，如何激发青年教师专业发展内驱力成为一个需要思考的重要课题。

二、学校青年教师专业发展现状分析

本研究对全校 41 名青年教师进行了问卷调查与访谈调查。调查数据显示：在学历方面，有硕士研究生 24 人，占青年教师的 58.5%；在荣获教育教学奖励方面，青年教师 100% 曾获校级奖励，92.7% 曾获区级奖励，87.8% 曾获市级奖励，43.9% 曾获国家级奖励。调查还发现，66.7% 的青年教师认为自己拥有专业学科知识；65.5% 的青年教师有学习和积累意识，热爱教育事业，但是教学经验不足，教学方法不够全面、灵活。另外，也存在 34.5% 的青年教师安于现状、被动跟随、职业规划较为模糊的状况。

根据以上调查结果，对中山街小学青年教师专业发展现状分析如下。

（一）青年教师专业发展现状

1. 优势

（1）专业理论扎实，学习能力强。中山街小学青年教师具有本科及以上学历，其中，研究生占青年教师的 58.5%。他们具备扎实的专业理论知识，能够熟练地将信息技术融入课堂之中，能将先进的经验、理念引入教学之中。

（2）富有工作热情，可塑性强。青年教师大多数刚刚走出校园，朝气蓬勃，对工作充满热情。同时，他们具有强烈的责任心，努力钻研教材、认真备课，重视整合现代教育技术，大胆进行教学设计，注意不断提高教学水平。

（3）易于构建和谐的师生关系。青年教师与学生年龄差距小，经常通过当下流行、学生喜爱的话题拉近师生距离，走进学生的内心，因势利导，成为学生的良师益友。

2. 不足

（1）专业知识不够全面。青年教师欠缺教学实践，知识仅限于某一领域，缺乏整合性，不能灵活解决实际问题。同时，他们偏重于学科内容逻辑而忽略学生的发展逻辑；重视教会学生知识，忽略教会学生学习的方法；重视学科知识，缺乏培养全面发展的人的意识。

（2）专业能力存在不足。青年教师教学实践经验不够丰富，有 13.75% 的青年教师认为自己不能对教学进行合理科学的设计；18.75% 的青年教师认为自己难以驾驭课堂，缺乏组织管理课堂教学的能力；17.5% 的青年教师在教育教学实践过程中缺少自我反思。从调查结果看，中山街小学青年教师专业能力仍存在不足，还需要继续提高。

（3）专业发展意识不够清晰。大部分青年教师对自己现有专业发展水平的定位良好。61.25% 的青年教师表示会思考自己的专业发展问题，但目标不够清晰；38.75% 的青年教师把工作当作一种谋生的工具，缺少对专业发展的思考。因此，青年教师需要提高专业情意，明确专业发展方向。

（二）影响青年教师专业发展的因素

通过对青年教师专业发展现状综合考察与分析发现，这些现象主要受社会、学校和个人这三个因素的影响。

1. 社会层面

新一代青年教师处于物质条件丰富、社会诱惑与发展可能性多样化的时代。他们更在乎自我目标的实现与自我成绩的肯定。相较老一代教师，部分青年教师对工作的承诺性、归属感较低，工匠精神淡薄。

2. 学校层面

在教师培训层面，学校较注重教师的知识、理论传授，忽视了其能力的培养与主体作用的发挥，难以调动教师学习的积极性。

在学校管理层面，以量化考核作为衡量教师发展的重要指标。强制性的教师专业发展活动安排会影响青年教师专业学习的积极性；教师在多个培训中疲于应付，对培训易产生反感情绪与刻板印象，导致培训实效性不佳，忽略了反思与自主发展能力的提高。

3. 个人层面

青年教师缺乏教育专业的实践性知识与基本发展理念，教学实践经验不足，导致专业发展方向模糊。此外，青年教师队伍中，外地的研究生占 26.8%，他们在京独自奋斗缺乏归属感，这也是学校管理应考虑的重要问题之一。

三、激发青年教师专业发展内驱力的有效途径

青年教师专业发展是一个实践与学习相结合、个体潜能开发与群体智慧共享相结合的发展过程。要促进青年教师专业能力和综合素质的提高，激发其专业发展的内驱力无疑是最有效的途径。

（一）活化精神建设，内生动力

1. 以学校品质凝聚价值追求

百年中山，岁月悠悠，在古槐下散发着它独特的品质。"严谨、扎实、奉献、创新"的教风和"尊师、勤奋、求真、进取"的学风，作为一种精神，引领一代代教师队伍发展壮大。青年教师，需要受到这种精神的熏陶与感染。学校为了让青年教师了解校史，举办了"我与古槐共成长"青年教师演讲比赛。在比赛的过程中，青年教师对百年中山的历史有了更加深刻的认识，教育信仰和价值追求趋于一致，

并在高品质的教育建设中，不断提升精神品质。

2. 以发展愿景引领精神追求

中山街小学以"以爱立教，以美育人"为办学理念，以"质量优异、队伍优秀、特色鲜明的副中心最优质小学"为办学目标。学校定期邀请老教师为青年教师做关于学校"爱美教育办学理念体系"的介绍，促使教师深入地了解学校的发展历史；同时，组织教师出版书籍，内容包括办学宗旨、办学理念、办学目标等爱美教育办学体系；此外，围绕"爱美"进行课程开发，将这些理念融入青年教师的工作中，使其更加明确学校整体办学理念，更快明晰自己的专业发展方向。

当青年教师明确了学校的理念后，才会自觉地把学校与个人的发展结合起来，内化为个人愿望，从而形成青年教师团队的奋斗目标，明确地指导其教学行为。

（二）自主化个体发展，适才扬长

《发现并运用自己的优势》一书提到："一个人要是找准了自己的优势，并发展下去，其个性潜能就会得到极大的释放。"因此，如何将青年教师的优势变成教育的资源极为重要。

在教学方面，学校每学期举办"槐园杯"教学评优活动。青年教师通过钻研教材、打磨教学设计、反复磨课，向团队中经验丰富的教师汲取经验，从而进一步关注对学生思维方式的培养，引导学生学会阅读、学会思考、学会获取知识、学会解决问题，并形成自己独特的教学方法。

在班主任工作方面，学校定期开展"青年班主任工作坊"和"青年班主任微论坛"活动。青年教师在活动中就班主任工作中遇到的问题进行讨论。如"如何应对不好沟通的家长？""新接班第一次家长会如何开？"等。大家一起出谋划策，青年班主任在这一过程中慢慢地成长起来。

此外，学校通过"青年教师的职业规划"培训，邀请名师开设讲座，指导青年教师建立成长档案，撰写三年成长规划，帮助青年教师认识自身特点，明确成长目标，找到适合自己的高效而有序的工作节奏。同时，根据信息化背景下青年教师对信息的敏感度、创造力高的特点，学校成立了由青年教师进行新闻报道的"晴槐社"：一方面加深青年教师对学校的发展变化的认识；另一方面使青年教师进一步体会"中山人"的责任与使命。

（三）"优化"团队合作，互助共进

1. 团队课题引领青年教师开展实践研究

立足学校教育教学改革实践，引领青年教师围绕团队课题展开课堂教学研究，是提高青年教师专业素质的有效方式。学校各个团队相继设立教学改革课题：语文团队进行"1+1"语文教学阅读研究，数学团队以"探究合作，交流分享"为研究重点，英语团队以"以绘本阅读促进学生阅读能力提高"为研究方向。通过团队课题的引领，青年教师不断积累实际问题的有效地解决方法，大大减少工作挫折感和沮丧感，强化专业分发展内驱力。

2. 团队导师护航青年教师专业成长

中山街小学这一百年学校能够保持优异的教学质量，在于一代代优秀的教师对青年教师言传身教的传承。

在团队研修中，学校根据每位青年教师的专业水平与性格特点安排了指导教师，并制定详细的实施方案。每一学年，学校都要组织师徒举行拜师会，签订"成长协议书"，并在教学设计、听课、读书、教学反思等方面提出明确要求。指导教师对青年教师进行全方位指导，指导他们学会进行自我教学反思；帮助青年教师学会如何根据学生的反馈及时调整和改进教学；团队组织"师徒"每学期共同进行"同课异构"，让青年教师从中体会团队课题研究在课堂教学中的落实与运用，教法学法的灵活多样等。与此同时，青年教师要上一节汇报课，以课堂教学来展示自己的所学、所思、所悟。

依托学科团队导师的引领，让青年教师有机会接触大师们的指导，感悟其教学理念。语文团队参与北京华夏中研教育科技研究院的"单元主题学习"课题研究，聘请首都师范大学的孙建龙教授为团队导师，进行语文教学改革研究，引进山东张云杰、李红霞、毕迎春等特级教师到校上课并培训教师。数学团队以"变教为学"的课堂教学研究为核心，聘请全国特级教师吴正宪、首都师范大学郜舒竹教授为团队导师，辅导团队成员进行教学设计、说课、上课。我校先后成为"北京市吴正宪特级教师工作站""首师大变教为学课题研究基地学校"，借助名师影响力，与来自美国、瑞士、山东、河北及北京其他区的教师团队进行课堂教学交流活动。青年教师与名师相互学习、切磋、交流和探讨，在研究互动中提升了我校青年教师的教学智慧、专业素养和实践能力。

（四）"柔化"管理过程，感受幸福

现代管理学认为，学校管理应该从"充满爱的教育"切入。管理者要善于唤醒师生，把人心凝聚起来，进而谋求学校更好地发展。

中山街小学每学期都会将青年教师聚集起来，开展"青年教师谈心会""青年教师插花"等活动，在活动中走进青年教师的内心，体察其真实的情感需求，传递"家"的温暖。尤其对京外青年教师，学校经常以家人的方式给予温暖与帮助，使其备受感动和鼓舞。

通过多种途径激发青年教师专业发展内驱力，每位青年教师都在教育教学领域不断地成长。学校通过对青年教师访谈得知，98%以上的青年教师认为自己的专业发展方向更加清晰了，学校的激励方式能够最大限度唤醒自己的工作热情。

95.9%的青年教师表示，学校利用多种方式帮助青年教师飞速成长，如师徒结对。97.5%的青年教师表示，学校为青年教师搭建多种平台，激励自己的专业发展，如每学期举行的"槐园杯"课赛。99.6%的青年教师表示，学校是一个团结、友爱、温暖的大家庭。

青年教师队伍建设是学校的重要任务，也是一项艰辛但又意义深远的工作。青年教师专业发展是一个永恒的话题，在人类社会面临深刻变化的时代，青年教师正在被重新认识、发现和定位。要改变青年教师的思想，最关键的不是加强说教，而是激发其内在动力，引领他们自己去思考、去实践，让他们实现自我成长。唯其艰难，才更显勇毅；唯其笃行，才弥足珍贵。

第三篇
学生发展新探索

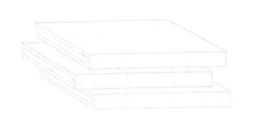

心理体验校本课程促进学生健康成长的研究

北京市通州区北苑小学　金万芝

一、校本课程开发的缘起

在一次班主任工作经验交流会上，我校一位班主任分享了班内一名学生的情况，引起了大家的注意：

露露，入学不久的一年级小女生，小小的个子，大大的眼睛，总是警惕地看着周围的一切，流露出惊恐和不安。不爱说话，课堂上也不发言，在同学们齐读齐唱时，她只是默默地坐着。她课间操也不做，只是静静地站着，脸上没有一丝笑容和表情。班主任在和家长沟通中了解到，孩子从小胆子就小，依赖性强，性格内向、敏感，自尊心较强，不善于和小伙伴交往。班主任老师意识到问题的特殊性，如果一直这样下去，孩子的心理会更封闭，最终将导致对任何人都以冷漠的眼光看待，更加孤立自己。于是，班主任对她开始了心理疏导，在思想上开导她，引导她与小伙伴交往，增加表扬次数，不"语罚"，让其体验成功的喜悦，增加正向激励，使她摆脱自闭心理。一段时间以后，这个孩子的情况有了很大好转。

这样的一个案例让我们开始关注起孩子们的心理健康状况。经过调研发现，我校各年级均存在心理状况堪忧的孩子，心理如果出现问题将直接影响孩子的健康成长。如何帮助老师把握学生心理活动的规律，促进孩子们心理健康成长，是我们一直在思考的问题。

二、校本课程开发的过程

在翻阅了诸多青少年心理教育方面的书籍，请教了心理专家之后，学校明确了工作方向——开设心理教育校本课程，有针对性地对孩子们进行心理健康教育和指导。为此，我校组织专门力量开始了"'趣'体验、'心'成长"心理体验校本课程的开发、研究与实践工作。

（一）组建工作团队

我们组建了以校长为组长、德育主管领导为副组长、心理教师、部分优秀班主任、学科教师代表和家长代表为组员的课程研发团队。这个团队的成员具备心理健康教育的基本素质，同时对心理健康教育有探究的热情，能充分认识到心理健康对学生成长的重要性，愿意在心理健康教育领域加强研究和实践，同时，团队还聘请了国家二级心理咨询师、心理专家作为课程研发的顾问和指导专家。

（二）理论依据

1. 学生中心课程论

杜威提出课程与教学必须考虑到学生的思维方式、兴趣和需要，主张以学生的兴趣、爱好、动机、需要、能力和态度等为基础来编制课程。这种课程有以下两个特点。

第一，课程的核心是学生的发展，不是学科内容和社会问题。

第二，课程内容不是既定不变的，是随着教学过程中学生的变化而变化的。

2. 泰勒课程理论

泰勒在《课程与教学的基本原理》中提出课程编制的四个阶段：确定目标、课程内容选择、课程实施和课程评价。

3. 人格发展阶段理论

"'趣'体验、'心'成长"心理体验校本课程的内容框架参考了美国著名心理学家埃里克森的"人格发展八阶段理论"。他认为人的自我意识发展持续一生，他把自我意识的形成和发展过程划分为八个阶段。该理论为不同年龄段儿童的教育提供了理论依据和教育内容，任何年龄段的教育失误，都会给一个人的终生发展造成障碍。其中，学龄期（6~12岁）发展的主题是化解"勤奋对自卑的冲突"。这一阶段的儿童通常要接受适应社会、掌握今后生活所必需的知识和技能的教育。如果能顺利地完成这些任务，他们就会获得勤奋感，会在今后的独立生活和承担工作任务中充满信心，反之就会产生自卑。因此，本课程将帮助学生在各主题活动中感悟、体验并进行行为训练，从而达到学生自我了解、自我探索、自我体验、自我发展、自我成长的目的。

4. 体验式学习理论

近些年来，在教育界颇受推崇的体验式学习理论，为我们的心理体验校本课程提供了理论支持和方法指导。体验式学习，这种源自杜威"做中学"、皮亚杰"发生认识论"、罗杰斯"以人为本"等理论的"体验式学习模型"，在以库伯为代表的教育与心理学家的不断探索与完善下，在学习步骤、学习风格、意义转换、学习迁移等方面都取得了突出成就，经过教育领域多年来的实践，获得了教育界的一致认可。可以说，立足于教育改革浪尖的体验式学习，因其良好的情境丰富性、知识建构性和情绪体验性，做到了对学生个性的真正尊重，利于学生的主动参与和提升学习效果。这也是我校将此心理校本课程定位于体验模式的一个主要原因。

（三）开发课程

通过学生心理状况调研与分析、专家论证与引领、课程内容设计与规划及反复的修改与充实，《北苑小学"趣体验"、"心"成长》心理体验课程读本得以研发成功。

1. 课程主题

（1）认知发展与学习。认知发展是以学习知识为基础展开的，小学生可以通过多种形式的学习、逐渐掌握有关知觉发展、记忆发展、思维发展和言语发展等方面的技能，进而再促进认知的进一步发展。具体课程包括培养观察力、培养注意力、培养记忆力、培养思维能力、学会主动学习、学会管理时间和掌握学习策略七个方面。

（2）情绪调节。情绪调节本质是情绪与认知相互调节的互动过程，其功能与目标是为了有效完成既定目标，趋乐避苦，维持儿童内心平和及促进人格发展与成长。具体课程包括识别情绪、改变认知、告别烦恼体验快乐和应对焦虑四个方面。

（3）自我意识。小学生自我意识的发展是随年龄增长从低水平向高水平发展的。

在整个小学时期，小学生的自我意识不断发展，但不是直线的、等速的，既有上升时期，也有平稳发展时期。根据小学生心理发展特点，具体课程包括认识自己悦纳自我、自我教育完善个性和青春期发展三个方面。

（4）沟通交往与合作。随着小学生年龄的不断增长，同伴对他们发展的影响越来越重要，所以开展此方面教育，不仅有助于他们情绪安定，更重要的是在与同伴的交往中学会与人相处与合作。具体课程包括学会沟通、学会交往和学会合作三个方面。

（5）适应新环境与生涯发展。小学一年级新生对入学普遍有不适应现象，原因一方面是学龄前主导活动与学龄后主导活动的较大差异，另一方面则是儿童本身对环境适应能力的不足。因此，对小学一年级儿童来说，增设适应新学段生活学习的活动课程尤为重要。

另外，中高年级还设有生涯发展的主题，指导学生不断认识自己的兴趣、能力、性格和特长，培养其积极了解社会发展需要的意愿，逐步树立正确的人生观、价值观，提高自主抉择能力，学会承担责任，为未来发展储备力量。具体课程包括适应新环境、生涯规划与发展（生涯辅导）两个方面。

2. 课程框架

课程框架如表 1 所示。

表 1　课程框架

心育 总目标	阶段目标	心理体验 活动专题	积极心理 品质目标	适用年级
（1）提升自我价值感； （2）培养积极乐观、阳光向上的心理品质； （3）学会情绪管理和人际交往； （4）促进健全健康人格发展	适应新环境（同伴环境）： 帮助学生尽快地适应新的环境，满足学生在这方面的需求，使学生快乐进入学校生活	朋友多，话题多	勇敢	小学 1~2 年级（着重于新环境适应及认知发展）
	自我意识（认识自我，接纳自我）： 通过学生间的互动，逐渐学会正确地认识自我，悦纳自我，并学会赞赏他；	我是最闪亮的星	真诚 热情	
	适应新环境（学习环境）： 使学生懂得学习的形式是多样的，勇于尝试更多的学习形式，并在丰富多彩的学习中感到乐趣	丰富多彩的学习	勇敢 热爱学习	

续表

心育 总目标	阶段目标	心理体验 活动专题	积极心理 品质目标	适用年级
（1）提升自我价值感； （2）培养积极乐观、阳光向上的心理品质； （3）学会情绪管理和人际交往； （4）促进健全健康人格发展	认知发展（学习策略）： 调动学生的多种感官和参与活动的积极性，使学生在情境中体验到听的技巧，从"听"中获得快乐	我会听， 我快乐	社会职能	小学 1~2 年级 （着重于新环境适应及认知发展）
	沟通，交往与合作（学会师生交往）： 帮助学生感受老师的爱是特殊的爱	我能"喜新老师"	爱、友善 社会职能	
	认知发展（观察力）： 掌握观察方法，培养观察兴趣和能力	细观察， 比眼力	洞察力 谨慎	
	情绪调节（识别情绪）： 正确认识情绪，初步学会初步调控	"情"报站	希望 幽默	
	挫折教育： 通过活动使学生用积极的情感行为去应对生活和学习中的各种失败和挫折	来自失败的礼物	社会职能 勇敢 宽容	
	认知发展与学习（学会）： 学生体验到倾听时眼、耳、手、口多感官参与，注意力更集中，学习效果好	眼耳手口总动员	创造力 好奇心	小学 3~4 年级 （着重于认知发展及学习）
	认知发展与学习（培养注意力）： 努力寻找集中注意力的方法，获得快乐的体验	集中意力处多	真诚 友善	
	情绪调节（保持积极心态）： 引导学生自觉地用积极的态度看待事物，经常保持愉悦的心情	快乐的自己	赞美	
	挫折教育： 通过活动引导学生认识到挫折和坎坷是生活中不可缺少的要素，要勇敢面对并战胜他们	我有小小的目标	社会职能 勇敢 宽容	
	情绪调节（改变认知，调节情绪）： 培养快乐心境，学会寻找自己的快乐，与人分享自己的快乐	我是情绪的小主人	幽默 爱	
	自我意识（自我教育，完善个性）： 培养学生自信心，教给学生增强自信心的方法	做自信的小天使	爱 感恩 信仰	

心育 总目标	阶段目标	心理体验 活动专题	积极心理 品质目标	适用年级
（1）提升自我价值感； （2）培养积极乐观、阳光向上的心理品质； （3）学会情绪管理和人际交往； （4）促进健全健康人格发展	认知发展与学习（培养思维能力）： 使学生掌握一些思维方法和创新方法，激发学生的创新意识，让他们认识到自己是个聪明的孩子	让我的脑细胞飞起来	创造力 好奇心 团队精神	小学3~4年级 （着重于认知发展及学习）
	认知发展与学习（培养注意力）： 通过活动使学生认识到集中注意力的重要性，对学生进行适当的注意力训练	注意力去哪儿了？	社会职能	
	认知发展与学习（培养记忆力）： 了解记忆的规律；掌握提高记忆力的小诀窍	打开智慧的天空	社会职能	小学5~6年级 （着重于情绪调节、沟通交往及生涯辅导）
	生涯辅导： 探索树立目标对学习的重要意义；思考自己的目标，并使之清晰化	为明天储备力量	勇敢 坚持 自律	
	自我意识（自我教育，完善个性）： 通过活动，让学生在成功体验中培养自信心	生命因自信而精彩	勇敢 热情 希望	
	认知发展与学习（学会主动学习）： 使学生认识自主学习的重要性，帮助学生提高学习的自觉性	主动学习我快乐	热爱学习	
	沟通，交往与合作（学会亲子交往）： 帮助学生自己找到妥善处理亲子关系的良好途径	听爸妈对我说	感恩 爱 信仰	
	情绪调节（应对焦虑）： 通过行为训练缓解考试焦虑，学习考前调整心态的方法	考前轻松心经	社会职能	
	挫折教育： 关注学生在学习、生活中不是一帆风顺时的不良情绪，激发学生正确看待挫折并战胜挫折的勇气	勇敢面对挫折	社会职能	小学5~6年级 （着重于情绪调节、沟通交往及生涯辅导）
	认知发展与学习（学会时间管理）： 感悟时间的重要性，做时间的主人；找到自身浪费时间的地方，并做好改进计划	我是时间的小主人	热爱学习 社会职能 自律	
总计	24节课			

三、课程的实施与评价

（一）课程实施

1. 实施情况

课程研发成功，读本印发完毕，我们邀请心理专家到校为教师进行专业培训，从心理教育的基本概念到课程实际的操作方法，分章节分专题详细进行了解读与指导。同时，各年段成立心理教育专题研讨小组，针对实施过程中出现的问题展开讨论与研究，探讨解决方案，分享教育智慧。学校专门拿出各班自习课时间（每月一节），由班主任老师根据课程内容安排带领孩子们去体验、感悟、讨论和分享，在课堂教学实施的基础上，还将一些体验活动延伸到课堂之外，扩大课程的辐射影响力，引领孩子们心理健康发展。

2. 实施效果

经过近一年的实践，我们取得了以下成效。

（1）提高了教师对心理健康教育的认识，增强了紧迫感。我们在平时的各项活动中可以看到，正在迅速成长中的小学生，他们渴望老师从心理上给他们以更多的关心、理解和指导。我们开展的心理体验课程在一定程度上满足了他们的需要，更好地促进了他们的发展。这也增强了我们的责任感、紧迫感，使我们深信，选择心理健康教育校本课程研究作为素质教育的切入口是正确的，是符合实际的。

（2）提高了认同感。我校广大师生和学生家长，在共同实践中，提高了对心理健康教育的认识，取得了他们的认同。我们对全校师生和100多位家长进行了对学校目前开设的心理体验校本课程课堂效果的认识、态度的调查。调查显示，我们研发的心理体验课程深受学生欢迎，教师和家长对心理健康教育的态度是积极的。

（3）提高了学生的心理品质、思想道德水平和学习质量。开展心育课程近一年来，学生在情感品质、耐挫能力和行为习惯上都有不同程度的进步。学生能主动关心父母，主动参与家务劳动；同学之间更加团结友爱；对有困难的人更有同情心，乐于助人，学生的心理调控能力明显提高，从而促进了学习质量的提高。

（4）改变了家长教育子女的观念和方式。通过家校结合途径实施心理健康教育，大部分家长心理素质有所提高，从过去只关心孩子分数转变为更关心孩子素质，积极改善家庭教育环境和方式，配合学校对孩子加强心育工作。

（二）课程评价

1. 教师评价

学校教师普遍认为，心理健康教育的主要任务，不是解决某些个体"有了心理疾病怎么办"的问题，而是要关注全体学生的心理发展。应该通过开展系列的专业的团体辅导活动，促使学生的心理素质逐步得到提高。我校的心理体验课程在帮助学生顺应成长"关键期"的心理训练、促进学生人格与智力积极发展、降低他们在发展过程中出现的适应不良甚至是心理障碍方面，起到了积极的引领和促进作用，是富有实效的校本课程，应该将成果推而广之。

2. 家长评价

通过对不同年级家长进行的问卷调查显示：孩子们在心理体验课程的引领下变得更加积极向上、乐观自信，言行举止更加文明，社交能力明显增强，承受各种挫折和适应不同环境的能力也显著提升。

3. 学生评价

通过课程评价单，我们得到来自学生层面的反馈：喜欢这样生动有趣又富有活力的课程，乐于参与每一次心理体验活动，可以明显地发现自己的变化（如更加自信、愿意分享、懂得为别人着想等），期待分配给此课程更多的时间。

四、反思与改进方向

通过一年多的课程实施，我们发现此课程在取得丰硕实验成果的同时，也还存在需要改进和完善的地方。比如，高年级段的课程内容中缺少对青春期孩子心理问题的设计；个别体验活动的构思高于实际不易操作；部分老师尚未完全掌握课程特点，将心理课上成了枯燥的说教课，缺少学生参与体验的环节，禁锢了学生的思想和感情。

根据以上问题，我们将进一步完善课程内容设计；降低活动操作的难度并提升活动的实效性；引导教师在课程实施中保持开放意识，不拘泥于课程，放下师道尊严，听取学生的想法，在活动中给学生更多展示自我、反思自我的机会，促进多向交流，从而取得最佳的教育效果。

我校将以"'趣'体验、'心'成长"心理体验课程为抓手，通过有趣的心理体验活动，切实做好学生的心理健康教育工作，让教育回归本真，引导学生形成积极进取乐观旷达的生活态度，为孩子们在心灵成长的道路上插上翅膀，助力他们坚定而有力地飞向远方！

自主性学校发展诊断引领学生主动发展

北京市通州区潞河中学　徐　华

现代学校最大的特点是以人为本，关注人的发展。在以人为本的理念下，每位教师都是学校的主人，能够自觉将个人价值与学校发展联系在一起；每位学生也是学校的主人，能够清醒地意识到其个人成长和学校的发展息息相关。要实现共享共治这一现代学校的管理目标，除了学校领导层解放思想、勇于自我解剖、达成共识，还需要全体教职工树立主人翁意识和职业责任感，更需要学生的主人翁意识的觉醒。基于学生的发展、以学生发展为最终目标的学校自我诊断，能够唤醒学生的主人翁意识，使他们明确认识到自己的成长需要，并以切身感受为依据，提出对学校教育教学管理的要求与意见，从而引领他们提升自我、主动发展。这是潞河教育勇于担当的最好体现。

一、在学校诊断目标中确立学生的主体性

学校诊断的目的在于准确和客观地发现学校各方面工作存在的问题，促进学校和教师改进工作，凸显学校为学生的终身发展奠基的育人目标。过去的学校诊断多以行政为主导，由主管科室负责进行学校评估和教师工作测评，容易把学校最好的一面呈现出来，发现问题时问责之意多于改进，很难调动全体师生参与学校建设的积极性，也不利于学校问题的真实反馈与解决。因此，按照现代学校由教育管理向教育治理转变的要求，为坚持管理主体的多元性，赋予教师、学生参与学校治理的权利，推动学校组织权利的民主运作和公平共享，构建具有民主品格和公共精神的新型学校组织机构，真正体现为学生发展服务的目标指向性，我校于2015年下半年正式与北京师范大学李凌艳教授课题组合作，历时四年，将学校诊断由行政主导

向专业人士、民间人士主导发动转变，构建了"专家指导组"和"学校工作组"合作的新型组织。

首先，学校工作组与专家指导组确立了基础诊断的核心要素及其目标。基础诊断工具围绕学生发展这一核心设置了八个核心要素，旨在检验学校在围绕学生发展八个核心要素上的目标达成度情况。具体各要素的目标，如图1所示。

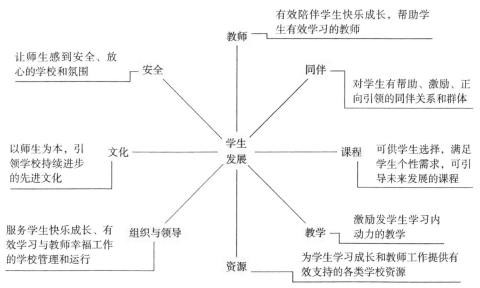

图1 基础诊断八个核心要素太阳图

图1围绕"学生发展"这一中心，包含与其密切相关的"同伴""教师""教学""课程""资源""文化""组织与领导""安全"八个要素，对每个要素做出较为具体的解释和描述，从而初步明确具体的诊断内容。这些诊断内容囊括了学校日常管理与运行过程的方方面面。从图1中可以看到，诊断内容的切分完全基于学生发展视角，而非基于传统管理分工（如德育、教学、后勤、教务等）的视角。

其次，确立诊断工作流程，保障诊断过程及其目的指向学生的发展，如图2所示。

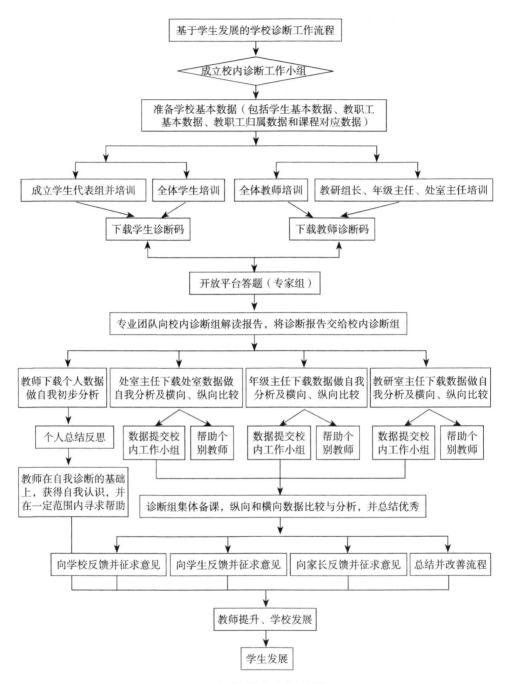

图2 诊断工作组工作流程图

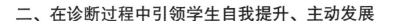

二、在诊断过程中引领学生自我提升、主动发展

学校诊断工作组成立后，和教师一起梳理学校目前的状态。每个教师根据自身感受，提出学校发展的建议或当前工作中存在的困惑和专业成长中的问题；教研组组长和年级组组长提出学校教师队伍发展的问题，以及面对上级行政指令时可能存在的困难。同时，工作组还想到如何使学生意识到参与诊断工作的意义，怎样使学生的参与更有价值。因为"学校经历的质量对青少年发展和学习的关键时期起着积极的作用"，"学校经历质量在某种程度上可以预测成年后做出的选择"。[1] 学生对学校的认识、在学校的经历和感受，可能关系他们未来的发展，也会直接关系学校的发展。因此，诊断组将学生的参与当作学校诊断工作的重要环节，做了重点分析和认真安排。

第一，学生参与诊断过程有着十分重要的意义。

（1）符合诊断的初衷，即从学生的自我感受出发，体验并思考自己的学习环境，唤醒学生的主人翁意识，调动他们的参与热情和主动性，做自己学习环境的管理者。

（2）能够培养学生的批判意识与勤于思考、独立思考的能力。

（3）可以提升并激励学生的希望感，促使他们"去体验、创造、获得、完成某件事或者成为想要成为的人"。

第二，通过诊断点的设置、引导性题目的设计和语言的描述，引领学生对高品质学习生活的追求。

以学生为主体设置的问卷定名为"学生眼中的学校"，从整体到分项引导学生表达他们对学校的整体认知及对八个核心要素的全面体验。

（1）教育教学诊断从个别化教育、全人教育、课堂效果、学科素养、受学生喜爱程度等角度，以教学班为单位对各学科教师进行诊断，各观测点具体内容设置并描述如下。

个别化教育：教师是否关注他／她，并提供有针对性的帮助。

全人教育：教师是否重视对学生全面发展的培养。

课堂效果：教师课堂表现和所达到的效果。

学科素养：教师的学科素养，考虑到认知发展水平的差异，初中生在这一观测点上，侧重于教师对学生学科兴趣的引导。

受学生喜爱程度：学生对教师的喜爱程度。

如此描述，不仅使学生认识到诊断内容与自己的学习幸福感紧密相关，而且使其明确了评价的具体内容；再根据学科和诊断内容特点，设置不同题目进行五星级评价和主观题评价，提高了学生的参与热情和评价信度。同时，每一个设置点还引发学生对自己平日学习状态和学习效果的深度思考，引导学生积极追求高品质的学习生活并为之付出努力。

（2）资源专项诊断点的设置描述为"学生喜欢的场所""学生喜欢的活动"，并请学生列出最喜欢的学校十大主题活动和十大活动场所。这些诊断点的设置充分调动了学生的参与热情，他们把最感兴趣的活动和场所列举出来，还认真地对学校的活动提出极有价值的意见和建议。

（3）"组织与领导"专项诊断点的设置描述为三方面：第一，学生对校长的喜爱。同学们对校长的喜爱度。第二，管理渠道畅通。学校职能是否清晰明确、师生反映意见问题的渠道是否畅通。第三，管理的服务导向。学校管理是否以服务师生为导向。这避免了学生对"组织与领导"的模糊认知或是表达的距离感，从而获得了来自学生的对学校组织领导力的认识和体验数据，也使学生体会到参与学校管理的责任感和成就感。

三、在诊断反馈中了解学生心声

通过各种诊断反馈渠道，尊重学生合理化建议，满足学生诉求，使学生真正体会到参与学校管理的满足感和幸福感，从而树立积极学习与生活的勇气和信心，促使他们"去体验、创造、获得、完成某件事或者成为想要成为的人"。

（一）在连续自我诊断中获得学校改进与提高的有效信息

每次诊断之后，学校工作组都会在专家指导组的指导下，编辑诊断报告，及时反馈给学校，并传达到学校各个部门的每一位管理者和教职员工。这让他们认识到自己存在的问题，积极转变工作态度或方法，提出改进措施并落实在实处。这些举措使学生体验到他们的意见和建议得到了充分的尊重和落实，也引发他们对学习环境的深度思考。

（二）从反馈报告的反差中发现学校发展的短板，居安思危、积极改进

从几次诊断的结果报告中，无论是基础诊断还是专项诊断，学生的评价指数都是最高的，从中可以看到我们的优势——学生始终充满对学校的热爱和荣誉感，他们眼中的各要素指数等级都达到了 A+，并愿意诚恳地表达对学校的感受和建议。这说明学生对学校各方面都有较高认可。学校目前是学生能够快乐成长的地方，这是潞河教育的优良传统，也是我们不断进步的动力来源。当然，我们不能陶醉在孩子们对学校真挚的热爱中，应该清醒地关注在孩子们整体的满意之外，还有一小部分的数值差距提醒我们注意到学校目前存在的不足甚至是危机。不足之处在于以下两个方面。

第一，学生虽然整体对学校较为满意，但在"教师关注学生的全面成长""课程选择性"等具体观测点上仍表现出了较多的诉求。在与学生在校学习生活息息相关的方面，需要做得更精细、更扎实。

第二，与学生的积极感受相比，学校中的管理者、教师和职员等成人群体感受不佳，尤其在基础诊断的大部分要素上，教师、管理者和学生之间存在较大差异。这种差异状况持续三年，强烈预示着学校未来可持续发展的风险。

与教师和管理者的差异体现出学生的可爱和学校的危机，为我们改进工作提高质量提供了信心和动力，也明确了方向。通过改革寻求学校卓越发展的过程，实质也就是关注学校中每一个"人"的发展的过程。要想实现"为学生的终身发展奠基"的办学目标，先要推动学校发展的主力军——教职工群体发展，通过共识的引领、切实有效的激励措施，唤起教职工对于学校发展的主人翁意识，使这股推动学校改革进程的核心力量更加强大。

四、对诊断工作的反思

（一）诊断工作的顺利开展需要关注多方面的有效沟通

要想打破诊断与师生间的壁垒，调动师生的积极性，就必须让他们了解诊断的价值与意义，以及诊断实际发生的作用。将诊断与其他各类调查有所区分，这是官方诊断，更是民主参与学校发展、学校关注学生想法与建议的重要体现。让师生了解诊断带来的改变，有多种途径：也许是教育教学诊断优秀典型经验分享的海报

或动态，也许是资源改进的推进方案表，也许是根据诊断结果为师生办的十大实事，也许仅仅是学校管理层、教师研读诊断结果的照片。我们的师生认真又善良，只要他们知道这些结果有人在认真看，真实地在发挥作用，他们对诊断的感受一定会因此而不同。

（二）诊断工作的顺利开展需要强有力的机制保障

第一，诊断的目的是服务师生，诊断组的工作要有行政力量的推动，但同时也需要教学骨干和来自学科教研的声音。

第二，建立诊断直达学生的通道并保障其通畅性，唤起学生参与学校发展的主人翁意识。

（三）实现诊断与日常工作的契合，让诊断更加有效助力学校发展

第一，让基础诊断成为学校校务会和管理者客观了解学校生态值得信赖的"学校体检"，要关注与学校下一步发展规划相结合，注重对诊断中师生真实心声的原因分析与分解。

第二，让教育教学诊断成为教师们喜爱的、需要的、学校不做教师都不答应的一件事。注重对教师优秀、进步经验的挖掘，积累不同类型经验进行固化与传承；了解教师对诊断的真需求，如反馈表提供的信息是否足够，条目的制定是否准确等。

第三，让年级、学科、处室诊断成为负责人进行工作梳理、组织氛围建设的有效工具。如何让不太好的诊断结果成为动力而不是引起组长、主任的抵触，必要的时候需要校长出面。

第四，让职员工作诊断成为学校职员们明晰岗位职责、高效工作的小助手。条目编制是明晰岗位职责和服务理念的过程，与学校组织优化与职能设置紧密相关。

第五，让资源诊断成为学校进行资源调配、外聘公司管理的强力抓手。

第六，充分发挥学生工作小组的作用。让诊断直达学生，让学生成为诊断的宣传者与督促者，选每班班长和体委作为学生诊断专员，由诊断组教师对学生诊断专员进行诊断培训。同时，对学生诊断专员，应有额外的激励措施，由他们发挥主要的督促和宣传作用。

由此可见，学校发展性自我诊断会触及学校多个群体方方面面的利益，会影响到学校里的每一位教师、每一位学生，不仅需要引领者坚定地引领方向，更需要与学校的管理者、教职员工达成共识，通过推动每一个小目标的发展，最终实现更大的目标。

参考文献：

[1] 弗朗 . 学校积极心理学手册 [M]. 张大均，译 . 重庆：西南师范大学出版社，2017：3.

培养学生自主学习能力的校本实践研究

北京市通州区潞县中学　徐英杰

一、问题的提出

（一）研究背景

培养学生自主学习能力，是教育发展的方向和要求。潞县中学是一所农村中学，学生自主学习能力弱，综合素质和教育发展要求还有较大差距，这是制约我校发展的核心问题。针对这种情况，我们基于结合实际、切换角度、科研引领、创新发展的认识，决定开展提高学生自主学习能力方向的校本实践研究，达到提升学校办学质量的目的。

（二）研究意义

该研究对于促进校、师、生三方的良性发展具有重要意义，具体体现在以下三个方面。

1. 学生方面

激发学生学习动机，培养具有自主学习意识、自主学习能力、自我发展素养的中学生，使学生具备与现代社会需要相适应的学习、生活、交往能力及不断促进自身自主发展的核心素养。

2. 教师及学校发展方面

进一步转变教师观念，树立新的教育质量观、教学方法观、学生观，提高学校教师队伍的教育教学能力；丰富学校校园文化内涵，构建校本实践课程体系，促进学校办学品质的提升。

3. 城市副中心建设方面

以学生素养提升为辐射，带动服务区内人口素养的提升，为城市副中心建设作出积极的贡献。

二、研究的实施

（一）研究目标

通过对"培养学生自主学习能力的校本实践研究"尝试，达到促进校、师、生三方的良性发展目的，具体目标有以下三点。

1. 学生方面

培养具有自主学习意识、自主学习能力、自我发展素养的中学生，使学生具备与现代社会需要相适应的学习、生活、交往能力及不断促进自身自主发展的核心素养。

2. 教师发展方面

在研究实践中，进一步转变教师观念，树立新的教学质量观、教学方法观和学生观，掌握适合培养学生自主学习能力的课堂模式。

3. 学校发展方面

形成适合培养学生自主学习能力的校园文化氛围，为学生自主学习提供文化动力；初步构建适合学生自主发展的校本课程体系和实施机制，丰富学校文化发展内涵，切实提升学校发展质量。

（二）研究阶段

1. 准备阶段（2018 年 10—12 月）

建立科研主任为组长的课题领导小组。成员包括学校办公室、教务处、政教处、总务处人员和年级组长。制订课题研究计划和相关保障制度规范。

2. 实施阶段（2019 年 1 月—2020 年 5 月）

（1）学校办公室牵头，研究实践"培养学生自主学习能力"的校园文化设计并实施。

（2）教务处牵头，组织年级组长、教研组长和骨干教师，研究实践"培养学生自主学习能力"课堂模式，组织落实培训、研讨、研课、交流和总结考核等相关活动。

（3）政教处牵头，组织班主任和相关教师，研究实践"培养学生自主学习能力"校本实践课程的开发与实施，构建校本课程体系和落实机制。

3. 总结阶段（2020 年 6—7 月）

分析研究数据，整理研究成果，撰写研究报告。

（三）培养学生自主学习能力的措施

我们的措施主要是从打造自主学习校园文化、构建自主学习课堂模式和开展自主学习课程三方面，来开展校本实践研究。

1. 打造自主学习校园文化

学校建设，文化先行。经过多年的建设和不断的规范，我校的自主学习校园文化已经渗透到学校的各个层面。自主学习文化建设与我校各项具体工作相统一，不断丰富着我校的内涵发展，进一步提升了我校的办学品质。

（1）自主学习环境文化建设。学校以"敬业、平等、文明"充分体现自主、自尊、自爱精神的核心办学思想为指导，以"厚德、博学、强体、爱校、兴漷、报国"校训为主题，打造整体校园文化，以此激励学生自主学习的动机和志向。校园层面，在教学楼外，每一处文化墙，都由学生按照主题，自主选材、自主设计、自主美化。教学楼内的四层文化墙，分别以"爱国、兴漷、博学、厚德"为基本主题，学校统一选材设计。在班级层面，也是学生基于班级精神和班级文化，进行自主安排设计。在自主学习的环境文化设计中，多为学生自己动手，自己体验，潜移默化中提高学习兴趣和能力。

（2）自主学习思想文化建设。思想文化不仅从表层上影响着师生个体的言行举止，还会从深层上影响到全校师生的理想、信念和意志等。在学校的"敬业、平等、文明"核心办学思想统领下，通过对师生的广泛调研和评议，确立了我们的办学目标，是建设成环境优美、质量优异、特色鲜明的农村优秀校。我们的培养目标是培养具有敬业、平等、文明素养的学生。我们的实施途径是在提高责任意识、学习意识、质量意识、发展意识的前提下，各项工作实现规范化、精细化和精品化。

（3）自主学习制度文化的建设。根据目前教育的新形势和面临的新问题，学校修订了章程。坚持"以人为本、促进自主发展、构建和谐校园"的原则，对已有的制度加以继承、扬弃和发展，真正让学校制度对全校师生起到约束、导向、激励和教育的作用。如在教师层面，我们制定有激励教师自主学习的"教学特色"交流评价制度。在学生层面，我们制定有激励学生自主学习的"综合素质"评价制度。在制度的制定上，体现激励自主学习、主动发展的管理思想。

　　总之，自主学习的校园文化，需要良好的自主学习环境文化的浸染，需要自主学习思想文化的引领，更需要自主学习制度文化的保障。

2. 构建自主学习课堂模式

　　培养学生自主学习能力，关键还在课堂。根据"以学生为中心的教学法（SCL）"，我们设置了"自学—答疑—达标"的自主学习课堂教学推荐模式，供教师们研究运用。

　　（1）开展教师培训。我们在区教师研修中心的帮助下，先后两次邀请英国卡梅尔女士，到校进行 SCL 教学法现场培训和演示。在此基础上，我们结合自身实际情况，提炼适合学生自主学习的方式要素，在年级层面，开展广泛的教师学习交流活动。

　　（2）实践研讨培养学生自主学习能力的教学模式。以课堂研讨为例，我们通过备课组，结合学科特点，在小范围内开展学生自主学习教学模式创新活动。教师轮流说课、作课和研课，慢慢形成了统一认识和初步模式。各备课组，每学期推出一节研究课，作为研究实践成果，参加教研组观摩课评比活动。全校六个教研组，在组内每学期末都要分别举办观摩课比赛。教研组以比赛的形式，汇报交流研究成果和体会，最终推出代表其研究水平的一节课，参加校级展示课比赛活动。在每学期初，我校都要举办持续一个月，以"培养学生自主学习课堂教学模式"为题的大型系列教学研讨活动。其内容包括教师说课比赛、课堂教育智慧案例交流和展示课比赛。每项内容都是围绕课堂教学展开，也都是经过备课组、教研组和学校三级选拔，最终形成学校课题研究实践成果。

　　（3）检验推广"自学—答疑—达标"的自主学习课堂教学模式。通过广泛研讨和实践，我们逐步确立了具有我校特色的"自学—答疑—达标"的学生自主学习课堂教学模式和课堂教学效果评价表。目前，教师们按照这一模式，主动地进行课堂教学探讨，也在逐步形成各自的课堂教学特色。为了进一步拓宽教师教育视野，提供课堂研究的理论支撑，我们先后给教师购置了《生命化教育》《卓越教师的 200

条教学策略》《"天使"教师》等书籍，供教师学习研究使用。教师的任何一项研究成果，包括教学设计、课例、论文和参加活动获奖等，只要是围绕培养学生自主学习能力主题的内容，按照制度要求，都将被纳入学年的教师综合考核评价中。

3. 开展自主学习校本实践课程活动

我校校本实践课程主要分为活动类课程、学科拓展类课程和地方特色类课程三类。

（1）活动类课程建设。我校活动类课程主要以社会大课堂和课外活动一小时的形式开展，内容包括体育艺术科技类，如田径、踢毽、跳绳、武术、空竹、羽毛球、舞蹈、合唱、摄影、书法和科技小制作等；还有主题教育活动类，如社会主义核心价值观教育（晨检、旗下讲话、主题班会、手抄报、宣传栏和电子屏等），法制安全教育（自救演练、安全疏散、模拟法庭和法律知识讲座等），以及传统文化教育（过传统节日、网上祭奠英烈和道德讲堂等）。同时，我校也鼓励学生参加镇、区、市各级竞赛评比活动，学习展示各种才艺和技能。所有活动类课程，是在教师指导下由学生自主组织和实施。

我校比较有特色的活动类课程是情景剧场。在每年暑假过后，我校都要举办情景剧场。情景剧场是以班为单位，把学生利用暑假期间，所读优秀传统书目节选章节，自主排练成情景短剧，利用情景剧场进行展演。这个活动深受学生喜爱，自主学习能力体现明显。

（2）学科拓展类课程建设。这类课程主要结合学生生活实际，从学生身边实景实物入手，利用所学知识，自主探讨生活生产奥秘；同时，潜移默化地引导学生，理解知识来源于生活、服务于生活，激发学生学习兴趣。例如，学校开设有"趣味化学""生活中的物理""生活处处皆语文"等课程。我们还开设有别具一格的"校园植物志"课程，课程从引导学生观察校园的一草一木开始，到查阅资料研究比对，再到确认植物类别、习性等，并给每种植物悬挂名牌标识。这样的课程不但丰富了学生的生物知识，而且很好地培养了学生自主学习的能力。

（3）地方特色类课程建设。潞县是一座具有两千年历史的京东古镇，具有丰富的历史和文化底蕴。为传承我们优秀的传统文化，学校开设了以"知家乡、爱家乡"为课题的校本课程。内容主要是教师引导学生收集、整理、讲述自己家乡的历史、地理和习俗故事等。其中，学生最喜闻乐见的地方课程是故事会。我校有近三分之一的学生是外地就读生。我们利用这个优势，在寒假，要求学生整理出生地的风土人情、文化习俗或传说故事等，在开学后以故事会的形式，展示给同年级的小伙伴。地方特色课程的实施，不仅能培养学生自主学习的能力，还弥补了地方特色教育的不足，使学生的情感体验更加全面。

三、取得的效果

（一）通过丰富学校文化内涵，凝聚了师生精神

课题研究丰富了学校文化内涵，使学校文化更有活力和创造力，凝聚了师生精神。良好的学校文化，鼓舞了学生自主发展、拼搏进取，自强不息的学习精神，成为他们不断努力向上的动力之源。

（二）以自主学习课堂教学模式为突破口，提升了师生素养

教师对课题的研究，引发了对教育教学观念、方式的深入思考。在实践中，教师慢慢地改变了教育观念和课堂教学方式，变"主演"为"平等中的首席"。特别是在对学生的培养中，学校以鼓励学生自主学习为突破口，重视让学生在学习过程中，去经历、体验和感悟，这是最为难能可贵的。事实证明，恰当深入的课题研究，确实能够提升师生素养和办学质量。

（三）初步构建了校本实践课程体系和实施机制

课题研究也促使我们的校本实践课程的实施工作得以逐步完善。学校校本课程都是围绕着"自主学习"这一个主题开设，渐成特色。从落实机制上看，我们也初步建立起一支课程研发、实施的教师队伍，和周边的课程资源也建立了广泛而良好的联系。课程实施的相关系列制度进一步完善，运行机制已较为成熟。目前，校本实践课程体系的雏形得以形成。

四、问题与思考

通过课题研究，学校有了可喜的变化，也取得了一些实实在在的成果。但在研究中，我们也发现了一些问题。比较有代表性的是，如何更好地处理好"培养学生

自主学习能力和教师指导的关系"，这需要我们做进一步更深入的研究。但培养学生自主学习能力是教育发展的方向，我们会一直坚持下去，既不会畏难退缩，功败垂成；也不会太理想化，赋予课题研究不能承受之重。总体来看，学校的"培养学生自主学习能力的校本实践研究"促进了学校的发展和办学品质的提升。

参考文献：

[1] 张静，田峰溶，李敏玉. 自主学习的影响因素研究进展 [J]. 社会心理科，2012（9）：10-15.

[2] 刘畅. 学生自主学习探析 [J]. 教育研究，2014，35（07）：131-135.

"崇德博物，通优育人"育人路径探索

北京市育才学校通州分校　李竹林

全国教育大会、北京市教育大会的召开，教育综合改革的深入推进，北京城市副中心建设的持续发力，掀开了新时代中国教育发展新篇章。北京市育才学校通州分校自 2007 年 9 月建校，经过十余年实践，确立了"崇德博物，通优育人"的办学理念，积极探索规划育人、德育育人、管理育人、课程育人、教学育人、教师育人和环境育人七种育人路径，形成了鲜明的"博物教育，通优育人"办学特色。

一、规划育人：崇德博物，通优育人，创建办学体系

学校立足整体，顶层设计"三位一体"办学体系，提升学校发展的规划力，如表 1 所示。

学校办学体系由理念体系、行为体系、形象体系三部分构成。理念体系包括办学理念、共同愿景、办学目标、育人目标、管理思路、一训三风和办学特色等；行为体系包括管理、课程、师训、德育、教学和环境等；形象体系包括视觉系统和听觉系统。

表 1　办学体系

		办学理念
办学体系	理念体系	共同愿景
		办学目标
		育人目标
		管理思路
		一训三风
		办学特色

		管理体系
办学体系	行为体系	课程体系
		师训体系
		德育体系
		教学体系
		环境体系
	形象体系	视觉体系
		听觉体系

二、德育育人：博爱厚德，化育人才，涵养德育氛围

学校德育工作，紧紧抓住学生线、教师线、家长线和社会线四条主线，涵养师生的综合素养。

（一）常规管理平台

构建习惯养成体系，研发习惯"成长记录袋"、养成教育课程，培养学生良好文明习惯；开展"行为规范知识竞赛""七色光下的彩虹少年""育才好少年""文明之星""五好班级"评选，让学生"学有榜样、行有楷模、赶有目标"，发挥评价育人功能。

（二）主题活动平台

将社会主义核心价值观教育及弘扬中华优秀传统文化作为重点，每学年开展理想教育、感恩教育、核心价值观教育、传统文化教育、社会实践教育、法制教育、安全教育和走进社区等系列活动，促进学生全面健康成长。

（三）家校共育平台

以"理解认同、合作共赢、共促成长"为家校共育目标，以《家长学校宣言》《育才教师宣言》《育才娃娃宣言》为行动纲领，成立"育才家委会"、组织"家长

讲坛"、建立"家长护苗团"、评选"育才好家长"等，拓宽家校互动渠道，推动家校携手共育。

三、管理育人：守正出新，激发动力，践行人本管理

在学校管理过程中，突出以人为本的价值导向，重视精神引领，强调自我管理，有效激发全校师生学习、工作和生活的正能量。

（一）明确人本管理目标

学校明确"德才兼备威信高，管理有方效果好"的干部队伍建设目标，制定《干部队伍建设方案》，确立"支部引领、民主管理、集体决策"的管理思路，对干部"选苗子、指路子、压担子、出点子、扶梯子、剪枝子"，促进干部成长；围绕"把方向、建机制、抓重点、促发展"的党建工作思路，以"强化制度建设，夯实工作基础""强化责任意识，推进廉政建设""强化中心工作，发挥引领作用"为措施，彰显支部堡垒和党员先锋模范作用；按照"常规工作讲规范、重点工作创业绩、特色工作出亮点"的工作原则，在宏观、中观、微观等层面做到统揽全局、立足实际、追求高效。

（二）贯彻人本管理主线

建立以人为本的"12345"管理主线。第一，坚持"一条道路"：走制度化与人性化相结合的人本管理之路。第二，围绕"两项关注"：一是关注两个需求（教育教学需求和教师工作、生活与发展需求）；二是关注两个提高（教育教学质量提高和教师生活、待遇提高）。第三，强化"三种方法"：教育基本方法（校内教育、家校协作和社区延伸），教学基本方法（"三段五环"教学法），学习基本方法（"三先三后"）。第四，狠抓"四个落实"：落实上级文件精神、落实学校规章制度、落实学校工作计划和落实学校会议决策。第五，推进"五条主线"：依法治校、制度建校、质量立校、以德兴校、科研强校。

（三）落实人本管理思想

学校在管理机制上，根据工作性质不同，结合干部能力特点，探索建立以人为

本的创新型组织。一是"心理健康"指导组，负责师生心理咨询；二是"学生社团"管理组，负责学生优长发展；三是"教师发展"指导组，负责教师专业发展；四是"课程建设"规划组，负责课程规划与建设；五是"法律咨询"援助组，负责师生法律教育、家校共育等事宜。

四、课程育人：广闻多识，学有优长，构建博通课程

学校树立新课程观，整合课程资源，系统构建"博通"课程体系，发挥课程育人功能。

（一）课程体系

以博爱、博学、博艺、通创、通健和通技为主题，分类实施，培养"博爱厚德、博学笃行、博艺尚美"的现代少年，见表2。

表 2　博通课程体系

博通课程体系	博爱课程	培养良好行为习惯，树立正确的世界观、人生观、价值观	博爱厚德 博学笃行 博艺尚美
	博学课程	激发学习兴趣，养成良好学习习惯	
	博艺课程	激发艺术兴趣，发展艺术特长	
	通创课程	培养良好的科学素养，提高创新精神和实践能力	
	通健课程	掌握体育与健康基础知识，形成健康的生活方式	
	通技课程	培养良好的劳动习惯，形成一定的劳动技能	

（二）课程实施

1. 三级课程

一是落实国家课程。严格实施国家课程，开齐课程、开足课时。

二是开设地方课程。落实地方课程教学工作，保障教师、课时落到实处。

三是研发校本课程。学校在各年级段分别开设"育才伴我成长""心理健康教育""科技与实验"等40余门校本课程；组建器乐、合唱、舞蹈、足球、体操和天文等学生社团；创建"育才金帆书画苑"和"美林教室"，开展书画、剪纸、版画和创意工艺坊等艺术培训。

2. 活动延伸

一是围绕博爱厚德，开展"向国旗敬礼""一感谢两问候"等"德在心中"教育活动；围绕博学笃行，开展志愿者服务、体验印刷术等"行在社会"教育活动；围绕博艺尚美，开展艺术节、体育节、科技节、美育节等"美在校园"教育活动。

二是10%学科实践活动。开展经典诵读、模拟法庭、戏剧展演等同学科多主题实践活动；开展语文学科"红色寻根，心灵之旅"、英语学科"毛主席的一天"短剧、道法学科"我的成长足迹"等跨学科实践活动。

三是开放性科学实践活动。在七、八年级开设"开放性科学实践活动"课，衔接好小学与初中科学教育，渗透物理、化学和生物等学科知识，提高学生科学素养和探究能力。

四是综合社会实践活动。学校系统设计活动主题，按计划开展学生活动，既有校外参观，又有校内体验。每生每学期完成相应活动，计入中考选考文科实践活动成绩。

五、教学育人：规范有序、百花齐放，积淀教学底蕴

在教学实践中，确立抓常规、抓课堂、抓教研、抓学法和抓评价的"五抓"教学管理，促进学生学业水平的提升。

（一）抓常规，奠定教学基础

1. 备课要求教师明确"四个标准"

脑中有课标、手中有教材、眼中有学生、落实有方法；做到"四个精心"：设计有效问题、安排教学流程、组织评价语言、布置作业练习；强化"四个关键"：研读是前提、学情是基础、细致是要求、创新是提倡。

2. 作业设计力求"三性"

"三性"即针对性、层次性、实效性；形式注重"三类"：书面作业、口头作业、实践性作业；批阅做到"三有"：有质量等级，有问题标注，有个性评语。

3. 反思要求教师"五思"

"五思"，即思成功做法、不足之处、教学机制、学生生成、再教设计。学校定期开展教学反思征集评比活动，促进教师提高教学质量。

4. 推进估分制

在评估前，教务处根据上次学生考试成绩从教师所教班级中每班随机选取好、中、差三类，各10名学生；在评估中，教师根据教学情况、学情判断、试卷难易预估学生成绩；在评估后，教务处对比预估成绩和实际成绩差值，计算方差，评价教师学情把握度，引导教师关注学生学情，改进教学行为。

（二）抓课堂，提高课堂实效

课堂贯彻"尊重规律，注重实效"教学思想，体现"明确目标（任务），主体参与（途径），反馈矫正（手段）"教学原则，推进"三段五环"教学法，见表3。

表3 "三段五环"教学法

三阶段	明确目标 （任务）	主体参与 （途径）			反馈矫正 （手段）
五环节	展 （激趣展标）	思 （自学质疑）	议 （合作解疑）	评 （梳理归纳）	测 （达标测评）
操作要点	创设教学情境 引起认知冲突 出示学习目标 明确学习任务	布置自学内容 知晓自学要求 给予自学指导 聚集自学问题	确定小组分工 交流小组困惑 点拨精讲疑难 分享学习成果	引导反思过程 梳理解题思路 指导提炼方法 积累解题经验	分配检测题目 当堂限时检测 巡视把握学情 及时训练矫正

在推进过程中，由于学科、课型、内容不同，教师可以灵活运用此教学法，兼顾百花齐放，对教法不做硬性规定，注重教学实际效果，促进课堂实效的提高。

（三）抓教研，提高研究效果

务本求实，开展教研组活动。学科教研活动每周一次，学科主管干部全程参与，坚持做到"三定五统一"。"三定"：定时间、定地点、定主讲人，"五统一"：统一进度、统一内容、统一练习、统一作业、统一检测。

专题教研，落实备课组活动。专题教研第一阶段为组内教研，全体教师参加。年初学习《课堂评价标准》，明确评价要点。作课教师提前设计内容，先组内说课，再交流研讨，修改完善后实践于课堂。第二阶段为校内展示阶段，在组内初评基础上，推选代表参加校级展示。

（四）抓学法，提高学习效率

指导学生掌握"三先三后"学习法，即先预习后听讲、先思考后回答、先复习后作业，提高学习实效性。

1. 学法讲座，同步跟进

分年级、分时段开展校内学法讲座；期中、期末考试前，由骨干教师围绕试卷结构、题型、重要考点等进行专题讲解；中考前，由中考学科教师围绕中考重难点进行专题突破。

2. 聘请专家，引领提升

聘请专家为学生作学法指导，同时带领学生走进育才本校，参加专题讲座。专家将中考前沿信息、解题策略等传授给学生，促进学生学习质量的提高。

（五）抓评价，反馈教学效果

1. 常规工作评价

过程性评价：学期中，教学干部、教研组长、年级长分别查阅教案、作业、手册等，不少于4次；分析教案、作业中的优点和不足，并反馈给教师，调整改进。

2. 课堂教学评价

围绕教学目标、学习条件、教学调控、学生活动、课堂气氛、教学效果六大项十四小项，制定《课堂教学评价——教师量表》；围绕教师角色、学生主体、目标达成、情感体验四大项二十小项，制定《课堂教学评价——学生量表》。课后组织师生填写量表，反馈学习情况，并将其作为课堂考核指标。课堂教学评价，见表4和表5。

3. 学生辅助评价

学期末，作为辅助考核指标，教务处组织学生利用教学评教卡对教师进行总体评价；评教结果以信封的形式"一对一"反馈给教师个人，引导教师关注学生感受、反思教学效果、改进教学行为。

表4 课堂教学评价表——教师量表

班级		学科		讲课教师		日期	
课题						评课教师	

评价项目	评价要点	符合程度		
		完全符合	基本符合	不符合
教学目标	符合课程标准和学生实际的程度			
	可操作的程度			
学习条件	学习环境的创设			
	学习资源的处理			
学习指导教学调控	学习指导的范围和有效程度			
	教学过程调控的有效程度			
学生活动	学生参与活动的态度			
	学生参与活动的广度			
	学生参与活动的深度			
课堂气氛	课堂气氛的宽松程度			
	课堂气氛的融洽程度			
教学效果	目标达成度			
	解决问题的灵活性			
	教师学生的精神状态			
其他说明				
等级评定	优秀课（10分）	较好课（8分）	一般课（5分）	差课（3分）
优点				
缺点				

表5 课堂教学评价表——学生量表

指标	观察点		完全符合	基本符合	不符合
教师角色	1	教态自然，语言准确简练，板书、科学合理			
	2	教学思路清晰、主线明确，层次清楚，结构合理，重点突出，符合学生认知规律			
	3	能正确熟悉使用直观教具、实验教材或现代信息技术媒体，并合理优化			

续表

指标	观察点		完全符合	基本符合	不符合
教师角色	4	开展有效学习活动，师生、生生多边互动，积极参与，把动手实践、自主探究与合作交流作为重要的学习形式			
	5	教学过程有利于学生主动观察、猜测、验证、推理与交流等学科活动			
	6	组织教学、方法、实验、规律运用得当，随机调控能力强			
	7	教学节奏适当，时空分配合理，教学进程自然流畅			
	8	教师在教学过程中具有鲜明的个人教学艺术风格			
学生主体	9	学生受到信任，意见得到尊重			
	10	情境创设恰当、有效，问题设计严谨、合理，利于学生参与			
	11	在自主探索和合作交流的过程中从事学科学习活动，体现学生是学习的主人			
	12	学习活动是活泼的、主动的、有个性的			
目标达成	13	大多数学生在原有基础上获得知识、技能、情感态度等方面的发展，特别是探索精神和创新意识的发展			
	14	会开发课程资源，适当补充有关材料，支持学生学习			
	15	多数学生有运用所学知识解决相关问题的愿望和能力			
	16	全面达成预设及生成的教学目标，完成教学任务			
情感体验	17	创设良好课堂气氛，进行积极评价，激发学生学习积极性			
	18	学生思维活跃，表现出积极的情感和态度			
	19	体现学生能力培养，自信心的建立和情感的激发			
	20	师生关系和谐，情、知交融			
得分小计					

备注：各项完全符合记 5 分，基本符合记 3 分，不符合记 1 分。

六、教师育人：仁爱笃行、勤学尚美，打造博雅教师

学校以培养"师德高尚、知识渊博、业务精湛"博雅教师队伍为目标，通过自主发展、同伴互助、分层培养，促进教师专业发展。

（一）自主发展

学校激励教师自主制定《五年发展规划》，设计发展目标，规划发展路径，制定措施。鼓励教师参与市区教育教学活动，如区研修活动、东西海教研活动，自主选择，开阔眼界。尊重教师意愿，统一购置教育教学书籍，向书本学习；组织"教师书友会"，分享读书体会，向他人学习；购买网络资源、查找教学资源，向网络学习。

（二）同伴互助

1. 组织新教师（工作 3 年以下）与市区骨干教师结成师徒对子

师傅在教学理念、教学方法、教学内容分析等方面给予指导，徒弟在科研方法、信息技术等方面对师傅给予帮助，促进师徒共同成长。

2. 组织教研专题

按照学生学习方式、教师教学方法、学科前沿信息、中考改革内容等，组织教师集体备课、交流研讨，突破教学难点。

3. 组织"育才讲堂"活动

优秀教师分享教学经验、班级管理方法，搭建平台展示优秀教师风采，发挥辐射引领作用，全体教师不断提高教育教学水平。

（三）分层培养

把教师按照履职时间分为成长期（1~4 年）、发展期（5~10 年）、成熟期（10年以上）和卓越期（市、区骨干）。通过带领成长期教师，以"培"促发展，把深度理解教学理念作为重点，开展理论培训和业务培训；培养发展期教师，以"赛"促发展，把熟练掌握教学基本功作为重点，开展竞赛活动（中考解题竞赛、师生同步答卷等）；锻造成熟期教师，以"研"促发展，把提升研究能力作为重点，开展

各种活动；提升卓越期教师，以"领"促发展，开展专题讲座、经验交流会，定期上公开课、展示课，带领组员交流提升。

七、环境育人：和谐雅致、点滴浸润，创设博约校园

学校从视觉、听觉两方面整体打造校园环境，营造优美灵动氛围，增强环境育人功能。

（一）视觉环境建设

学校行政、教学、文体、生活、广场五大区域环境建设，以"传承育才红色文化 培育现代博物少年"为主线，分区设计、各具特色。如广场区以"传承、励志、和谐、有为"为主题，依托徐特立雕像、伟人题词、校园橱窗、LED 显示屏、音乐喷泉、熊猫雕塑等载体，凸显红色文化、传承中华传统美德、创建优美和谐校园。

（二）听觉环境建设

精心设计校园铃声、校歌和学校宣传片等，发挥其独特的渗透性、愉悦性和教育性育人功能，助力师生陶冶性情、愉悦身心、塑造品格。

"崇德博物，通优育人"育人路径的探索践行，促进了学校办学品质的不断提升。近年来，学校先后获得"全国教科研优秀实验校""全国学生综合实践活动课题研究先进单位""全国传统文化教育示范校""北京市基础教育课程建设先进单位""北京市中小学艺术教育特色校""通州区中小学综合素质评价优秀校"等 30 多项殊荣。

通过实践，我们认识到，规划育人是逻辑起点，德育育人是树人灵魂，管理育人是必要根本，课程育人是主要载体，课堂育人是重要途径，教师育人是软件基础，环境育人是硬件保障。

今后，学校将继续以"立德树人"为根本任务，在创建办学体系、涵养德育氛围、践行人本管理、构建博通课程、积淀教学底蕴、培养博雅教师、创设博约环境等方面，努力探索"面向未来的基础教育"新理念、新方法、新途径和新措施，为办人民期待的美好学校而不懈努力。

构建初中"活动育人"实践体系，着力提升学生综合素质

北京市通州区张家湾中学　丁永明

加强和改进未成年人思想道德建设是中国特色社会主义新时代一项重大而紧迫的战略任务，改进活动育人实践是新时代对教育工作者提出的新要求和面临的新挑战。2018 年 5 月 2 日，习近平同志在北京大学师生座谈会上指出："人无德不立，育人的根本在于立德。这是人才培养的辩证法。办学就要尊重这个规律，否则就办不好学。"中共中央、国务院在《关于加强和改进未成年人思想道德建设的若干意见》中曾明确指出："既要重视课堂教育，更要重视实践教育、体验教育、注重自觉实践、自主参与。"

为全面贯彻落实教育部《关于培育和践行社会主义核心价值观进一步加强中小学德育工作的意见》《中小学德育工作指南》等系列德育文件精神，加强学校德育工作薄弱环节建设，扎实推进活动育人实践，我们对初中实践活动案例进行梳理，对初中"活动育人"的意义、目标、资源、方式和方法进行了深入的研究，构建了初中"活动育人"实践体系，并进行了深入的探索。

一、建立"活动育人"实践体系的基本思路

遵循"主体参与、合作活动、渗透探究、知行并进"原则，学校组建领导小组、德育骨干、全员协同、绩效评价四级活动管理团队，形成全员育人格局，确立各年级目标、实践主题，开发实践资源，开拓实践载体；搭建"活动育人"立体实践模式。让碎片化实践活动连接成闭环式整体活动体系，让直接的感受演变成习惯，进一步成为行为的自觉，引领学生成长。

二、"活动育人"实践体系探索与实践

（一）统筹初中三年"活动育人"实践计划

培根说："习惯真是一种顽强而巨大的力量，它可以主宰人生。因此，人自幼就应该通过完美的教育，去建立一种好的习惯。"

"活动育人"实践体系的整体性，体现在统筹初中三年实践计划。初一年级以"梦想起航——好习惯成就好未来"为主题，初二年级以"闪光的足迹——我成长，我快乐"为主题，初三年级以"圆梦青春——志存高远，脚踏实地"为主题。

从学生实际出发，循序渐进地实施实践活动。注重系统设计，注重全程育人，注重活动的持续与跟进，使受教育者在不断被鼓励与被强化过程中，求善倾向不断定型。

以学生活动空间为界，构建校内、校外系列活动；以学生活动时间为轴，构建节日、假期节点系列活动。强化受教育者环境与生长的统一，强化社会价值引导与个性价值构建的一致性。

（二）开拓"活动育人"实践体系资源

"活动育人"实践资源建设，紧紧围绕学生鲜活的生活开发、拓展和设计。陶行知先生说："教育是依据生活、为了生活的'生活教育'，培养有行动能力、思考能力和创造力的人。"回归生活的教育是最富有生命力的教育，学校努力让学生在实践中去体验，在体验中去感受，在感受中去思考。

1. 构建德育与教学一体化实践活动，协同育人

把思政小课堂同社会大课堂结合起来，以大思政格局为引领，发挥课堂主渠道作用，强化学科德育渗透。协调德育实践活动与学科教学活动，推进德育教育课程化管理模式。一是挖掘课堂主渠道的育人作用，挖掘学科教学中的德育因素，为课堂教学中育人活动的实施提供参考与指导。二是跨学科整合，组建专家、校长、教师代表、学生代表和家长代表参与的德育实践团队。三是以培养学生核心素养为目标，制订计划、建立制度、落实教师、安排课时、完善评价措施，突出整体育人的基本理念。四是德育实践活动融入学科教学，学科教师参与德育实践活动。例如，英语、语文学科在排练课本剧、校园剧时与音乐、美术、历史和地理学科共同活动，

引导学生感受、体验和传承传统文化。数学学科与思想品德学科联合组织学生收集侵害消费者权益的典型案例。

2. 启动社区共建资源工程，创新活动载体

以社区共建、军民共建、法制共建、文化共建作为资源工程建设基础，挖掘社区实践活动潜能，努力打造全社会齐抓共管的社区化的德育环境。让每一位学生学会做人、学会交往、学会学习、学会健体和学会创造，促进学生身心全面协调发展，让学生体验成长、成才的快乐。

初一入学教育在军营里进行，让学生们住在军营、吃在军营、训练在军营。短短几天的军营生活，很快帮助学生建立了纪律观念，形成了团队意识，培养了勇于克服困难的良好意志品质，为中学生活打下一个良好基础。

学生参与社区文明建设，通过书法、绘画、摄影、诗歌和散文追忆古运河、古通州往事，描绘现今社区和谐景象，宣传文明礼仪、绿色环保社区理念。

参观未成年人专用圆桌法庭，开设模拟法庭，让学生直观感受未成年人审判的教育、感化风格，了解司法文化的发展历程。引导学生们远离违法犯罪，树立法律意识，增强学生们的法制观念，提高法律素养。

开展"故事与原型"重现、"参与与互动"交融活动，串联历史、地理、文化等学科知识，指导学生学会"横向联想、纵向深入"的阅读方法与思维思考模式。

3. 同步家校实践活动，形成共育网络

建立有效的家校合作机制，开设家教之窗，利用网络宣传家教知识、宣传典型经验。安排家长开放日、家长接待日，建立多样化、人性化的家校沟通渠道。以班级为单位，安排家长开放日、家长接待日通过寄书信、网络对话、报喜卡、家访，发放《家长之友》班级刊物等形式，建立多样化家校沟通渠道。鼓励家长参与学校教育，参与班级管理。通过开展学习型家庭创建活动、教子有方好家长评选活动、家教优秀论文评比活动，在家长中树立优秀典型。

（三）创设学生展示舞台，构筑学生个性发展平台

"缤纷三月"——科技节、"璀璨四月"——文化节、"火红五月"——艺术节、"激情九月"——体育节，都是学生期盼的节日。本着关注、尊重学生个性差异的教育理念，为学生个性化发展创设展示舞台，构筑学生个性发展平台。每一名学

生都在"我参与、我快乐、我成长"主题活动中尽展才华、启迪智慧、陶冶情操，在自我实践中感受、体验、成长。

著名心理学家皮亚杰认为："一切有成效的工作必须以某种兴趣为先决条件。"师生文化活动是潜在的课程，师生中蕴藏着巨大的潜能，一旦被激发就会迸发出思维的火花，产生无穷的智慧和力量。

（四）穿越综合实践边界，突出整体育人

爱国主义教育基地、烈士陵园、博物馆、展览馆、美术馆、体育馆、音乐厅和非物质文化遗产等公益性文化设施，都是开展不同主题综合实践活动的重要场所。养老院、儿童福利机构、高校、科研机构、高新技术企业等社会机构，都是开展不同专题综合实践活动的重要资源。

在长城喜峰口，班主任和体育教师带领学生登上长城，历史教师为学生讲述喜峰口战役，地理教师为学生介绍长城八大关和地理位置，美术教师展示出长城美术作品，语文教师带领学生齐颂"望长城内外，惟余莽莽；大河上下，顿失滔滔"，高举五星红旗的音乐教师带领大家齐唱国歌。这样的综合实践活动把学科内容有效地融入其中，爱国主义思想与传统文化传承融为一体，德育教育与学科知识传授相得益彰。

在通州区中小学图书交易活动中，学生在图书交易过程中学会表达、体验交往，敢于交流、展示。他们在付出的喜悦中感悟到了劳动的价值，懂得了珍惜劳动成果。经粗略统计，在十余次图书交易活动中，学生共交易图书 6700 余本（套、册），交易金额近 3 万元。在跟踪回访的调查问卷中，学生将卖书的钱用于购买自己喜欢的图书的占 56.3%，买学习用品的占 28.4%，交给家长的占 7%，捐班费的占 4.4%，助贫帮困的占 2.8%，买零食的占 1.1%，上网吧的和请客的无人选择，学生正确利用劳动价值的人数比例为 100%。

生动活泼主动学习的学习方式，让学生感受到了主动合作、参与、探究和体验的快乐。

三、多元评价"活动育人"实践效能，助力学生的主动成长

评价具有导向、检验、诊断和发现等作用，通过评价可以区分优劣、明辨是非，

从而达到引导、控制行为过程的目的。对学生多元评价可以促进学生自我管理、自我教育。

坚持以人为本、主体性原则，把评价的主动权交给学生。适时、适当地强化评价的频次，动态应用评价结果，增强透明性、可比性，将评价过程作为树立榜样、明确目标、提升素养的平台和机会。发挥评价的激励作用，鼓励学生在评价过程中展示努力的过程与成绩，使学生获得不同层次、不同方面的发展。

（一）多元评价促进学生干部成长

发挥评价对学生干部成长的正导向作用，使评价成为学生干部发展的"催化剂"。对学生干部成长要素进行评价，包括兴趣、能力到绩效和素质等；对学生干部成长过程进行评价，从价值观、工作动机驱动到工作风格、作风等。改进学生干部评价内涵、外延、标准和方式，凸显多元评价对学生干部综合素质和全方位能力提升的促进作用。

多元评价从最基础处着眼，从最小事着手，从细微之处设计考量元素。根据学生所在社区设置社会实践基地负责人、志愿服务项目负责人，同时在家庭让学生更多地参与家庭事务。

（二）多元评价促进学生自我教育

自我教育符合中学生的心理发展要求。在自我意识发展的影响下，中学生探究意识越来越强，力求独立地探讨事物。初中生较多地用怀疑的眼光看待周围的事物，喜欢争辩，表现出较强的思维的独立性和批判性。在教育过程中，改变教师说教式的教育方式，更容易被学生接受，引起他们共鸣，提高教育效果。

在学生的学习、生活等领域建立了自我评价机制，建立校级、班级两级行为监督组织，由学生担任监督员，监督记录师生的日常行为表现。不论是在校、居家，还是参加社会活动，学生每一天要进行自我评价，接受监督评价。评价范围包括学习品质、创新意识、实践能力、日常行为规范、责任区卫生、家庭表现、晨检午检和社区服务等20个方面。依据评价范围每方面设计8项考核指标，设置不同的考核内容，总计160项，内容包括服装、仪表、卫生、举止行为、文明用语、兴趣、态度、习惯、方法、团结协作和探究意识等。

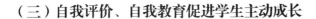

（三）自我评价、自我教育促进学生主动成长

自我评价、自我教育扩展到社会、家庭实践之中。学生自发地组织社会调查，到工厂、农村、商场、电影院和旅游景点走访，配合交管部门执勤站岗、疏导交通，在住宅区清扫街道、维护环境卫生，建立红领巾花园、共青团花园。

学生在与社会的接触中了解社会公德，认识公德的社会意义，培养环境意识和社会责任感。学生在自我评价、自我教育的过程中学会正确处理人与人、人与自然、人与环境的关系。自我评价、自我教育激发了学生约束自我的自觉性，使自身的综合素质得到提升，达到主动成长教育的最高境界。

"活动育人"实践体系突破了学科边界，统筹了德育活动、社会实践活动和学科实践活动，整合了课堂、校园、社团、家庭和社会实践基地等教育资源，呈现出科学、系统和模块式教育课程模式。

"活动育人"实践体系强化了学科间的相互配合，提供了学科间、教师间研讨合作平台。多学科教师参与的工作团队，集思想教育、学科知识、能力技能于一体，引导教师完成"由关注形式到专注观念、由树立育人态度到实现教育理想"的意识转变。

"活动育人"实践体系强调了学校、家庭、社会德育目标和德育评价的一致性。强化了学校、家庭、社会相互配合和相互补充，推动三者德育理念融通、过程协调、方法互补和资源共享。

"活动育人"实践体系体现了"认知与身心相结合，认知与行为相统一"的和谐德育原则，凸显学生学习体验、动手实践及创新意识的培养，丰富多彩、生动和活泼的活动形式，让学生体验成长、成才的快乐。

"活动育人"实践体系重视满足学生多样性、个性化需求、为学生多样化选择和实践提供机会，让处在不同水平的学生都体验到成功。注重人文素养的培养，引领学生向上、向真、向善、向美，在青少年心灵深处构筑理想，使精神在参与和体验中升华，形成良好的道德品质和行为习惯。

培养运河少年"五个一"素养的实践探索

北京市通州区运河小学　张兆宏

一、"运河少年五个一"的提出

北京市通州区运河小学地处京杭大运河源头，1989 年建校，2007 年 9 月原工业北京化工冶金研究院子弟小学并入运河小学，学校把该处设为低年级部。目前，学校共有 59 个教学班，176 名教职工，2880 多名学生，是一所年轻而又充满活力的学校。多年来，学校始终坚持"以人为本，全面发展"的教育理念，其中"以人为本，为学生全面发展服务"是学校不变的办学思想。如何理解全面发展教育的内涵呢？

（一）教育史追溯

追溯人类教育历史发现，全面发展教育理论从形成到完善历经了近三千年的演变。我国的全面发展教育思想萌芽较早，西周时期的官学要求学生掌握"六艺"，即礼、乐、射、御、书、数六种基本才能，既首重道德教育，又强调知识学习、身体及艺术技能训练。及至近代，蔡元培先生提出了以体育、智育、德育、哲学教育和美育为实质内容的"五育并举"教育思想，以及教育要"科学化、劳动化、艺术化"的"三化"论，开启了中国教育界关于全面发展教育的探索。中华人民共和国成立后，国家始终坚持全面发展教育方针。在很长一段时期内，相关的教育法规、政策文件中大多将全面发展教育明确为德、智、体、美"四育"，偶现德、智、体"三育"或德、智、体、美、劳"五育"的提法。同时期，苏联教育家苏霍姆林斯基提出了个性全面和谐发展的教育理论，强调"要实现全面发展，就要使智育、体育、德育、劳动教育和审美教育深入地相互渗透和相互交织，使这几个方面的教育呈现为一个统一的完整过程"。

（二）思考与行动

2009 年，我校干部教师在研究全面发展教育史、分析当代学生普遍状况、总结多年办学经验的基础上，明确提出小学教育的总任务是为学生德、智、体、美、劳全面发展打下基础和为生活作好初步准备。2010 年年初，我们反复修改制定了《运河小学学生标准》，简称"五个一"标准，后更名为《运河少年"五个一"》，内容涉及学生在德、智、体、美、劳五个方面的发展目标，分别如下：

文明守纪，传承美德，有一份爱国情；

喜欢学习，勤于思考，有一个好习惯；

喜欢运动，身心健康，有一项运动爱好；

喜欢艺术，快乐生活，有一项艺术技能；

喜欢劳动，乐于实践，有一项劳动本领。

2012—2014 年，我们经过多轮研讨、论证，进一步将上述发展目标细化成每个年级 30 项小目标，并据此开发出五大系列共 30 门、近 900 课时的校本课程。自此，我校逐渐完善了以国家课程为基础、地方及校本课程为补充、社团及兴趣小组活动课程为提升的"全面发展教育"课程体系。

二、"运河少年'五个一'"的实践

在实践落实"运河少年'五个一'"培养目标的过程中，学校既注重优秀传统教育方法的继承与发扬，又注重符合时代发展的新教育策略的研究与实践，形成了课堂内外相融合，学校、家庭和社会相结合的全面发展育人模式。

（一）德育为先，坚守做人之本

学校始终把立德树人作为教育的根本任务，把"文明守纪，传承美德，有一份爱国情"作为学校德育的主要目标，开发并依托德育校本课程，通过开展系列活动，努力践行"三全育人"（全员育人、全面育人和全程育人）策略。

1. 文明守纪，常抓不懈

培养学生文明守纪的行为习惯是学校德育工作的重要任务。从学期初的层层动员，到每周的德育校本课程学习与文明小竞赛，再到依托大型活动的体验历练，教育活动已逐步系列化、课程化，"勿以恶小而为之，勿以善小而不为"的校园文明守纪之风渐行渐盛。

2. 传承美德，辉耀中华

为创设运河小学优秀传统文化及美德传承氛围，学校主要从经典文化、节日文化、地域文化三个方面开展以"学习中华优秀传统文化为重点、继承中华传统美德为重心"的丰富多彩的教育活动，并精心布置以京杭大运河为主题的校园廊道文化，组织师生积极参与大运河文化带联盟校的合作与交流活动，在实践中了解地域文化的精髓。学校还重视以"学论语，明理笃行""国学启蒙教育实验"等科研课题为引领，提升优秀传统文化教育的科学性与实效性，促进师生共同成长。学校有多节国学课获得全国、市、区赛课特等奖，并在多地展示交流。学校的国学启蒙教育经验在全国研讨会上做分享。

3. 爱国报国，矢志不渝

对学生进行爱国主义情感教育是我校德育工作的核心内容。学校除了利用课堂主渠道有机渗透，利用道德与法治、专题综合及德育校本课程进行专题教育外，还针对小学生年龄特点，采用灵活多样的形式，增进学生爱国情感。例如，邀请国旗班战士或法警进校园举行升国旗仪式，以爱国主义为主题组织学生观看影片、参观基地、举办故事会，开展唱三歌（国歌、队歌、校歌）比赛，倡导学生及家长积极参加节假日期间社区组织的公益活动……通过学校、家庭及社会的共同教育，学生的爱国情已内化于心、外化于行，"祖国是大家""一方有难八方支援"等思想已成为学生的行为指南。

（二）学会学习，深植发展之根

"学会学习"是中国学生发展核心素养的六大指标之一，"喜欢学习，勤于思考，有一个好习惯"是我校对培养小学生"学会学习"素养的简单概括。在实际工作中，我们坚持"激发兴趣—策略导行—养成习惯"的培养路径，逐步引导学生学会学习、自主发展。

1. 激发兴趣，乐于学习

在教学中，我们注意遵循教育规律，采用"三段式导学＋三优化激趣"策略，引导学生真正喜欢上学习。教师指导学生将自学、交流和实践作为主要的学习方式，使学校、家庭和社会成为有效的学习场所，让教师、同学和家长及图书馆、互联网都能为学生提供有益的学习资源，引导学生在丰富的学习活动中正确认识并理解学习的价值，逐步培养学生积极的学习态度和对学习的浓厚兴趣，发展他们的自主学习能力。

2. 策略导行，勤思善学

在培养学生学习兴趣的同时，学校还鼓励并指导教师用科研的方法探索教与学的新路径、新策略，让学生勤于思考、善于学习。近年来，教师申报的教育科研课题先后有三十余项在市、区级立项，十余项课题研究成果在专业评比中获奖。学校还先后引进了"多元智能""学生学习策略""绘本阅读"等教学研究项目，构建了运河小学"学习策略311教学指导体系"，帮助学生掌握适宜的学习方法，并在不断应用、反思、改良和创新学习方法的过程中，逐渐形成适合自己的学习策略，初步具有终身学习的意识和能力。

3. 持之以恒，养好习惯

叶圣陶先生曾强调：教育就是要养成良好的习惯。为了更有效地培养小学生的良好学习习惯，我们组织教师自主开发了智育系列校本课程，从常规学习、自主学习、思考创新、实践应用、多元策略和形成能力六大方面循序渐进地引导学生在掌握一些基本学习策略。在实践中，我们注重抓好开端、关注细节，不仅在各年级、各门课程教学中通力做好习惯培养工作，还安排专题课程进行训练，并有效整合学校、年级、班级及家庭教育活动，关注学生的细微变化，及时引导学生进行评价、反思和扬弃，加速好习惯的形成。

（三）健体养心，铸牢成长之基

毛泽东在《体育之研究》一文中指出，"体育一道，配德育与智育，而德智皆寄于体，无体是无德智也"，道出了体育的重要性。我校将体育发展目标概括为"喜欢运动，身心健康，有一项运动爱好"，并在工作中注重将育体、育智与育情相融合。

1. 教中寓趣，喜欢运动

为了让学生喜欢体育运动，我校体育教师依据课程标准，认真梳理教学内容，结合不同年级学生身心特点，通过创设故事情境、组织游戏竞赛、解说比赛影像、介绍"最爱体育"等形式开展趣味化教学。学校组织教师精心设计了不同年级段"趣味体能训练"内容，供大家在体育课上有选择地对学生进行速度、力量、柔韧、协调和灵敏等方面的训练，全面提高学生的身体素质。

2. 创造条件，自选运动

学生每个人的运动天赋不同、能力各异，为了给他们提供更多的选择机会，学校组织教师开发了体育校本课程，并聘请杨氏太极拳传人蒋林和李泽辉先生创编并录制了适合低、中、高年级学生的太极拳教学视频，供体育教师在课上选学或者组建兴趣小组进行课余训练。目前，学校成立了篮球队、羽毛球队、武术队和体育舞蹈队等十余个体育社团，采取学生自主报名进入"普及队"、教练选拔成立"提升队"的方式，为每个学生从小就具有一项运动爱好提供保障。

3. 搭建平台，展示自我

学校通过定期组织年级体育比赛、全校运动会、为校内体育活动献计献策等形式为学生提供体育展示机会。同时，我校还积极组织学生参加市、区级的各项体育活动，为他们提供更宽广的展示平台。例如，自 2011 年以来，学校足球代表队分别在北京市足球项目传统校比赛等各项市级足球赛事中取得了优异成绩。2015 年 7 月，我校足球队获得了北京市"学转英超"足球联赛总冠军。其中的 10 名队员于 2015 年 9 月代表北京足球少年赴英国参加为期 6 天的"学转英超"足球访问，得到了在该国进行国事访问的刘延东副总理的亲切慰问。2016 年 3 月，我校有 6 名队员入选北京国安足球俱乐部 U11/12 代表队，远赴捷克参加国际青少年足球比赛，有幸在该国总统府接受了习近平主席和捷克总统泽曼的亲切接见并合影留念。

（四）崇艺尚美，塑造人生之品

艺术是人类文明的重要组成部分，学校提出的美育培养目标是"喜欢艺术，快乐生活，有一项艺术技能"。我们构建了"以提升艺术素养为目标，以课堂教学为主体，以兴趣活动为补充，以各种赛事和社会活动为契机，系统指导学生发展一两种艺术爱好，培养多种人才"的艺术教育框架，为学生开创了一片多姿多彩的艺术天地。

1. 立足课堂，落实美育

学校严格按照国家要求开齐开足艺术课程，保证艺术教育的普及率，同时加强对音乐、美术和书法等课程教学的常规管理和教学指导，并通过轮流外出培训、集体教学研讨、说课展示、艺术汇展和课程开发等活动不断提升教师的专业素养及教育教学能力。目前，学校的市级骨干教师群体中，有两位教师分别来自音乐和美术教学的第一线。

2. 开发活动，人人参与

为保证每个学生都能在课堂教学之外至少参加一项艺术活动，学校采取"校级＋班级"的组织形式，内聘教师、外请专家组建了民乐、国画、摄影和书法等校级艺术团队及贴画、诗朗诵和校园剧等班级兴趣小组供学生选择参与。学校定期邀请北京儿童剧院、木偶剧团和京剧团等社会艺术团体走进校园，让学生现场感受艺术表演的魅力。

3. 打造精品，服务社会

在广泛开展班、校级艺术活动的同时，学校还注重打造管乐团、葫芦丝乐团、合唱队、唱诗班等精品社团，通过交流、比赛和展演等活动给更多的人带去美的享受。例如，艺韵弘河百人交响管乐团组建十年来，多次在北京市学生艺术节比赛中获得一等奖，多次参加区内重大活动演出或迎宾活动，并赴外省市进行艺术交流。

（五）热爱劳动，树立品格之魂

自 2009 年开始，学校就坚定不移地将劳动教育确定为全面发展教育的重要组成部分，提出了运河少年要"喜欢劳动，乐于实践，有一项劳动本领"的发展目标，以解决当时劳动教育在学校中被弱化、在家庭中被软化、在社会中被淡化、在研究中被虚化的现象。

1. 丰富课程，培养意识

小学阶段的劳动教育首先要引导学生树立正确的劳动观及劳动价值观。为此，学校注重丰富劳动教育课程，不仅从师资、设备和资源等方面保障三至六年级劳动技术课程的教学落实到位，还开发了适用于一至六年级的劳动教育校本课程，既填补了一、二年级没有劳动教育课程的空白，又对三至六年级的劳动技术课程内容做了延展、提升与补充。同时，学校还注重在道德与法治、科学和综合实践活动等综合性课程中突出劳动价值观的教育，开发学生的劳动创造潜能，培养劳动意识。

2. 多彩活动，培养兴趣

劳动教育具有鲜明的实践性和综合性，小学阶段重在体验劳动。学校主要通过日常劳动、节点劳动、公益劳动、生产劳动和劳动竞赛五大类活动引导学生在日常化的劳动实践锻炼和各种主题活动中初步体验劳动的价值，养成热爱劳动的好习惯，并不断提高技能、享受成功。

3. 建立制度，养成习惯

从教育规律而言，劳动教育无时不在、无处不有，是整个教育的基础和归宿，因此，学校注重建立劳动教育制度，明确各学科教师都有开展或渗透劳动教育的责任；注意充分利用校内专用教室及校外劳动基地开展劳动实践，提高劳动技能；提倡在班级和家庭中实行劳动岗位责任制，教师或家长可以设置一些学生力所能及的劳动岗位供他们选择，定岗定责、定期轮换、阶段评价。学校通过这些措施促进学生逐步养成劳动习惯，将劳动当作一种积极的生存方式。

"运河少年'五个一'"的提出至今已有十余年。在实践中，我们不断深化着对全面发展教育思想内涵的理解，通过细化组织结构、增设年级主任等管理措施保障了五育并举工作思路落实到各个班级活动中。今后，我们将继续坚持学生发展要"善、真、健、美、实"的教育追求，促进他们各方面素质的提升，在和谐发展的基础上学有所长，为自己的幸福人生打下坚实的基础。

第四篇

课程教学新对策

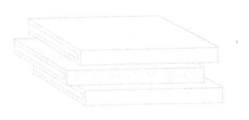

留一块"创新思维"的黑板

——基于创新思维能力培养的课堂教学策略探究

北京教育科学研究院通州区第一实验小学　陈金香

基础教育改革与发展是一个永恒的话题，也是教育理论界与教育实践界持续关注的焦点。如何在现代学校教育的领域中，创新聚焦思维能力培养的课堂教学，是我校审视与思考的关键点。创新思维能力培养是一个系统工程，在这一工程中，学校坚守教育规律与教育品格，明晰教育理念与教育策略，从教育哲学的普遍性与特殊性出发，建构发现教育课程体系的实践载体思维课堂，勾勒"启程点—历程点—析程点"的点状培养路径，并在发现教育的整体分析、综合素养的分层培养、实际获得的科学评价中破立结合，以点为始，形成射线般的无限延展，在创新思维能力培养的进程中，留下一块寓意丰富的"创新思维"的黑板，以教育力与研究力为发现成长做最生动的注解与最扎实的奠基。

一、启程点之整体思维：从发现教育到综合素养

"其作始也简，其将毕也必巨。"在创新思维能力培养的系统工程中，学校聚焦学生主体价值，深度解读发现教育理念并以其为启程点，在与课堂教育实践的高效链接中，秉承整体化的思维，建构具有"理论＋实践"的综合素养培养体系，即以理论思维实现知识的发现与再生，以实践思维创新探究学习与协同学习的方式，锚定创新思维能力培养的焦点，进而在有的放矢中多元实现。

（一）发现教育：撬动创新思维能力培养工程的支点

结合学校的校情、学情与师情，从布鲁纳的发现学习理论出发，学校提出

"发现教育"理念。伴随着学校进一步发展的逐渐深入，发现教育如同一个坚定的支点，在广义的学校场域与课程设置层面，撬动着学生创新思维能力培养工程，并在可持续发展中彰显其自身的核心力与领导力。一方面，充分链接发现教育理念与学校文化场域，促进课堂教育环境的革新。在 ASK 项目 ❶ 研究的空间设置中，我们融合胡塞尔的现象学与笛卡儿的空间数学理念，在静态与动态、现象与本质、文化与环境的深度融合中，创新建构具有发现教育特质的创新思维能力培养场域，为综合素养的形成做好物理空间的准备。另一方面，深度挖掘发现教育课程体系的边界，撬动培养课程的科学设置。学校在发现教育课程体系的基础上，科学引入友善用脑项目研究、多元智能项目研究、ASK 项目研究、思维训练项目研究、可持续发展项目研究等多个项目研究体系，自主研发了 7 类 60 门以思维训练为核心的校本课程，如数独、魔方、魔尺、围棋和七巧板等，以丰富的教育载体为学生创新思维能力的培养提供了必要的抓手。

（二）综合素养：构成创新思维能力培养体系的 DNA

北京师范大学肖川教授认为："从学科角度讲，要为素养而教（用学科教人），学科及其教学是为学生素养服务的，而不是为学科而教，把教学局限于狭隘的学科本位中，过分地注重本学科的知识与内容，任务和要求。"我们从学校现状出发，设计学校未来发展方向，建构基于创新思维品质培养的学科课程体系与课堂特质，在文化意义、思维意义和价值意义中培养学生的学习力、研究力与创新思维能力，使综合素养像学生身体中的 DNA 一样镶嵌于学生成长的全过程。

二、历程点之"群 +"思维：从独立学科到群化体系

"行之力则知愈进，知之深则行愈达。"知行合一是学校在创新思维能力培养历程中最贴切的表达。在发现教育理念的引领下，在创新思维能力培养的历程中，学校秉承知行合一的初衷，在认知与实践的相互作用下以"群 +"思维审慎启程，从独立学科到学科群，从特色课程到任务群，从项目主题到项目群，从知识行走到课

---

❶ ASK 课程是以培养学生的态度（Attitude）、技能（Skill）和关键概念或知识（Key concepts and knowledge）为基础，以发展学生的核心素养为目标，通过 PRE 课程、学科攻关课程和融通课程进行进阶式培养，为学生终身学习、自我的终身发展和适应未来社会奠定基础的课程体系

堂群，勾勒点状策略历程，形成层次分明具有动态属性的群化培养系统，生动记录创新思维能力的培养策略生成过程。

（一）从独立学科到学科群

学科群作为把握综合素养的一个独特视角，成为创新思维能力培养的课堂教学策略的关键历程之一。20 世纪 60 年代布鲁纳的学科结构论为我们思考学科的现代化问题提供了诸多启示。他认为，"学习结构就是学习事物是怎样关联的"。学校要重视学科本质、学科素养、学科实践的整体把握，打破学科壁垒，在学科的整合与融合中，"对学习者的先有概念的考虑必须成为一切教育计划的出发点"[1]。因此，要在各门学科的本质视点与立场中建构学科群，在学科群的教育实践中我们从学生出发，激发学生的兴趣点与思考点，并在多元教学实践中实现学生创新思维能力的实际获得。

在学科群建构中，教师在专家的导行中，依据学习空间的转变，凝练学科系统支架，设计学科融通下的学习目标与学习过程，并在教学评价中以大数据的支撑科学定义学生学习的动力系统与实际获得，坚持目标引领、整合学科内容，以学科群为载体推进思维课堂实践，在科学引导与循序渐进中逐步完成学生阶段化思维系统的培养目标。

（二）从特色课程到任务群

任务群作为实践共同体的典型代表，成为创新思维能力培养的课堂教学策略的关键角色。无论是特色课程的诠释，还是学生成长的护航，都离不开任务群中的教师和任务群式学习单。

在学科融通思维中，教师充分考虑班级学生的实态，针对学生的个别差异，共同讨论教学资源，建构教学内容和教学方式，并对学习情境中知识创新和思维拓宽力度进行强化，在共同体思维中设计任务群式学习单。以学科独立与融通为前提，以思维能力培养路径设置学习单任务，调动学生的主体性与协同性，在点线与波线的学科边界与师生互动交流中融会贯通，确立个性化学习目标，制定整体化学习策略，形成特色化学程时序，创新生成任务群式学习新路标，让学生在系统路径中完成学习单中每一个学习任务，在任务群中掌握每一个任务所必需的知识与能力，形成发现性、反思性任务构成方略，进而从多元视点出发全面进行教学创造，将因材施教落实到教育实处，以此来高质量完成学生创新思维能力的培养。

任务群在实现跨学科整合的同时，教师实践共同体在彼此分享中实践自己的教育主张并参考他者视点，在合作性与间主观性中形成共识，锻造实践思维，并在教学系统的复杂性与过程性中，实现教师主体与教师团队综合素养与关键能力的提升。

（三）从项目主题到项目群

项目群以多元的项目主题，在"全员参与"的教育哲学与"有效学习"的建构主义表达中，为同学们创设主题学习情境，提供丰富的学习资源，以项目研究的深度实践实现学生创新思维能力的培养。学生积极发挥主体性与协同性，完成项目群式研究中的每一个研究任务，在教师的指导与反馈中，掌握每一个任务所必需的知识与能力，并积极应用于实践；同时，结合思维课堂与项目研究中养成的习惯与能力，举一反三，发现问题并确立课题，进行主题探究和合作探讨，创造思维文化，养成积极的社会参与态度，全面实现学科素养与跨学科素养的均衡发展。

在新型冠状肺炎疫情发生的特殊时期，学校以学生为主体，以立德树人为根本任务，深挖德育教育焦点，确立"爱"的主题关键词，延展生成以"爱+"为主题的德育课程群，形成"两段四层"的德育体系建设，即确定"认知—情感—行为—探索"的四维培养目标，形成"爱与生命项目—爱与自然项目—爱与他人项目—爱与世界项目"四大课程群组，确立"阐释—共享—评价—拓展"四步课程生成路径，培养师生的"认知能力—社会能力—行动能力—创新能力"四个成长关键能力，在内容范畴、教育资源、实施方案、实施结构、教学路径、发展评价的向度中互相支持、彼此链接，探究勾勒"点—线—面"一体的德育教育新生态体系，从而深度实现学校德育教育的创新思维能力培养的根本任务。

此外，在项目研究过程中，创新生成 SPR（Subject Project Research）学生主题项目研究手册，见表1，记录学生研究过程，让学生在项目研究过程中有抓手，在项目研究成果总结中有载体。

表1 SPR 研究报告手册（项目学习阐释阶段）

研究阶段	北京教科院通州区第一实验小学 SPR 研究报告
第一阶段 项目学习 阐释阶段	（1）确定项目，选定主题。在本项目研究中，你对什么感兴趣？你的研究点在哪里？ （2）提取信息，开展研究。针对自己的研究点进行信息提取与学习，并在众多资料的整合中，确立关键点，在教师与家长的支持下，以自己为主体开展研究； （3）研究问题，评估主题。形成自己要进行研究的问题点与主题点，针对此点是否与该项目主题研究有关联进行评估； （4）交流共享，指导生成。与教师进行确立的关键点的交流，请教师进行指导； （5）阶段总结，形成成果。进行阶段性学习成果与心得体会的总结，形成研究的主要观点与总结

（四）从知识行走到课堂群

课堂群作为课堂教学策略的生动样态，在培养学生创新思维能力的过程中，呈现为具备多元化教育实践路径与教育研究思考的群化特质。基础型课堂与特色型课堂，更多地实现学生知识扎实程度的培养；行走型课堂则借助优质的社会资源，建构一种研究型的课堂，让学生在行走中开拓思维的视域，在课堂群的历程中实现学力与动力的呈现。在行走型课堂建构中，学校"寻求学校课程的重建"，通过学科融合、综合实践研发、德育主题活动等途径，着力凸显并建构以"主题项目+"为特色的大课堂实践课程体系，确定各学科的可"实践点"——知识点、衔接点、实践地点，进行拓展延伸，探索出串"点"成"线"，由"线"及"面"，组"面"为"体"的主线式设计模式，并以主题项目研究的形式带领学生经历原生态的真研究过程，以课题形式展开，践行自主、实践和发现的核心点，让学生在广阔的研究空间中提升创新思维能力。

三、析程点之评价思维：从主体评价到课堂评价

"周虽旧邦，其命维新。"在总结创新思维能力培养的路径中，一方面，学校聚焦学生主体获得与教师主体教学层面，以创新思维能力为旨归，进行具有针对性的评价；另一方面，学校从课堂教学策略的品质形成度出发，在分析总结中科学创造具有大数据特征的思维课堂教育评价系统。

（一）对学生课程实际获得进行评价

1. 切入主题的诊断式评价

在课程评价的层级设置中，我们根据学生关键能力、核心品质与综合素养的落实情况，对课程内容与学习过程的有效性进行诊断式评价，要求教师以小组为单位进行诊断式分析，形成诊断报告，发现学生在学习过程中存在的问题，及时给予针对性的补正。

2. 聚焦结果的过程性评价

这一评价方式贯穿于课程实施的完整过程。它关注学生的学习过程，因为课程主题的不同而形成不同的关注点。评价内容着力表达每一名学生在整个课程体系学习过程中的多维表现，针对学生态度、思维、能力和情感等方面进行多维评价。这一评价是动态的，既关注结果，又关注过程。

3. "星少年"全面性评价

"学生学习过程既是一个复杂的认识过程，又是一个复杂的心理过程、思维过程和行为过程等。"[2] 学校为学生成长建构科学完整的可持续成长评价体系，即"发现·星少年"成长评价计划。这一评价体系是通过定性与定量相结合的方法，对学生在学校、家庭和社会的过程性表现、个性化发展、学业完成度和综合品质形成等各方面表现进行的全面性评价。评价主体有教师、家长、同学与社会人士。在"疫起见爱"云端德育课程评价中，依据"发现·星少年"成长评价计划内容，赋予每一名学生特定的成长积分，让每一名学生通过努力赢得所有的积分。当完成积分计划之后，将其记录在学生的成长手册中，作为学生六年系统化评价不可或缺的组成部分，为学生不断追求美好的品质与形成关键的能力提供持续的动力，为学生的未来自主发展与综合素养的提升奠定扎实的基础。

（二）对教师课程实施情况进行评价

1. 教师小组评价

在创新思维能力培养的过程中，针对课程内容与教学方式的创新，教师以年级为单位设置评价模式，围绕课程落实情况进行团队合作与个人分工积分管理，根据积分结果进行奖励。此评价以学校管理团队为评价主体，在宏观数据面前进行公正而客观的评价。

2. 教师个人评价

各教研室针对教师个人课程设计创新、学术研究情况进行成长积分评价。对个人评价中名列前茅者，学校给予成长激励。

（三）对课堂教学策略品质进行评价

我校在自主研发的自我认知风格测量工具的基础上，努力了解每一名学生的特点，为扎实推进基于创新思维能力培养的课堂教学策略做好铺垫。同时，我校积极探讨教学评价体系的建立，聚焦品质的维度，从大数据的立场出发，在对话性实践与项目研究中，制定课堂教学策略品质评价体系，评估课堂教学策略的实效（见表2）。

表 2　课堂教学策略品质评价体系

关键要素	品质维度	关键指标
创新思维能力培养非学业品质	学习认知与体验	自我认知
		自我反思
		自我评价
		学习情感
	学习动机与态度	学习兴趣
		学习期望
		学习情绪
		学习信心
		学习责任心
		学习主动性
	学习能力与方法	制订计划能力
		获取知识能力
		自主学习能力
		问题解决能力
	学习意志力与学习投入	情绪管理能力
		自我控制能力
		自我监督能力

关键要素	品质维度	关键指标
创新思维能力培养非学业品质	学习环境与挑战	家庭学习环境
		线上学习环境
		项目研究质量
		主题学习难度

今天，我们的学生从曾经课堂中的被动倾听者，成为思维课堂中主动思考者，他们以扎实的获得映照着学校教育发展之路的坚实。当他们在观察与研究中发现问题、解决问题，在思维导图中以多种颜色描绘思维品质成长与形成的多种可能性时；当他们行走在课堂与实践中，在点线面体的教育资源与体系建构中，独立思考、彼此合作，在多主题的项目研究中承担课题研究，形成思维品质与关键能力及综合素养的提升时；当他们先后在全国航模大赛、海模大赛、科技创新大赛、未来工程师博览与竞赛、解题能力大赛、世界小提琴大赛、世界青少年斯诺克大赛中获得冠军及一等奖的优异成绩时……我和我们的教师被他们一点一滴的变化激励着、感动着。瞩目未来，我们将在教师教育力与研究力的提升中，不断拓展创新思维能力培养的场域，在小小的黑板上，举力写下成长的无限美好！

参考文献：

[1] 安德烈·焦尔当.学习的本质 [M].上海：华东师范大学出版社，2015：7.

[2] 上海市教育委员会教学研究室.基于问题解决提升课程领导力行动 [M].上海：华东师范大学出版社，2018：8.

构建"钻石型"课程体系，推动学生健全发展

北京理工大学附属中学通州校区　陆　旻

北京理工大学附属中学通州校区的前身是通州区潞州中学。2016 年，为促进北京城市副中心基础教育质量的提升，北京理工大学附属中学跨区承办潞州中学，学校更名为北京理工大学附属中学通州校区，学校发展从此进入转型期。要提升办学品质，课程建设是关键。几年来，学校在构建"钻石型"课程体系，推动学生健全发展方面做了积极的探索。

一、研究缘起

（一）立德树人，发展素质教育的需求

党的十八大明确提出，"把立德树人作为教育的根本任务"；党的十九大进一步强调"落实立德树人根本任务，发展素质教育"。要全面落实立德树人的根本任务，发展素质教育，需要完善的课程体系做支撑。

（二）落实《普通高中课程方案和课程标准》的需要

《普通高中课程方案和课程标准》进一步强化了社会主义核心价值观教育和学科的育人功能，体现了鲜明的育人导向，思想性、科学性、时代性和整体性等明显增强。钻石型课程体系以《普通高中课程方案和课程标准》为指南，注重学科发展、人格养成、个性化培养、注重知识的实际应用和创造性培养，是落实《普通高中课程方案和课程标准》的具体体现。

（三）解决高中课改面临问题的需要

在实施教学过程中，学校面临的主要突出问题：课程内容与资源不足，课程结构单一等。构建钻石型课程体系有利于解决上述问题。

二、课程体系建设目标

在北理工教育集团"秉持发现教育，成就每位学生"的教育主张引领下，北京理工大学附属中学通州校区确立了课程体系建设的总目标：建立并完善能满足学生全面素质发展和创新人才培养所需要的课程体系与教学机制；以校本课程建设，推进学校课程体系建设；以学校课程体系建设拓展学生发展空间，凸显学校办学特色。学生发展目标："守规矩、懂感恩、有教养、厚基础、重实践、会创造"；在知识、品质、能力、个性等方面，得到和谐、全面、可持续的发展，使学生的发展有广阔的空间；健全学生人格，提高学生的综合素质；热爱学习；兴趣爱好广泛；至少学习一门形成自己特长的课程；学会思考和观察，学会质疑和探究，形成良好的学习品质；动手实践，增强劳动意识，培养动手能力和创新能力。教师发展目标：学会学习、学会反思、学会创新，成为实践的研究者，成为具有较高职业素养、个人修养与人格魅力的优秀教师。

三、课程体系基本结构

学校"钻石型"课程体系主要包括四类课程：学科基础类课程、学科拓展类课程、人格养成类课程和PSC活动类课程。通过四个维度的课程学习，强健学生身心，促成学生健全人格养成，发展学生个性潜能，促进学生健全发展。由于课程体系的模型犹如一个钻石模型，学校将此命名为"钻石型"课程体系。

课程体系中的学科基础类课程是指以国家课程标准制定的必修选修课程为基，以校情学情为本实施的基础类课程。学科拓展类课程是指基于学生学科兴趣实施的对学科基础知识与技能进行内涵和外延拓展的课程。人格养成类课程是指根据立德树人的目标构建的德育系列课程。"PSC活动类课程"是指根据国家课程标准的能力和素养要求，注重学科知识与生活实际相结合（Practice，简称P）、注重学生志愿服务（Service，简称S）、加强学生创造力培养（Creativity，简称C），以此构建的活动类课程。其中，学科基础类课程侧重知识与技能的建构，人格养成类课程重在情感态度价值观上收效，学科拓展类课程与 PSC 活动类课程则注重过程与方法方面的培养。四者结合共同助力学生健全发展，如图 1 所示。

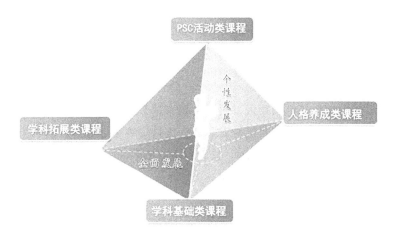

图 1　学校课程体系图

四、构建完善"钻石型"课程体系的具体措施

（一）建全学科基础类课程，使国家课程校本化

学校的学科基础类课程主要是国家课程的必修课、选修课，具体实施时又结合学校所处地域特点，以及学生来源层次，组织学科教师围绕育人目标，深入研究国家课程标准，对国家课程必修课、选修课进行合理的、必要的整合；充分利用现有各学科丰富的课程内容，找出与育人目标相关的单元（模块、章节和课文），采取有效的教育教学策略和方法，通过恰当训练，促进学生达成育人目标。

以语文学科课程为例，在课程的实施中，我们借助学校地处大运河畔，毗邻中国宋庄的特点，将中华优秀传统文化教育与语文学科融合，开设了"四维国学"系列课程，使语文课程贴近生活，涵养学生气质。

1. 经典诵读

将诵读方法与古诗文教学和国学经典教学结合起来，教师和学生一起诵读国学经典，如《三字经》《声律启蒙》《诗经》《论语》等。学生通过诵读去感悟古人的家国情怀和儒士精神。诵读旨在用声音形象塑造、再造、创造诗词之美，包括经典之美、美的意境、美的情感、美的品质、美的价值、美的人格、美的人生……通过经典诵读活动，形成浓厚的以"国学经典伴我成长"为重点的读书、学习氛围，以最便捷的方式帮助学生了解经典，在此过程中使其逐步明白做人与做事的道理，学会和谐、友善地与人相处，待人接物彬彬有礼，让学生在丰富的传统文化熏染下，传承传统文化的文脉。

2. 学科融合

学校本着"用中华精神培育人，用唯美教育涵养人"的思想将国学课程渗透在基础学科教学、艺体人才培养、社会实践和班级管理等多个方面。例如，"乐府社"社团由语文老师与音乐老师共同组建，旨在将古诗词的韵味与音乐的韵律完美结合，使学生在吟诵中感受学科跨界融合的魅力，收获成功的喜悦。

3. 技艺涵养

琴、棋、书、画等传统技艺是中华文明的重要载体，也是中华文明与智慧的传承载体，因此学校组建了"六艺社团"，有京剧社、民乐社、乐府社、安塞腰鼓社、舞狮舞龙社、武术社、剪纸社、软笔书法和茶道等多个学生社团。学校开设传统文化技艺课程，让学生在传统文化的氛围中静心涵养，体会"修身、齐家、治国、平天下"之道。同时，学生也在优质校本课程的浸润下习得中华传统技艺。

4. 文化研学

为使学生能够更真切地学习到中华文化精神，学校多次组织了各年级的文化研学。我们的研学指导理念是"以儒家文化寻源为主题，以历史古都为脉络，开展研学旅行"，精心制定与学生知识水平相匹配的个性化的研学课程，尤其重视北京文化资源的利用，旨在使学生有更多机会了解国学内涵，走近传统文化，开拓人文视野，在探索与体验中将国学精华内化于心。

（二）丰富学科拓展类课程，使拓展课程系统化

学校的学科拓展类课程是在学科基础类的课程基础上，或挖深学科内涵或扩展学科外延形成的。有的教师借助大学或研究生阶段的研究方向，把学科内涵细化深化，如美术学科开设了素描、书法、漫画和软陶艺4个分支特色课程。物理学科开设了热塑片、人工智能课程。有的教师结合生活实际和学科兴趣，拓宽学科视野，

开设了如数学与魔术、饮食地理和生活中的化学等拓展类课程。

学生在学科拓展类课程中领略了学科的独特魅力，拓展了视野，了解了学科前沿，深刻理解了学科概念的内涵，这也有助于其选定学业发展方向，主动做好生涯规划。

（三）落实立德树人，使人格养成课程特色化

习近平总书记在全国教育大会上指出："要把立德树人融入思想道德教育、文化知识教育、社会实践教育各环节。学科体系、教学体系、教材体系、管理体系要围绕这个目标来设计，教师要围绕这个目标来教，学生要围绕这个目标来学。"学校认真贯彻教育大会精神，在教育教学工作中重视落实立德树人这一根本任务，促进学生形成健全人格。

1. 在德育活动中培育道德素养

学校以"三节""三纪""一表彰"为代表的特色活动课程，以学生喜闻乐见的形式，让学生在参与中启迪心智、认识自我、挖掘潜能、收获成长。"三节"即体育节、科技节、文化节；"三纪"即五四青年节纪念、一二九学生爱国纪念、南京大屠杀死难者国家公祭日纪念；"一表彰"即"十星表彰"——学习优秀、体育健身、诚信友善、孝亲尊师、艺术修养、科技创新、社团活动、志愿服务、助人为乐和自强自律十个维度的评比表彰。这些特色活动关注学生价值引领，关注学生学习生活表现和成长过程，很好地促进了学生道德品质的发展。

2. 在学科教育中涵养个性品质

学校充分挖掘学科蕴含的德育资源，将育人内容有机融入各门课程教学中。例如，为了五育并举，育人于行，我们开展了丰富的艺术、体育和科技等社团活动课程。传统国艺类社团有舞龙舞狮、葫芦烫画、太极扇、安塞腰鼓、剪纸等；艺术类社团有合唱、戏剧和民乐团等；科技类社团有无线电测向、航模制作、模拟飞行、遥控飞行、单片机、机器人和天文等；体育类社团有足球、健美操、跆拳道、街舞和棒球等。学生在学科技艺的习得过程中感受爱国敬业诚信友善等价值观内涵，促进了良好情感态度价值观的养成。

3. 在研学实践中体味社会价值

2017 年，学校开启了研学旅行"阅历课程"。学校认为开展研学旅行，有利于

促进、激发学生对祖国、对家乡的热爱之情；有利于引导学生主动适应社会，促进书本知识和生活经验的深度融合；有利于从小培养学生文明旅游意识，养成文明旅游行为习惯。我们希望学生在融入自然、走进社会中"用双眼看清世界，用双脚丈量人生，用课程引领成长，用故事书写感动，用生命影响生命"。带队教师主动参与课程创意，与学生共历共学。

例如，通州有不少历史文化遗产，为此学校开设了"大运河"研学课程。在研学实践的过程中，要求学生利用采访、调查等形式，完成一次运河主题的调查研究实践报告，以此提高其发现问题、调查实践、总结归纳和整理分析等进行学术研究的综合能力；通过辩论赛与采访调查等活动，学会理性判断与价值分析，用辩证的眼光看待问题；通过在大运河畔的徒步益行活动，磨砺心智和砥砺成长，学会承担社会责任。

（四）探索项目学习，使 PSC 课程跨学科实施

在现行教学体系中，知识的传授大多采取讲授的模式，但大量的研究和调查表明，以问题为导向的、基于学生的现实世界，注重学生参与的教学方法，更能使学生主动探索现实世界的问题，并在这个过程中学到更多的知识和技能。

学校学生创作小吉他尤克里里的过程就是很好的 PSC 活动类课程实例。尤克里里的设计与制作是在校本课程"未来城市"项目的基础上实施的。高一学生已经有了初中物理、音乐和高中通用技术课程的知识基础。在实施中，学生利用硬纸板设计组装长方体，关注了纸板的厚度及各面粘接时尺寸的匹配问题，制作了琴身共鸣箱的孔，安装橡皮筋作琴弦，制作出吉他的模型。小组内同学合作交流，进行组装、调试、美化，尝试弹奏歌曲。在活动中，物理、通技、音乐和美术教师自发形成指导团队，学生在跨学科的实践学习中加深了对 STEAM 的理解，收获了成功的喜悦。

通过 PSC 课程的学习，锻炼了学生的创造力、团队合作能力、动手能力、计划及执行项目的能力。

五、效果与反思

"钻石型"课程体系在学校试行了四年，取得了一些成效：它满足了学生个性发展的需求，较好地促进了教师专业发展，也进一步带动了学校的发展。

但在实施过程中我们也发现了一些问题，如大部分教师非常重视课程的设计，但只有不到一半的教师对学校的"钻石型"课程体系非常了解，仅有 68% 的教师阅读并理解课程标准；教师制订课程计划的比例较高，达 90% 以上，但是认为自己所制订的学科拓展类课程计划和人格培养类课程计划与课程目标相符合的仅有 70%；部分教师设计的实施方案不具体、可操作性差，有的教师将方案写成总结和工作计划，甚至有个别教师的课程计划仅供检查；有些教师在选课指导手册、课程实施方法、选择原则与标准等方面欠缺，难以保障对学生的个性化辅导等。这些现象直接导致制订的课程计划无法达到预期目标，不能有效地推进课程的实施。

针对这些现象，学校课程管理者（包括学校领导和教师）将加强对课程实施的指导、监督和调整，建立课程领导小组，对教师课程的设计、实施等方面进行系统的指导。此外，学校也将在厘清岗位职责、明确职责权限、开展过程监督等方面健全制度，保障课程实施。

四年来的课程构建实验，有经验，更有教训。我们坚信，不断地构建和完善学校课程体系，会持续促进教师专业发展，也必将成就学生全面而有个性地发展。

"成全课堂"教学方式的实践研究

北京市通州区小务中学　刘志林

一、研究的背景

从 21 世纪开始，国内外教育改革的趋势从教育体制改革转向课程教学改革。《基础教育课程改革纲要》（简称《纲要》）中提出："要逐步实现学生学习方式、教师的教学方式、师生互动方式的变革。"在这三者中，教学方式起决定作用，直接影响学生学习方式和师生互动交流的方式。《纲要》还提出："改变课程实施过于强调接受学习、死记硬背、机械训练的现状，倡导学生主动参与、乐于探究、勤于动手，培养学生收集和处理信息、获取新知识、分析和解决问题及交流与合作的能力。实现教学过程既是学生获得'双基'的过程又是形成正确价值观的过程。"

中国教育学会理事长邱学华提出的"尝试教学法"对我校的"自学、自练、自教、精讲、自检"（简称"四自一精"）的教学方式有很大的借鉴意义，但"尝试教学法"仅局限在小学的数学教学。

我校地处通州区东南的偏远农村，学生学习的动力、毅力弱，自主性学习意识缺失。加之家长对孩子教育的忽视，一部分学生家庭学习处在失控状态。此外，新型冠状病毒疫情对学生居家自主学习能力也提出了非常高的要求。所以学校抓住课堂这一主阵地，进行"四自一精"的"成全课堂"教学方式研究，在研究中凸显学生在学与教中的主体地位，努力培养和提升学生适应未来生活的学习力。

二、核心概念界定

"成全课堂"是指自学、自练、自教、自检和精讲的课堂教学方式，即"四自一精"。该教学方式是为完成学习任务而采用的办法，包括学生限时自主学习、限时自主练习、限时相互讲解的学习方法、教师限时精讲、学生当堂自我检查的教学方法，是教师引导学生实现三维课程目标，努力培养学生核心素养的方法。

三、研究的目的

通过课题研究，我们梳理出"四自一精"的"成全课堂"教学方式的基本环节及注意事项，激发学生强烈的学习需求、情感和兴趣，促使学生接受新知识、新信息的感知力、思维力和动手实践能力等学习能力得到提升。

四、研究的内容

围绕"四自一精"的"成全课堂"教学方式，学校课题组进行了以下几方面的研究。

第一，"四自一精"的"成全课堂"教学方式基本环节及注意事项。

第二，"四自一精"的"成全课堂"教学方式的评价。课题组把课堂教学方式的五个模块分解成七个基本的教学环节，以这七个教学环节作为评价的一级指标，下设若干评价要素，每个都有相应的评价要素和赋值。

五、研究成果

（一）提炼出"四自一精"的"成全课堂"教学方式的各环节操作方法、目的、意义及注意事项

1. 环节一：出示学习目标（约1分钟）

（1）操作。通过PPT或学案让学生了解学习目标。

（2）目的。让学生从整体上知道本节课自己要努力完成的各项学习任务和要求。

（3）意义。① 使学生从上课开始就明确本节课的学习目标，激发学生的学习兴趣，调动学生学习的积极性，促进学生在以后的各环节里主动地围绕学习目标进行自学、自练、自教、自检和聚精会神听讲。同时，推进情感、态度与价值观课程目标实现。② 由于学习目标往往是一节课的"应知、应会、应考、应得分"的主干知识和核心能力要求的体现，因此长期坚持出示学习目标，可以培养学生的概括能力。

（4）注意事项。① 教师要认真研读 2011 版的课程标准、近五年北京市中考试题、各城区模拟练习题、教材和学情，以备课组为单位准确地制定适合学生的学习目标。② 层次清楚，简明扼要。③ 教师要引导学生认真默看学习目标。

2. 环节二：出示自学指导（约 1 分钟）

（1）操作。通过 PPT 或学案让学生了解自学要求。

（2）目的。让学生明确自学什么内容；怎么自学；用多长时间；应达到什么要求；自学后如何检测。

（3）意义。① 让学生明确学习任务，掌握适当的自学方法，有的放矢地自学。② 坚持每次自学前都给予方法指导，使学生积累、掌握各种自学方法，从而促进新课标倡导的"过程与方法"课程目标的实现。

（4）注意事项。① 明确自学内容，让学生知道学什么。有的教材内容单一，一般一次性自学；有的教材内容多，最好分几次自学。② 明确自学的方法。例如，看书、看例题、看注释、做实验、发现疑难做记号、做与例题类似的习题等。③ 明确自学后的要求，如用多长时间，应达到什么要求。④ 明确自学后的效果，如自学后检测的内容是什么。⑤ 教师基于学情备课，充分预设学生自学时可能遇到哪些困难；给学生哪些学法指导；在哪些地方设计问题；一般需要多长时间可以解决；学生能提出什么样需要解决的问题等。

3. 环节三：学生自学，教师巡视（5~10 分钟）

（1）操作。学生限时、独立自学或操作。教师巡视，以适当方式（不干扰学手自学）及时对学生进行激励，特别对学困生进行及时的激励和"一对一"的精准帮助、辅导。

（2）目的。关注每一位学生，让每位学生都认真自学，积极动脑思考。让他们每节课都在原有的基础上有所提高，提升他们的获得感。

（3）意义。学生按照学案的指导自学，积极思考，及时地进行操作实践。在这一过程中，凸显学生的主体地位，培养学生自主学习的能力和动手实践的能力，从而促进"知识与技能"课程目标的实现，培养学生的学习毅力。

（4）注意事项。① 学生自学时，教师要关注每一位学生，加强自学过程的调控。② 在巡视中重点帮助学困生，可以给学困生悄悄说鼓励的话，或者对他们进行有针对性、选择性的帮助和辅导，让他们积极参与到课堂中来。③ 要面向全体学生。教师要从关注班级中最后一名学生的学习做起，帮助学生解决学习中遇到的困难，树立学习的自信心。

4. 环节四：自学效果反馈（约 5 分钟）

（1）操作。让中等生与学困生板演或口答，对所学主干知识和核心能力进行应用。让学生单独说，不要一问齐答。

（2）目的。最大限度地暴露出学生自学后存在的疑难问题。

（3）意义。若学困生做对了，说明全班学生基本上都会了，就不需要老师再教；若后进生做错了，引导中等偏上的学生进行分析，讲清出错的原因，引导学困生更正，中等偏上学生归纳、总结和反思。这不仅对后进生有帮助，而且也有利于使尖子生对主干知识和方法的理解更加深刻。

（4）注意事项。① 要从班里最后一名学生教起，真正让学困生做板演和口答等演示操作。不能形式主义，叫尖子生展示，表面上正确率高，实质上掩盖疑难问题，不能最大限度暴露学生自学后存在的疑难问题。② 要面向全体学生。后进生回答问题或板演时，让中等偏上的学生倾听别人回答问题或检验板演过程，随时准备发现和纠正错误。也要给中等偏上的学生在学案上布置适合他们的任务，解决这部分学生吃不饱的问题。

5. 环节五：学生自教（约 5 分钟）

（1）操作。① 学生观察学困生演示操作，找错误或比较自己做的方法、结果是否与演示操作者的相同，还能不能找出更加简洁的解决问题的方法。② 学习小组成员各抒己见，自由讨论错误的原因，讲解正确的做法，不会做或有错误的学生马上更正，也可以自己给学习伙伴讲一次正确的做法。通过自教，让每一名学生都能掌握本节课的主干知识，形成核心能力。③ 不同层次的学生进行反思，上升为理论，以后不会犯相同的错误。

（2）目的。① 凡是学生能解决的问题、能学会的知识，就让学生自己解决和学习，教师要找出那些真正需要引导、点拨和精讲的问题。② 通过学生讨论、互教、更正，使学生进一步加深对所学知识的理解，最终形成运用所学知识去分析、解决问题的能力。

（3）意义。这一环节关注的是不同层次的学生，让不同层次的学生都在原有基础上提高，既帮助后进生掌握了本节课的基础知识和基本技能，又通过互教、讨论和更正错误训练其一题多解、多证。学习小组内的互教，使尖子生对主干知识和核心能力理解更加透彻，促进其求异思维和创新思维，培养他们的创新精神和一题多解、多证的不同角度解决问题的能力，实现"过程与方法"的课程目标。

（4）注意事项。① 采用"学生教学生"的方法，就是让通过自学已经学会的学生去教那些还没有学会的学生。②"学生教学生"或学习小组间互教或讨论时，就所遇到的疑难问题进行学术讨论，不能进行人身攻击。③ 对学生自学中遇到的疑难问题讨论、自教的顺序：先学习小组内部进行，然后组间讨论，最后是全班讨论、自教。④ 在自教的过程中，教师要及时调控，学生是真正进行"学生教学生"或讨论，不是闲聊。

6. 环节六：教师精讲（约 8 分钟）

（1）操作。精讲要讲知识的内涵和外延；要讲学生总结不了、发现不了的规律；要讲问题的分析思路、解决策略和学生自学、自教后还不能掌握的地方，即自学中暴露出来的主要疑难问题；要精讲自己做人、生活和学习的有效经验和方法，让学生站在自己肩膀上前行。

（2）目的。① 展示教师扎实的教学基本功、精深的专业素养和学科教学素养。② 在最短的时间里，统一解决学生在自学中所遇到的不能独立解决的疑难问题。③ 教给学生解决问题和分析问题的思路和方法。④ 培养学生做人、生活和学习的良好习惯。

（3）意义。成全生命精彩，师生和谐发展。

（4）注意事项。① 对学生通过自学已经掌握的基础知识和基本技能，坚决不教。② 一节课精讲的时间控制在 8~15 分钟内。③ 精讲在巡视中搜集到的典型而集中的错误，并及时分类，找出新知识。这是要解决的主要矛盾，是精讲的主要内容。④ 明确精讲的要求。不能就题讲题，只讲答案，而要引导学生寻找规律，真正让学生知其所以然，帮助学生归纳上升为理论，预防运用时可能出现的错误。这就从理论到实践架起一座桥梁，以免学生走弯路。

7. 环节七：当堂训练和自检（约 15 分钟）

（1）操作。① 布置课堂练习、自检或作业。② 督促学生独立限时完成课堂练习、自检或作业。③ 当堂面批反馈部分学生已完成的练习、自检或作业。

（2）目的。通过完成课堂练习、自检和作业来检测每位学生是否都当堂完成学习目标，达到"堂堂清"的目的。

（3）意义。① 及时反馈信息，能按时按质完成课堂练习、自检和作业的学生，就视为达成学习目标，做到"堂堂清"。② 将所学知识通过训练，内化为分析、解决问题的能力。

（4）注意事项。① 课堂练习、作业和自检的时间不少于15分钟，其中自检时间不能少于5分钟，而且必须有此环节。② 课堂作业要典型、适度和适量，体现新课程标准的要求，不提高也不降低。③ 课堂练习、自检和作业要低起点、多层次，有学困生必做题、双基题和拓展提高题，突出考查主干知识和核心能力。④ 特别要关注学困生的练习、自检和作业，要给予面批帮助和肯定，让他们体会到成功的喜悦。⑤ 独立限时完成自检，教师不指导。

（二）研制了"四自一精"的"成全课堂"教学方式的课堂评价表

课题组广泛、深入地对不同学科的"成全课堂"进行了现场调研，经过不断修改，初步形成了"成全课堂"教学评价表，见表1。

表1　通州区小务中学"四自一精"的"成全课堂"教学评价表（试行）

授课人：　　　　　科目：　　　　　　　　授课班级：　　　　　　授课日期：

评价项目	评价要素	满分	得分
学习目标	学生明确知道本节课的学习目标	1	
	本节课学习目标确定符合课程标准，适合所教学生的实际基础	5	
自学指导	学生自学内容、时间规定清楚，设计有层次，具有启发性	4	
	明确学习方式方法	5	
学生自学教师巡视指导	创设良好的学习环境、学生全神贯注自学，教师及时鼓励	5	
	课堂气氛和谐民主，全员参与，没有不学习的学生，能及时收集学生自学中出现的问题并归类、精准指导	10	
自学反馈	能让不同层次的学生板演例题、习题，回答问题、表演、复述和自学总结。学生紧张地动脑、动口、动手，声音洪亮	8	
	检查自学效果题目有必做题、选做题和拓展提高题，学生积极主动、情绪高涨、思维活跃	8	
学生互教讨论教师精讲	通过一题多证多解，举一反三，培养学生的创新精神和动手能力	10	
	学生相互讨论更正，能说出错因和正确更正，活动形式多样，表达精彩	10	
	学生集体实在解决不了的问题，教师进行启发性的精讲	4	

续表

评价项目	评价要素	满分	得分
学生互教讨论 教师精讲	驾驭课堂能力强，提问设疑能引发、激发学生学习兴趣，教师语言简洁，术语规范，板书设计、板画、板图规范，能培养学生做人、生活、学习的良好习惯	4	
	教学设计合理、紧凑、科学，各环节时间分配合理	4	
当堂练习	课堂练习、自检和作业的时间不少于15分钟，绝大多数学生能掌握本节课的基础知识、基本技能和基本思想方法。有自检，时间不少于5分钟	15	
	课堂练习、自检分层精选（学困生必做题、双基题和拓展提高题），能及时面批，及时反馈	6	
课外作业	分层精选作业，有必做题、双基题和拓展提高题，尽量在30分钟内完成	1	
总分	A：≥85分　　B：70~84分　　C：60~69分　　D：<60分	100	
等级			
简要评语		评课人：	

此评价表实现了三个转变：

1.评价目标从"一元"转变为"多元"

从"一元"的评价学生掌握知识的多少，转变为评价课堂学与教的全过程，全体学生的核心素养在原有的基础上是否有提升。

2.评价主体从"重教"转变为"重学"

从主要评教师怎样教转变为重点评学生怎样学。看学生自学的热情，是否动脑、动口、动手自学。这样促使教师把备课、讲课的精力投入引导、帮助学生学习方面来，不仅让学生获得主干知识，形成核心能力，而且能让学生逐渐养成生活和学习方面的良好习惯，各种能力不断提升。

3.评价重点从"形式"转变为"效果"

课堂是实现素质教育目标的最有效主阵地。评价引领教师备课、讲课从学生实际出发，讲究实效，关注学生的学，让课堂成全生命精彩，从而实现师生共同全面、和谐、持续发展。

基于学校核心文化的课程体系构建研究

北京市通州区梨园学校　田连启

一、核心概念界定

（一）学校文化与梨园学校核心文化

1. 学校文化

关于学校文化的说法有很多，笔者认为，学校文化是学校在不断发展过程中，在教育教学、管理实践中逐渐形成的、具有学校特色的精神品牌。它以学生为主体、以教师为主导、以校园为空间、以校园文化活动及相关课程为主要内容，具有内在一致性。它是体现师生的精神风貌、价值取向、思维方式和行为规范的总和。

2. 梨园学校核心文化

梨园学校基于原有的办学基础和文化传统，在挖掘"梨花"精神的基础上，提出了"立纯至美"的办学理念，确立了"花开梨园，人立世界"的核心价值观，明确了"让生命如梨花般绽放"的办学目标和"淳善、力行、智慧、担当、卓越"的培养目标。

"立纯至美"的办学理念，意为学校立足纯真、纯粹、纯雅，做遵循教育规律的真教育，促进学生全面又有个性地发展，成人之美。

"花开梨园"，寓意学校生机勃勃。"花开"，生动再现学校育人过程，在爱心与耐心的陪伴下，在用心地培养后静待学生花开。"人立世界"是学校"立德树人"出发点和归宿点，期待梨园学子未来能以学识、品行、志向立足于世界，成为国家合格的公民，成为对社会有价值和贡献的人。

"让生命如梨花般绽放"的办学目标，遵循以人为本，契合学校气质和个性，将"生命"和"梨花"建立了连接，让生命如花，充满了对学生的呵护和爱护之意。学校如春意盎然的梨园，让学校中所有的人，教师和学生每一个生命都如梨花般绽放。

培养目标"淳善、力行、智慧、担当、卓越"的具体表征："淳善"，即为人本善，梨花之淳善高洁，为立德之根；"力行"，即崇尚实践，强调实践探索，为行事之本。"淳善"与"力行"立足当下，体现"知行合一"，为人行事之根基。"智慧"，即灵性、创新、博学，求学之智慧追求。"担当"，即责任、使命，家国担当为己任，育人之根本使命。"卓越"，即自我超越，追求卓越，持续发展之志远。"智慧、担当、卓越"放远未来，是立德树人之未来期待与使命。

（二）课程与课程体系

1. 课程

课程是指学校学生所应学习的学科总和及其进程与安排。课程是对教育的目标、教学内容、教学活动方式的规划和设计，是教学计划、教学大纲等诸多方面实施过程的总和。广义的课程是指学校为实现培养目标而选择的教育内容及其进程的总和，它包括学校教师所教授的各门学科和有目的、有计划的教育活动。狭义的课程是指某一门学科。

2. 课程体系

课程体系是指同一专业不同课程门类按照门类顺序排列，是教学内容和进程的总和。课程门类排列顺序决定了学生通过学习将获得怎样的知识结构。课程体系是育人活动的指导思想，是培养目标的具体化和依托。它规定了培养目标实施的规划方案。课程体系主要由特定的课程观、课程目标、课程内容、课程结构和课程活动方式所组成，其中课程观起着主宰作用。

课程体系建设过程就是遵循一定的课程观，从课程目标的拟定、课程结构的设计、课程标准的编制、课程材料的选择和组织到课程的实施与改进等一系列的课程行为。本研究重点关注基于学校核心文化的课程目标、课程结构、课程资源的梳理和学校课程一体化建设。

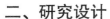

二、研究设计

（一）研究内容

研究内容主要包括以下两个方面。

1. 课程体系的顶层设计
课程体系的顶层设计对学校核心文化对应的课程模型进行分层、分类阐释。

2. 课程体系的结构化
课程体系的结构化紧扣核心文化内涵，将课程资源分门别类梳理，按照课程主题、年级等进行分类，勾勒出一个课程体系的图景。

（二）研究设计与技术路线

本研究分以下四个阶段进行。

第一阶段：在校内就学校的文化理念体系进行再讨论，强化学校文化在教师与学生中的认同，分部门、分学科研讨学校文化理念落地生根之路。

第二阶段：在学校核心文化的指引下，挖掘、提炼和升华学校特点和价值要素，围绕培养目标梳理学校现有及所需课程资源。

第三阶段：基于学校核心文化，建构育人课程体系。这个阶段是对学校课程体系结构化的关键时期。结合学校办学理念和培养目标，基于本校师资力量和学生生源特点以及发展需求，梳理整合校内外相关课程资源，形成基于学校校情、符合学生学情、服务学生发展的学校课程体系。

第四阶段：形成《学校课程建设与实施纲要》，促进学校课程体系的深度理解与融合。从学校整体管理出发系统架构课程功能，优化课程管理和实施方式，在课程开发、校本教研与创新、组织机构、师生关系、评价体系等方面建立具有关键支撑作用的制度，助力学校课程的深度理解与有效实施。

三、基于学校核心文化的课程体系构建实践

（一）学校课程现状分析

从前期对学校的课程基础进行调研及相关的材料情况来看，学校目前的课程

建设具备一些特定的优势，同时也有自身的一些弱势与不足，具体分析如下。

学校的课程体系建设存在的优势包括以下方面：第一，城市副中心建设为学校发展带来更多的资源。第二，九年一贯制办学为学校探索九年一贯课程提供了空间。第三，学校即将引入"九年一贯阅读课程""友善用脑"等项目，可以有力补充现有课程建设不足。这些都为学校未来课程体系开发提供了优势条件。第四，学校初步形成了课程规划，有待在未来的课程实践中加以落实。

不足之处在于学校的课程建设相对薄弱，只是满足基本需求，开设了国家和地方规定的学科科目。因为缺乏明确课程指向，校本课程开设看似热闹，但随意性强。现有课程体系未能很好地整合课程资源，充分挖掘学生的学习需求与教师的工作潜力，来构建满足学生发展需求的课程体系。

（二）学校课程建设目标

我们为学校课程体系建设制定了以下三个目标：

第一，通过课程建设，内化梨园学校核心文化理念。

第二，通过课程建设，构建育人与发展的路径。

第三，通过课程建设，探索核心素养校本化表达的方式。

（三）学校课程的逻辑结构

1. 梨花绽放课程模型

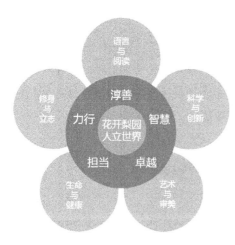

图1　梨花绽放课程模型

在充分考虑学校课程基础的前提下，以学校学生的发展为价值基点，结合学校的文化特色，构建学校"梨花绽放课程"，如图1所示。

从课程模型中可以看出，学校在"花开梨园，人立世界"的核心价值观引领下，培养学生"淳善、力行、智慧、担当、卓越"五大品质。而这五大品质的养成，需要"语言与阅读、科学与创新、艺术与审美、生命与健康、修身与立志"五大类课程合力完成。另外，在此模型基础上，对于每类课程，又需要有基础性、拓展性、个性化三个层次的课程加以细化。

2. 课程类型的校本化阐释

横向上，根据课程性质与培养目标的要求我们把课程分为以下五类。

（1）语言与阅读。以言立人，通过语言类课程，以阅读涵养学生的语言素养，引导学生能运用所学语言独立且得体地进行书面与口头的表达，并且敢于表达自己独特的意见和观点。

（2）科学与创新。以智立人，立足于学生科学精神和创新能力的培养，让学生在学习人类智慧与科学精粹的过程中形成批判性思维与科学素养，提高学生主动探究和实践创新的能力。

（3）艺术与审美。以美立人，立足于学生审美品位的提高，力求用多元文化的魅力和艺术的熏陶感染人，让学生在品味美的过程中提高自己的审美品位。

（4）生命与健康。以体立人，立足于学生身心健康水平的提升。学生通过相关课程的学习，掌握基础的身心健康知识，形成积极乐观的心态，养成良好的体育锻炼、卫生等习惯，在各种活动和体验中滋养身心。

（5）修身与立志。以德立人，来自学生思想品格和高尚修养的养成。学生通过学习中华优秀传统美德和世界精神涵养自己的内心，形成健康的价值观，提高人文素养。

3. 课程层次的校本化阐释

纵向上，将上述五类课程分为以下三类。

（1）基础性课程。核心性学习，全员全修。针对国家对学生素养发展的基本要求，通过对国家和地方课程的全面优质地实施来落实国家与地方课程目标，以保证国家对义务教育目标的基础性要求。

（2）拓展性课程。拓展性学习，部分选修。针对本校学生的共同发展需求与学校办学特色，从国家与地方必修类课程出发，进行知识和能力的拓展与延伸。这有利于拓宽学习领域、培养综合能力，奠定终身发展基础。结合梨园学校的具体情况，计划开发九年一贯制课程，如充分利用学校即将引进的九年一贯阅读项目，构建九年一贯制阅读课程；又如考虑到学校学生普遍行动力较差，整合现有课程资源，开发契合学生发展需要的综合实践活动课程。

（3）个性化课程。探索性学习，个人精修。个性化课程是针对学生的个性化需求，设计和开发适合学生身心发展与个性化发展的课程，供学生选择性学习。这有利于挖掘学生潜力、培养特长，促进个性发展。

（四）学校课程图谱

为落实"淳善、力行、智慧、担当、卓越"的培养目标，学校按照"基础性、拓展性、个性化"逐层建构"语言与阅读、科学与创新、艺术与审美、生命与健康、修身与立志"五类课程，见表1。

表1　基于梨园学校核心文化的课程体系图谱

课程类型	基础性课程	拓展性课程	个性化课程
语言与阅读	语文、外语	经典诵读 绘本阅读 整本书阅读	英语戏剧社团 国学社团
科学与创新	数学 科学（物理、化学、生物） 综合实践活动课程	趣味数学 趣味科学实验 生活中的科学 多媒体数字技术	4D搭建社团 植物种植社团 机器人社团
艺术与审美	艺术 （音乐、美术） 历史与社会 （历史、地理）	国学吟诵 硬笔书法 运河文化	艺术类社团 （合唱、舞蹈、器乐、国画、摄影、绘画、手工等）
生命与健康	体育与健康	心理健康教育	体育类社团 （球类、田径、花样滑冰等）
修身与立志	品德与生活 品德与社会 思想品德	"花开有序"习惯养成教育年级主题德育课程	学生会等组织活动 学生自行组建社团活动

以"修身与立志"课程为例，其基础性课程主要包括品德与生活、品德与社会、思想品德等义务教育阶段国家课程，旨在引领学生了解社会、参与公共生活、珍爱生命、感悟人生，逐步形成基本的是非、善恶和美丑观念，过积极健康的生活，做负责任的公民。

其拓展性课程如"花开有序"习惯养成教育系列课程，包括入校礼仪课程、路队课程、小绅士小淑女课程等。以习惯养成为核心"立人",培养学生健全的人格,使他们可以更好地立于未来,以实现梨园学子"花开梨园,人立世界"的教育愿景。

其个性化课程如"学生会等组织活动",在于发挥学生特长、能力,充分激发学生自身潜能,培养学生领导力、合作协调能力等。

根据学生不同阶段的身心发展特点,学校将主题课程进一步细化到每月、每周,将学校的核心价值和培养目标落实到各年级、各班、每位学生的常规培养中去,以一年级上学期的主题课程"花开有序"习惯养成教育为例,见表2。

表2　梨园学校年级月习惯培养序列安排（以一年级上学期为例）

周次	九月: 常规训练	十月: 自己的事情自己做	十一月: 用心做事	十二月: 成果月
一周	课堂常规	课前准备	卫生习惯	文明礼仪小标兵、卫生小标兵等评比
二周	行为常规	收拾书包	握笔姿势	"五星"评比
三周	班级常规	正衣冠	字端正	"我是优秀生"评比
四周	文明礼仪三字歌背诵比赛	系鞋带比赛	书法比赛	优秀班集体的评比

除此之外,各年级德育主题课程各有特色:一年级的"入学礼"课程、适应性课程、"我是小小梨花"儿歌赛活动;五年级的"泛运河文化校园实践课程";六、九年级毕业季课程;七年级军训课程及班级文化建设课程等。以五年级的"泛运河文化校园实践课程"文化戏剧课程为例,该课程包括"寻找运河——运河的起源与发展""探索运河——运河沿线的建筑风貌与历史文化""珍藏运河——运河沿线的传统民俗与非遗""榜样运河——运河的历史名人事迹""爱上运河——与运河其他城市小学的交流""时代运河——今天的运河是科技运河、时代运河""建设运河——我为运河做贡献"等一系列课程。

四、进一步建设的任务和目标

到目前为止,学校课程体系建设的第四阶段,形成《学校课程建设与实施纲要》,促进学校课程体系的深度理解与融合尚未完成,仍需要在专业力量引领下不断实践探索。由于笔者研究分析能力有限,本研究仍存在一些问题。比如,文献获取不够全面，造成理论建构较浅显；对案例挖掘不够深入，在过程分析上也欠缺理论上的支撑等，对现有课程资源的梳理不够全面，对如何更加有效地在课程体系中体现学校核心文化这一工作仍须不断细化。这些都将是学校下阶段的主要任务。

　　本文只是该研究的开始，后续笔者将在实践过程中不断探索、积累经验，以期能不断深化基于梨园学校核心文化理念的课程体系的实施，早日实现"花开梨园，人立世界"的教育理想。

以德润身，以文化人

——传统文化助力农村学校学生成长的校本实践

北京市通州区于家务中学　杨玉慧

一、问题提出

古人云："富润屋，德润身。"春秋时鲁国大夫叔孙豹称"立德""立功""立言"为"三不朽"，"立德"为首。党的十九大报告再次提出"落实立德树人根本任务"。可见，教育承载的责任，知识传授只是一部分，而更应该强调的是教学生如何做人，使人成为人，成为一个完善的人。

中华优秀传统文化积淀着中华民族最深沉的精神追求，是中华民族共同培育的民族精神和共同坚守的理想信念，是中华民族生生不息、发展壮大的丰厚滋养。优秀传统文化可以滋养孕育学生温柔敦厚、至大至刚的人格；忠恕存心，择善而行的品德；知本知末，通权达变的学问……而这一切，都是最宝贵的思想源泉、人生指南，启迪我们如何安身、如何立命的准则。

从 2008 年建校开始，我们就确立了"以德润心"的教育方略，引中华优秀传统文化源泉，铸文化之魂，塑文明之形，以做人教育为抓手，努力办当地百姓满意的学校。

二、研究的实施

（一）研究目标

我们的研究目标是以学生做人教育为本，以"崇德悟道做人"校本课程为抓手，以学科渗透为切入点，让教师接受圣贤智慧的陶冶，规范师德，用传统文化中的经典教化学生，通过国学讲堂、家长理事会活动，对家长进行家规家训家风方面的培训，家校联手力争使我校学子形成以"孝"为主的家庭伦理，以"仁"为主的生活信条，以"信"为主的社交准则，以"礼"为主的行为规范，以"勤"为主的学习态度，奠定学生一生高雅的人格品质和深厚的文化根基。

（二）研究步骤

1. 课题准备阶段（2018年11月—2019年2月）

学校成立由校长为组长，德育处、教导处、教科室、团支部和教研组负责人为成员的课题研究领导小组，集思广益，有目的且分阶段地规划指导、组织实施，部署每月主题教育内容及每周教育考评内容。

2. 课题实施阶段（2019年3月—2021年7月）

学校创设教育氛围，强化学科渗透、家庭教育阵地，通过"以文筑景""以文载德""以文化成""以文弘道"形成教育合力，开展"追寻家规家训、呼唤良好家风"主题特色活动，收集师生的家规、家训、家风，印制成册，制作展板，并组织学生开展"我的家风故事"演讲，评选优秀家庭。

3. 总结推广成果阶段（2021年8—11月）

最后进行数据分析，汇总研究成果，写出研究报告。

（三）具体措施

1. 以文筑景，将传统文化外化于形

博爱无痕，大教教心。十二年来，在市、区、乡政府和教委大力支持下，我们精心筹划，形成了"一场、两廊、两馆、三亭、十厅"的校园文化体系。教学楼前，神采奕奕的孔子行教铜像注视着每一位学子，孟子等四配、十二哲雕像，依次排开，共同构成了与圣人为伍的人文景观。步入教学楼，新、古二十四孝展示着中华民族朴素的孝道情怀，"仁、义、礼、智、信、善、节、勤、正、和"十个儒学展厅，谆谆教诲着师生践行传统美德。"勤耕悬蔓角根穗"，在学校东南角，我们修建了近7亩的学农基地，课余在基地播种五谷菜蔬，是我校师生独有的农耕文化享受。

2. 以文载德，将传统文化渗透于课程

（1）校本课程。在开齐开足国家、地方课程的同时，学校依托优秀的传统文化体系，在社会主义核心价值体系的统领下，以《弟子规》《论语》《孟子》《大学》等经典为蓝本，开设"崇德悟道做人"校本课程，创编了涵盖语文、道德与法治、历史、生物等多个学科的"崇德悟道做人"系列校本教材。

（2）经典诵读。学校语文组从《论语》中精心挑选了60条语录，利用语文课的前五分钟读、诵、讲《论语》，还精心制作了《书〈论语〉经典，做厚德君子》硬笔书法字帖，印发给学生每日临摹，习得规范舒展的好字，承圣贤之思。

（3）学科渗透。学校政治老师，以圣贤为例对学生进行做人教育，美术课上，教学生用墨香书写儒家经典，音乐课上学习民族舞蹈，学唱《孝亲敬老歌》；英语学科翻译教授《论语》十则……传统文化特色在学校的每节课上都有体现。

3. 以文化成，让文化形成文明

钱文忠教授说："文化不等于文明，现代的传统文化教育更多注重的是文化的传承，而缺乏文明的养成。"学习先哲思想，承继传统文化最终要落实到师生的一言一行，让文化落地形成文明，才能真正将学校文化内化于心。

（1）爱国。周一的国旗下讲话之后，添加"我对圣人说"系列儒学讲话，利用橱窗和板报、校园广播站等进行"爱国"教育宣传。开展"爱国，从爱妈做起""我的梦，中国梦""我的核心价值观"系列主题教育活动，将爱国教育渗透到师生日常生活的点点滴滴。

（2）孝亲。孝，是为人之本，是中华美德的原点。孝顺父母、尊师重道，学习何为孝、如何顺，何为尊、如何重。针对孝亲尊师，我们开展了如下活动：①针对社会上和学生中普遍存在的问题，制定《于家务中学学生文明礼貌常规八条》，郑重推出了行孝评估方案，定期开展"孝敬之星"评选活动，已有45名学生光荣当选孝道标兵。②以班级为单位，召开"当孝子，做好孩子"主题班会，并将优秀班会视频，放在校园网站上进行展示。③坚持开展家庭"四个一"的行孝活动，为父母讲一个孝道故事、为父母端一杯茶、为父母做一次家务、为父母洗一次脚。启发学生美德从小事做起，规范行为习惯从孝敬父母做起。

（3）尚善。全校广泛开展的"日行一善"活动趋于常态，"学雷锋，做好事"深入人心。组织学生在母亲节、父亲节、教师节给家长或师长写"感恩信"，面向全校征集感恩话语，编辑成册。共青团成立"天使助老"志愿者服务队，定期到于家务福泰敬老院和各村孤寡老人家中服务，被评为北京市五星级社团。

（4）尚美。学校利用第八节学生活动时间，依据学生爱好开设了舞蹈、合唱、书法、篆刻和围棋等兴趣小组，并在每年的五月举行校园艺术节，包括国学情景剧会演、"民族杯"诵读比赛、"经典伴我成长"作文竞赛、"书圣人说"硬笔书法比赛、书香班级评比……力求在活动中，读儒家经典，学中华美德，行华夏礼仪。《春江花月夜》诵读获通州区国学诵读大赛一等奖，情景剧《入则孝》获通州区会演一等奖。

4. 以文弘道，文明同行传家风

学校是文化传承的主体，也是改善家庭风气、引领地区文明的主阵地。2010 年10 月，学校创立了由 23 个自然村村支书和部分区乡人大代表、家长代表组成的校外教育理事会，定期开设"崇德，悟道，做人"国学讲堂。学校每学期还评选亲子共学标兵，将传统文化的种子根植在于家务地区百姓的心中。

家风是无字的典籍，是无言的教育，更是一种无形的力量。学校与仇庄村合作，在学校与村中同时开展"追寻家规家训，呼唤良好家风"主题教育活动，共征集师生家规家训 300 多人次，已结集成册，并赠送给家长共同阅读；组织了两届"说家风话家训传播道德正能量"演讲比赛和一次"弘扬中华传统节日英文演讲比赛"，在于家务地区引起了广泛关注和良好反响。学校成为国家社会科学基金"十二五"规划教育学重点课题"中华优秀传统文化教育研究先进示范校"。

三、研究成效

十二年的文化传承，学校教师爱生乐教，学生厚德笃学，教学质量不断攀升，学校连续四年被通州区教委评为毕业班工作优秀校，真正做到了让"当地百姓满意"。学生体质不断加强，2018 年、2019 年连续两年被评为通州区体育工作优秀校，成为北京市首批义务教育学校管理标准达标学校。

在对学生铸文化之魂、塑文明之形方面也取得了明显的成效。师生们将万元捐款送给病重的同学，将爱心献给地震灾区的伙伴，将孝心呈给敬老院的孤寡老人。北辛店村一位 83 岁的老人，亲自将感谢信送到学校，对初三（4）班的 9 名学生赞许有加。2019 年 3 月 5 日，福泰敬老院的三位老人将一面绣有"传承敬老美德，授教育人有方"的锦旗送到学校。

岁月不居，天道酬勤。于家务中学先后被评为北京市第二批中小学学校文化建设示范校、北京市民族团结示范校，通州区学习型创建工作先进组织、师德群体建设先进单位、综合评价优秀校等荣誉。作为通州区"身边好学校"被推荐到腾讯、新浪微博。四川宜宾、山东泗水、广东深圳等多地校长百名教师先后莅临学校，共商传统文化及民族复兴教育大计。

四、问题与思考

课题研究过半，虽取得了可喜成果，但由于家长之间文化素质差距较大，部分家长未能明确学校进行传统文化教育的目的所在，存在只关心孩子学习成绩，漠视学生人格形成的现象。下一步，我们将进一步挖掘传统文化中关于家规、家训、家风中人格教育的内容，帮助家长形成良好的亲子沟通模式、家庭教养方式和教养态度，亲师共学，家校合力，涵养学生健康人格、高尚品格。

学校应该承担起架设中华民族优秀文化过去和未来发展的桥梁的责任，使中华民族的优秀文化能够一脉相承、源远流长，让每一名学生骨子里渗透着我们中华民族的文化与思想。我们深信，有圣贤藏于心，笃于行，德必向善，学必精进，功自然成。

构建崇研尚实型课堂，让学习真正发生

北京市通州区教师研修中心实验学校　韩华明

当笔者调任到教师研修中心实验学校担任校长时，学校学生成绩比较差，经过分析，我们发现，学生的成绩问题出在两个方面：一方面，原有师资力量薄弱。老教师在长期的教学实践中形成了固有的教学思想、教学观念和教学方法，对教材的把握、新课程理念的理解上都存在着许多问题。另一方面，新教师缺乏对课堂教学的关注。虽然部分教师开始尝试在自己的课堂上应用新的教育观念，上课时学生按小组围成圆圈坐了，但他们之间没有有效的沟通；教师组织小组讨论，学生却不知讨论什么；教师让学生自主提问，可他们提出的问题都非常浅显。

为此学校根据办学理念，研究构建崇研尚实型课堂，通过给教师一个模型，引导教师进行课堂改革，如图1所示。

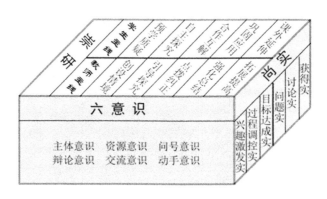

图1　崇研尚实型课堂模型

一、崇研尚实型课堂"三要素"

"崇研尚实型课堂三要素"，分别是真实的情境、自主探究和学科本质。

（一）真实的情境

学习一定是在真实的情境下，至少是在对真实情境的模拟中发生的。为学生建构真实的情境，这一要素来自建构主义。在建构主义理论中，情境创设为学生提取长时记忆中的知识、经验与表象创造了有利条件。

情境的创设既要紧紧围绕教学目标而设置，又要遵循不同年龄段学生心理特征及认知发展水平，根据学生的实际生活经验而设置。小学阶段的学生活泼好动，自我控制能力还未发展成熟，思维水平仍处于形象思维到抽象思维过渡的阶段。这就要求教师在各学科教学过程中，抓住学生这些特点，创设真实的教学情境，从而激发学生参与教学的积极性。教师既要增强课堂教学的趣味性，又要让学生感觉身临其境，加深学生的真实体验。

不同学科教学根据教学目标的不同而创设不同的教学情境，这样不但为新知的探索留下了悬念，还激起了学生强烈的探究欲望。

（二）自主探究

"自主探究"，是指学生要自主合作完成"学习任务"。学习过程一定要突出学生的"实践"，让学生从中获得直接经验。学生在教师的帮助和指导下，在较为宽松的学习环境中，以其自身的学习能力为基础，自觉发现问题，自主探究解决问题。

建构主义学习理论和建构主义学习环境理论中强调以学生为中心的观点，不仅要求学生由外部刺激的被动接受者和知识的灌输对象转变为信息加工的主体、知识意义的主动建构者，而且要求教师要由知识的传授者、灌输者转变为学生主动建构意义的帮助者、促进者。

学校的学科教学以学科探究为改革的突破口，使学生在自主学习中，在质疑中探究，在实践中获得经验。教师则需要在教学中紧紧围绕学科素养目标，依托课堂全面提升学生的综合素养。培养学生的探究学习能力，关键是要激发学生的探究动机，不断增强学生探究的自信心。教师要教给学生探究的方法，让学生体验探究成功的喜悦。

问题是探究性学习的载体，探究性学习一般要经历"发现问题—提出问题—分析和解决问题"的过程。爱因斯坦说："提出问题比解决问题更重要。"善于发现问题是进行探究的第一步。提出问题就是明确探究的目标。对问题的选择也是培养学生问题意识、创新精神的起点。学生自己提出的问题，贴近学生的思维实际，更能引发同学们探究的欲望。教师作为这个过程的组织者、合作者和引导者，为学生的探究活动提供了充分的时间和空间。

（三）学科本质

"学科本质"就是源于生活、学科表达、回到生活。所谓源于生活，我们当然不可能让学生面对所有知识都回到从前的生活情境，但是可以让学生在面对有些知识时回到生活场景，教师教学一定要考虑创设情境，让孩子们置身于情境之中，去理解知识；所谓学科表达，是说来自生活但不能只是停留在生活的层面上，要用该学科的方式表达生活的特征，来表达事物之间的关系；所谓回到生活，也就是我们学习的知识最终要学会将知识运用到生活中去，用知识解决实际问题。

我校教师依照崇研尚实型"课堂三要素"去备课、上课，并按照"三要素"进行课后反思，日积月累。课堂"三要素"深深地刻在了教师的记忆中，落实在了教师的课堂行为上。

二、崇研尚实型课堂教学"六意识"

"课堂三要素"是保证崇研尚实型课堂的前提，我们进而提出教师、学生双群体的"课堂教学六意识"。

（一）以学生为主体的主体意识

让学生成为课堂的主人，充分发挥学生的主观能动性，调动学生的主人翁意识才是增强学生学习动力的关键。强化学生的主体意识，我们要求教师提前把任务布置给学生，在学生充分学习的基础上去思考和质疑，提出有价值的问题，使学生带着问题进课堂，带着新的问题出课堂，在思维的环境中学习新知。教师真正成为学生学习的引导者，适时给予点评、引导和归纳。强化学生的主体意识，教师一定要学会尊重学生的思维。要注意课程的结构安排就是一个从具体到抽象的过程，让学

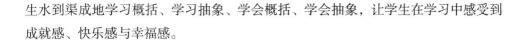

生水到渠成地学习概括、学习抽象、学会概括、学会抽象，让学生在学习中感受到成就感、快乐感与幸福感。

（二）把学生问题作为资源的资源意识

关注学生表现出的问题与错误，并将之作为教学资源的一部分。心理学家桑代克认为："尝试与错误是学习的基本形式。"由此可见，错误是正确的先导，错误是通向成功的阶梯。学生在学习过程中出现的错误，是来自学生自身的。特别是那些比较普遍的错误更具代表性，它充分地表明了学生身上存在的问题，这更符合学生的实际。教师若是能够很好地利用这些学生出错的地方，它们就会成为一种很好的教育资源，能够科学、有效地解决学生在学习过程中的疑惑。同时，学生往往对自己出现问题的地方更加关注，解决错题可以激发学生的学习兴趣，唤起学生的求知欲。

（三）培养学生的问号意识

爱因斯坦说过："提出一个问题比解决一个问题更重要。"我国明末清初的思想家黄宗羲指出："大疑则大悟，小疑则小悟，不疑则不悟。""疑"也就是教学中的问题意识。问题意识是思维的动力，是创新的基石，是智慧的火花。课堂中，我们坚持"无错原则"，鼓励学生带着问题走进课堂，培养学生大胆质疑、勇于且善于提问的能力，顺应学生发展的需求。首先，激发学生好奇心，使学生"想问"；其次，营造和谐氛围，使学生"敢问"；再次，教给学生方法，使学生"会问"；最后，培养良好习惯，使学生"好问"。培养孩子的问题意识，让每个孩子心田里都播种下疑问的种子，精心呵护孩子心田上的问号萌芽，并使它根深叶茂，才会使学生做到在学习中多思、善思和深思，做到在学中问、问中学。

（四）培养学生的辩论意识

我们鼓励学生勇于挑战权威的精神，鼓励他们在辩论中成长，在辩论中加深自己对事件、人物、观点的理解。教师要尊重学生的表达，就是鼓励学生说，鼓励学生用自己的话语方式表达，鼓励学生大胆思考、大胆表达，让学生勇敢地尝试——"我补充""我质疑""我挑战"。教师所设的问题也是开放性的，自身就会有多种答案。不怕学生犯错误，就怕学生的错误不暴露，学习从某种意义上说就是试错，鼓励学生在不断尝试的过程中不断地犯错误，不断地改正错误，不断地提高自己。

（五）培养学生的交流意识

我们要求教师有意识地训练学生，让学生学会使用合适的方法与人、物、教材进行互动；从简单面对面对视点头、微笑和鼓掌等形体的互动回应开始，加强学生基本交往礼仪、方式和方法的训练。

（六）强化学生的动手意识

动手能力的提升会给学生带来对新技能、新知识的快速学习能力，并且通过作品、成果的展现让学生更加自信。动手意识的培养也会促使学生的创新意识及想象力与创造力得以落到实处。

学校的"课堂三要素"与"课堂六意识"互相支持，相辅相成。在"课堂六意识"的指导下，以学生为主体的课堂上，师生间、生生之间交流互动能力持续增强。教师的资源意识越来越强，在日常教学工作中能够坚持以学生为主体，以学生错误问题为资源的意识开展教学，在教学过程中保持一种包容开放的心态鼓励学生进行发问、质疑、探索和动手实践。学生也变得越来越爱交流、会交流、会表达自己的观点，变得不再"唯教师论"，更加敢于去亮明自己的观点，并主动寻求答案。学生在真实的情境中去实践——发现问题、解决问题。

三、崇研尚实型课堂"二线五环"

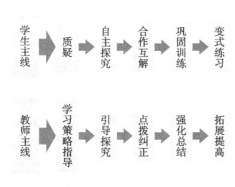

为了给教师搭建理论与实践之间的桥梁，学校提出了崇研尚实型课堂的"二线五环"模式。这给了全体教师一个理念指导和操作引领，让教师上课时有一个基本的框架，根据这个框架去备课、讲课，学校在日常的工作中也在使用并推广这个框架，如图2所示。

图2　崇研尚实型课堂"二线五环"

以教师主线为例，五环包含的内容如下。

第一，策略引导。在教学问题设置中，引入一些学生日常可以见到、所熟知的生活现象，通过巧设情境，激发学生自主学习的愿望。创设什么样的教学情境，不同的课题、不同的教学内容有不同的处理方式。教师必须结合学生实际（如年龄特点、认知水平等），结合教学内容和现实生活的联系，抓住重难点精心设计。

第二，引导探究。注重问题情境创设，点燃学生自主探究的热情欲望。所谓情境，就是教师在课堂教学中创设、营造一种愉快、民主与和谐的课堂教学氛围，运用各种方法和手段，调动学生的积极性，启动学生的内驱力，点燃学生的学习兴趣之火，让每个学生主动、积极、自主地学习。注重师生互动，激活学生自主探究的思维，营造探究的快乐。

第三，点拨纠正。所谓"点"，就是指点、引导。所谓"拨"，就是"拨云见日"，使学生恍然大悟，帮助学生掌握规律、启迪智慧、发展智能。教师要在新旧知识联结处给学生点拨，在学习新知关键之处点拨，在学生争议之处点拨，在学生思维定式干扰之处点拨，体现一定的层次性与诱导性，巧妙地让学生在探究中突破难点。

第四，强化总结。教师要在课上课下强化学生对于知识点的掌握，切实提高学生的学科知识的水平。提高学生的某项技能、知识体系并非一朝一夕就能成功，这是一个长期积累的过程，需要教师坚持不懈的努力，才能取得更佳的效果。

第五，拓展提高。课后拓展延伸可以有效提升学生的学习能力。对课堂上所讲的内容趁热打铁、让学生及时巩固，并布置相应作业，拓展延伸学生的思维，提高学生的迁移和应用等各方面的能力。通过练习，使学生变得越来越聪明，思维越来越灵活，应变能力越来越强。

四、崇研尚实型课堂的实施效果

（一）教师通过崇研尚实课堂激发了研究热情

由北京市通州区教师研修中心发起的"北京市通州区小学教学质量调研报告（2019）"的教师基本情况调查中，学校91%的教师表示他们觉得自己的工作特别有成就感；81%的教师认为教师职业让自身的能力得以充分发挥；80%的教师们认为自己可以通过教研活动提高自己设计课堂教学目标、设计教学活动、选择教学内容、创设现实情景教学等方面的能力。

（二）教师驾驭课堂的能力明显提高

学生通过自主预习，研究了一些能掌握的知识，教师可以把精力放在学生自学有困难的重点难点的地方。此外，教师把握教材的能力大幅度提高。教师的备课不再只备教学内容，还重视考虑几个问题，如学生的自学能力如何？学生如何有效展示？如何激励学生质疑思考？如何利用教材教给学生学习方法？如何培养学生能力？如何进行有效的讨论？如何将讨论与讲课相结合？

（三）学生的学习方式发生了变化

以前是单纯地教师讲，学生的课堂参与度很低。即使教师的讲解比较精彩，学生听得时间长了，也会有厌倦的时候。而学生参与其中的课堂，学习效率就大不一样了。学生为了能在课堂上畅谈自己的想法，表达自己的观点，潜移默化中培养了自主发现问题、探究问题、寻找事实与证据证明自己观点的能力。教师在课堂中表现出的开放包容的心态，让学生敢于、乐于去表达自己的观点，乃至与其他同学进行辩论，甚至可以与教师一争高下。在这种课堂环境下，学生在学习上有了特殊的热情，也有了特殊的收获。

（四）学生的学习热情转化为了学习动力

良好的学习习惯同样给学生带来了好的学习成绩。崇研尚实型课堂极大地提高了学生的学习能力，由北京市通州区教师研修中心发起的"北京市通州区小学教学质量调研（2019）"显示，我校学生参与语文、英语和数学三门学业水平测试。其中，男生占到总人数的48%，女生占总人数的52%。语文学业水平测试从积累与运用、阅读与理解、表达与交流三个方面考查学生的能力。学生在积累与运用、阅读理解两项能力上合格率均为100%，超过通州区整体合格率的98%。在交流与表达能力上，参与学生通过率为92%，大幅度超过全区通过率。在数学学业水平测试方面，我校学生数与代数测试通过率达到97%，位于良好与优秀水平的学生达到81%。图形与几何测试通过率达94%，统计与概率测试通过率的86%，综合与实践测试通过率达 92%，且各项数学分项测试通过率均高于全区整体合格率。英语学业水平测试，学生英语的读、写测试通过率高达 99%。

小组合作交流的学习方式，促进了学生自主学习。同时，通过小组内的展示交流，班内的汇报交流，给学生提供了展示的平台。为了让孩子们更好地进行自主探究式学习，我们的教师在教学中注重引导、帮助学生查找资料，提升学生自主探究的能力。学生也在教师的引导下逐渐熟悉利用互联网，使用工具去查找自己想要了解的知识内容。在《北京市通州区小学教学质量调研报告》中，我们发现我校有 52% 的学生日常学习会使用手机上网查找学习资料，有 72% 的学生反馈语文教师有推荐过网上学习资源，69% 的学生反馈数学教师推荐过网上相关学习资料，超过 83% 的学生反馈英语教师推荐过网上学习资料。学生已经学会充分利用网络查找学习资源，实现自我探究。学生的自学能力有明显提高，每个学生都能够尽情地获取知识，享受学习的乐趣。

当学生参与课堂的有效性显著增强时，他们的思维方式也会发生变化。当主动愉快地学习成为主色调的时候，学生的课堂学习就不再是一种苦役，而是变成了其乐无穷的审美之旅。

农村中心小学课程建设的困境与对策

北京市通州区张家湾镇中心小学　　许德胜

张家湾镇中心小学是一所百年老校，有着一定的校本课程开发和实施的经验。随着时间的推移，学校逐渐显现出一些深层次的问题，进入了发展瓶颈。为此，我们申报了"农村中心校校本课程建设研究"这一课题，希望通过此研究能走出一条具有我校特色的课程建设之路。

一、新时代农村中心小学课程建设的困境

（一）课程建设顶层设计内在科学性相对较弱

进入 21 世纪以来，我国开展了新的一轮课改，校本课程建设被摆在了突出的位置。各校课程建设成果层出不穷，课程供给极大丰富，课程质量不断提升。在这一背景下，课程顶层设计匮乏的问题慢慢呈现出来。

就我校的情况看，课程建设经历了"课程引进"的 1.0 阶段，"全面繁荣"的 2.0 阶段，目前进入了"实践育人"的 3.0 阶段。1.0 阶段可以看作我校校本课程建设的萌芽期。其最重要的成果就是我们开发出了"走进张湾"这门校本课程，它标志着全校干部教师初步懂得了什么是课程，什么是校本课程，怎样开发课程，如何实施课程并检验课程的实施效果。这一阶段根本谈不上顶层设计。2.0 阶段，我校课程建设进入教师自发开发阶段。教师根据教学需求，结合自身特长开发出大量课程，满足教学需求促进学生发展。虽然大家都在努力朝着育人的目标前进，但是呈现的结果却显得相对杂乱且缺少整体设计。

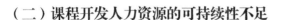

（二）课程开发人力资源的可持续性不足

张家湾镇中心小学现有教师 228 人，其中研究生学历 22 人，其中大部分教师为本科学历。20 年的校本课程建设，已经把教师开发课程的能力消耗到极大程度。参与开发课程的教师逐步发现自己开发课程的实施效果与自己的期望有很大的差距，因此课程开发热情开始下降。目前，课程建设陷入迟滞阶段，教师课程建设积极性逐步减弱。

（三）开发数量与课时总数存在矛盾

目前，我校校本课程总数超过 100 门，活跃课程大约 40 门，核心课程 10 余门。这些课程安排需要大量的课时，而学生在校的时间是有限的，除去国家课程必需的课时，给地方和校本课程留出的时间十分有限，很难保证开发的校本课程得以实施，很多课程变成一次性课程。这也是教师课程开发热情下降的重要原因，辛辛苦苦开发出一门课程结果十分短命，没有足够的时间来实施。

（四）新技术融入课程意识不强

5G 时代已经向我们敞开大门，课程建设一定会发生变化。然而，正如社会上的流行说法一样，新技术改变了我们的生产、生活方式，唯独没有改变教育方式。更有人说，教育是用昨天的知识滋养今天的学生，想要解决明天的问题。其表达的意思非常明显，教育已经落后于时代了。脱胎于工业时代的课程开发思想，要开发出信息时代的课程，其落差不容忽视。从我校课程的具体情况看，没有把信息技术融入课程开发，是一个非常显见的问题。

二、农村中心小学课程建设的对策

（一）外引内挖，做好顶层设计

1. 从培养"发展人"的目标出发，构建和完善"知行主人"课程育人体系

张家湾镇中心小学开展"做主人教育"三十余年，已经令"做主人教育"的理念深入所有师生的生命之中，并且取得了令人瞩目的成绩。同时，经过二十年的发展，我们的"知行主人"整体育人课程体系也已经得到了广泛认可。为此，我们确定了课程建设的整体思路：以习近平新时代中国特色社会主义思想为指导，以培养"发展人"为目标，以深入挖掘"做主人教育"资源为主要途径，加强顶层设计，开发出具有我校特色的"知行主人"整体育人动态平衡课程体系，努力成长为副中心课程建设的"领头羊"。张家湾镇中心小学知行主人课程体系，如图1所示。

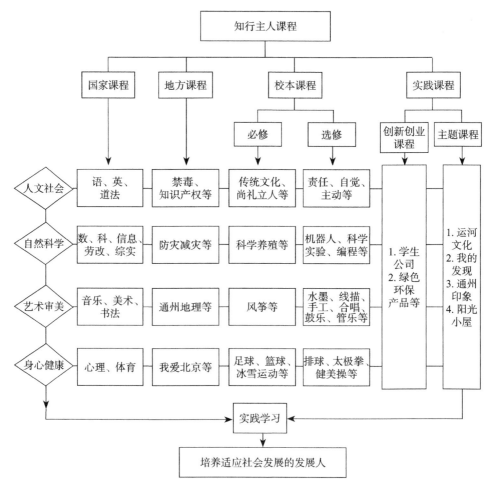

图1 张家湾镇中心小学知行主人课程体系

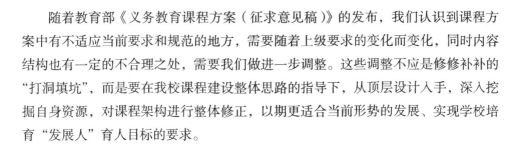

随着教育部《义务教育课程方案（征求意见稿）》的发布，我们认识到课程方案中有不适应当前要求和规范的地方，需要随着上级要求的变化而变化，同时内容结构也有一定的不合理之处，需要我们做进一步调整。这些调整不应是修修补补的"打洞填坑"，而是要在我校课程建设整体思路的指导下，从顶层设计入手，深入挖掘自身资源，对课程架构进行整体修正，以期更适合当前形势的发展、实现学校培育"发展人"育人目标的要求。

2. 牵手外部资源，助力整体育人

张家湾镇中心小学课程建设倾注了全体干部教师的心血，同时得到了上级领导及北京市教科院、北京市农研会、北京市创造教育研究会、通州区教研中心等单位专家的悉心指导和帮助。正是如此，我们的课程建设取得了丰硕成果。随着课程建设能力和水平的提升，我们也逐步认识到课程建设中存在的问题与不足。

要想很好地解决这些问题，弥补这些不足，单凭我们自身的力量依然是很难完成的。为此我们从三个方面入手充分利用外部资源，全力打造"知行主人"整体育人课程体系。第一，全面获取上级支持，把握课程建设方向。在2018年9月10日召开的全国教育大会上，中共中央总书记、国家主席习近平以"国之大计、党之大计"高度概括了教育在新时代的重要地位，强调坚持中国特色社会主义教育发展道路，培养德智体美劳全面发展的社会主义建设者和接班人。这一重要讲话，体现了总书记对教育工作"培养什么人、怎样培养人、为谁培养人"这一根本问题的深谋远虑和高瞻远瞩，对于加快推进教育现代化、建设教育强国、办好人民满意的教育有着深远意义。我校的课程建设离不开党的教育方针的指导，离不开上级领导的关怀。因此，我们要利用好上级资源，为课程建设方向"把脉导航"。第二，充分利用专家资源，提升课程建设水平。虽然经过了二十年课程建设实践的考验，我们的教师主业依然不是开发课程，更主要的还是实施课程，我们还是课程开发的新手。因此，聘请专家指导课程建设就是必然的选择。专业的事还是要专业人员来做。我们要在专家的指导下培养一批课程建设的高手教师，为课程建设积聚人才。专家指导是提升我校课程建设水平的必由之路。第三，借鉴兄弟学校课程建设经验，拓展课程开发思路。在通州区，有很多兄弟学校有着丰富的课程建设经验和高质量的课程建设成果，通过借鉴其课程建设经验，补充自身实践和理论上的不足，促进学校课程建设更上一层楼。

（二）以素养为核心，保持课程动态平衡

中国学生发展核心素养以培养"全面发展的人"为核心，分为文化基础、自主发展、社会参与三个方面，综合表现为人文底蕴、科学精神、学会学习、健康生活、责任担当、实践创新六大素养，具体细化为国家认同等十八个基本要点。各素养之间相互联系、互相补充、相互促进，在不同情境中整体发挥作用。学校"知行主人"整体育人课程体系把中国学生发展核心素养贯穿于四大课程领域：人文与社会、自然与科学、艺术与审美、健身与健心。希望通过师生不断努力形成课程体系内容的动态平衡，使课程体系成长为具有强大生命力的自我成长型课程体系。

1. 科研引领，让课程成长不再盲目

学校课程建设水平决定着学校的办学水平，"十四五"期间，张家湾镇中心小学下大力气开展课程建设研究。目前，学校已申请农研会课题"农村中心校校本课程建设研究"，期望在"十四五"期间走出一条适合我校具体情况的课程建设之路，即以此课题的研究为龙头，引领全校师生关注课程建设，努力为课程建设出力，扭转课程建设盲目化倾向，建成理念先进、目标清晰、结构合理、学生喜欢的"知行主人"整体育人课程体系。

2. 加强评价，凸显课程教育价值

课程建设不是一劳永逸的，不能只问开发、不问实施效果。为此，学校建成了比较科学有效的课程开发与实施评价系统，制定出相对科学的评价量表，以及切实可行的评价方式，得出科学合理的评价结果。系统从学校（管理层面）、教师（实施层面）、学生及家长（教育对象）等多方面对课程的开发与实施做出评价，综合各方评价结果，决定课程价值所在。

3. 动态调整，让课程体系成长可视化

课程建设要想健康成长就一定要做到吐故纳新，吸收新鲜营养，过滤各种杂质，这样才能使课程之树长青。学校以学年为周期对课程体系做出动态调整，从传统出发，以需求定位，突出本校特色，达到优质均衡，实现"做主人，创优质"的新校训要求。

（三）全面组合，加强课程整合力度

地域课程建设，我们从原来的加法思路（不断开发课程），转变到适切思路（关注课程内在结构）上来，加大课程整合力度，充分发挥课程育人功能。

1. 调研学生需求，让课程建设目标更明确

学校的育人目标：致力于"做主人教育"，培养具有中国底蕴、世界眼光、健康体魄、高尚人格的适应未来社会发展的"发展人"。结合中国学生发展核心素养把学校"发展人"培养目标分解成若干元素，形成"发展人"基本素养构成表，并对学生进行需求调查，根据需求分析以及现有的三级课程体系开发相关课程，让课程开发有的放矢。

2. 坚持实践途径，让课程实施方式接近生活

新课标强调激发学生发现问题、分析问题、提出问题和解决问题的能力。这也是"发展人"适应未来社会发展的最关键的能力之一。为此，我们的课程建设特别是课程实施中坚持实践途径，学生通过解决生活中的真实问题获得知识、提升能力。

3. 贯彻国家课程方案，让学生学有所获

随着教育部《义务教育课程方案（征求意见稿）》发布，"十四五"期间，各校都会对自己的课程体系进行一定的调整。学校将进一步加强课程整合的科学性研究，在全面落实国家课程方案的同时，发挥学校主观能动性，通过实践课程真正打通学科壁垒，实现学科融合、课程整合，帮助学生实现素养的全面提升。

（四）强化技术素养，让学生沉浸在数字海洋

《基础教育课程改革纲要（试行）》提出："大力推进信息技术在教学过程中的普遍应用，促进信息技术与学科课程的整合，逐步实现教学内容的呈现方式、学生的学习方式，教师的教学方式和师生互动方式的变革，充分发挥信息技术的优势，为学生的学习和发展提供丰富多彩的教育环境和有力的学习工具。"

1. 教学内容呈现方式及教师教学方式的变革

二十年课程改革之路，学校教师积累了大量的教学内容呈现方式，为新时代新教改奠定了基础。在"中小学教师信息技术应用能力提升工程 2.0"的助力下，学

校对教学内容呈现方式和教师教学方式进行重点研究，利用现有的软硬件基础，开发相关课程，帮助"信息时代原住民"畅游"数字之海"获得成长所需的营养。

2. 学生学习方式的变革

现在的小学生出生在数字时代，从出生开始就被牢牢地网进互联网。上学之前，他们已经充分地接触过网络，某种程度上说，其学习方式已经改变了。学校要做的是利用课程优势巩固他们的学习经验，拓展学习空间，帮助他们不断成长。相关课程大体分成三段，低年级学生在教师的引领下有目的地总结已有学习经验，适应学校生活，从身心两方面为今后的学习生活打下基础；中年级学生主动利用现有信息资源，师生共同完成学习任务；高年级学生熟练掌握信息技术，主动开展学习，教师只起到辅导和帮助作用。

3. 师生互动方式的变革

教学就是互动的过程。影响师生互动的要素主要包括教学情境与氛围、目标追求、师生认同和角色定位等。随着信息时代的推进，师生互动方式必然会发生重大变化。学校开发了相关课程，引导师生适应这种变化，体验新的师生互动方式带来的巨大优势，促进学校整体办学实力的提升。

小学语文单元主题关联阅读教学体系的实践研究

北京市通州区宋庄镇中心小学　杨　东

一、问题提出

通州区一直使用北京版语文教材。这套教材与人教版、苏教版、北师大版等版本教材的明显区别在于，其他版本教材的编排一个单元就是一个大的主题，不用再去整合教材，挖掘主题；而京版教材缺乏明显的单元主题，需要重新整合教材，根据需要确定主题，编排教材资源。

从教师的视角看，我校教师的阅读量小、阅读范围窄。在教学目标制定中或多或少存在目标太多、容量太大的现象。教师教学方式依然是满堂问，一篇篇文质兼美的文章被肢解为一个个为什么的回答，割裂了整体和系统。

最重要的问题是，学生阅读量小，半年只学 30 篇左右的文章。课外阅读缺乏指导与具体要求，学习方式单一，导致学生学习语文兴趣不浓，而且习作缺乏童真童趣和浓浓的生活气息。知识学习的碎片化导致知识结构的缺失，学生学完课文，脑子里堆满了零部件，没有形成系统的认知结构，远远没有达到获得意义理解这一更深的层面，语文核心素养的培养如空中楼阁一般。

基于上述现状，我们把"小学语文单元主题关联阅读教学体系的实践研究"作为研究内容，重点探讨单元主题下的关联阅读教学体系建设，以此来促进学生的语文核心素养提升。

二、研究思路

在研究过程中，我们制定了如下研究方案。

在起始阶段，通过深入诊断，多方考察学习，梳理出学校语文教学现状，邀请专家反复论证，制定了《京版小学语文单元主题关联阅读教学体系研究方案》。

在模仿实施阶段，我们组织骨干教师成立攻坚小组，按照不同课型进行精心设计与备课，为大家引路，并利用寒暑假组织老师系统梳理 1~12 册语文教材，完成了单元主题关联阅读教学体系的内容。

在研究设计解读阶段，我们全面总结前两年实施过程中的经验与教训，进一步明确了实施思路：抓关联、巧整合、多阅读、广积累，构建了"语文单元主题关联阅读教学与指导"立体框架——"1+X+Y+Z"。

在发展变化阶段，我们引领教师把存在的困惑与问题梳理成一个个子课题，请每位语文老师结合自己的已有基础，选择其中一项来研究，把教学和科研紧密结合，对难点问题集中突破。

在成熟推广阶段，我们利用多种平台展示初步的研究成果，得到本行业多位专家的充分认可，在《语言文字报》《现代教育报》上发布研究成果。

三、主要实践探索成果

（一）建构北京版小学语文"单元主题关联阅读教学体系"

"单元主题关联阅读教学体系"，是指在以学生为主体，教师为主导的新课改理念下，对教材的再度开发；是把一个单元作为一个系统，以单元主题为魂，秉持"以篇为范例，授之以渔"的原则，实施以点带面、整体推进式的单元主题教学。这一教学体系通过对不同文体、同一主题文章的精读、略读，归纳出一般的阅读方法；找到单元内容之间、课内与课外之间的关联点，将课内阅读教学、课外阅读指导、习作与练笔、语言交际与实践等融为一体的教学体系，从而形成三分之二的课堂上时间学习课本，余下的时间让学生进行海量阅读，让"语文的外延等于生活的外延"，以提高学生语文核心素养，如图 1 所示。

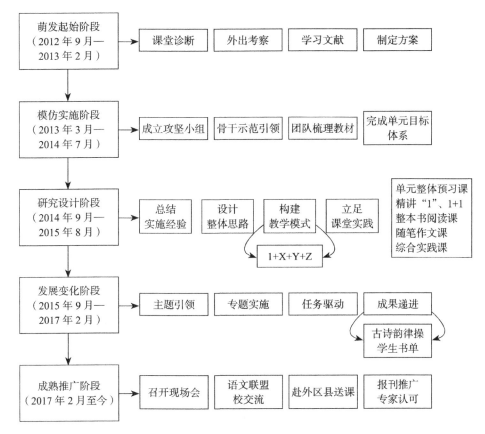

图1 小学语文单元主题关联阅读教学体系实践研究流程

　　该体系的基本目标是练好字、说好话、写好文、乐阅读、有审美、扬个性。发展目标主要关注三个层面：第一，学生层面。通过研究，培养学生自主学习语文的能力；养成良好的阅读习惯；扩大学生的阅读量；让学生在主动积极的思维和情感活动中，加深理解和体验，有所感悟和思考，受到情感熏陶，获得思想启迪，享受审美乐趣，不断促进学生语文素养的提高。第二，教师层面。通过研究，促使教师系统地了解北京版12册教材的内容体系和能力体系；促使教师与学生一起在阅读中成长；促使教师不断提高自己的语文综合素养。第三，学校层面。通过研究，初步梳理出北京版语文教材1~12册的单元目标体系；构建出"1+X+Y+Z"四个领域的不同课型；以语文改革为突破口，带动全学科改革的整体推进；不断促进师生的和谐发展，从而不断提升学校"以美育人、和谐发展"文化建设的内涵，促进学校可持续发展。

"小学语文单元主题关联阅读教学体系"的实践模式"1+X+Y+Z"的内涵如下：

"1"，指的是精读课例的学习。从教材的每个单元中挑选一篇富有代表性的文章进行"精读"。精读课要引导学生深入文本，从中品味、欣赏到蕴含在词语、句子背后的情感、态度、价值观，进行听说读写语文基本能力的训练，并渗透、领悟一定的学习方法。这就是叶老"例子观"中的"例子"，担负着"以例悟法"的任务，起着举一反三的作用。

"X"，指的是若干篇略读课例的学习。每单元内除一篇精读课例之外的其他几篇文章，都作为略读课例。对这些文章，不必逐一探究每个字、词或句子的意思，可有选择地进行阅读，可跳过某些细节，以求抓住文章的大概或自己所需，从而加快阅读速度，旨在通过大量阅读，最后让学生感悟点什么，实现从量的积累到质的突破。

"Y"，指的是课外阅读指导。课外阅读指导包含四个重点阅读模块：第一是充分利用区里配置的语文读本；第二是补充名家名篇；第三是集中推荐阅读书目，针对教材主题体系以及学生年级特点，每学期为学生确定 8 本课外读物；第四是自助餐式阅读。

"Z"，指的是单元习作与随笔和语文综合实践活动。随笔课包括必写与选写两部分内容。必写随笔，就是结合每单元的典型表达方法，进行习作练习，共计 8 次；选写随笔，重在日常的观察与积累，就是抓住日常的精彩瞬间，以及根据单元主题制定的读写训练点，进行工作练习。

（二）归纳出具体实施策略

1. 小学语文单元主题关联阅读教学设计

单元主题关联阅读教学涉及学生听说读写能力培养，凸显语文学科的人文性与工具性的统一。我们在学生语言的"输入—内化—转换—输出"方面，进行了较深入的探究。一个单元形成一个闭环。教师们在备课时站在单元的高度进行系统思考和设计，在教学中也是以训练主题为核心，以训练学生自主探究学习能力为目标，遵循系统性实践落实。根据这个原则，我们从两个方面进行了改进。

（1）重构课时。课时的教学安排，如图 2 和图 3 所示。

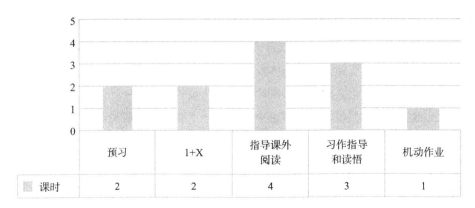

课时	预习	1+X	指导课外阅读	习作指导和读悟	机动作业
课时	2	2	4	3	1

图2　3~6年级课时安排

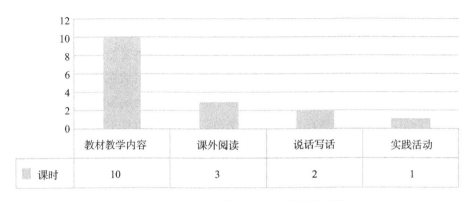

课时	教材教学内容	课外阅读	说话写话	实践活动
课时	10	3	2	1

图3　低年级两周共计16课时的教学安排

（2）强调单元整体备课。语文教学变革的核心之一就是凸显系统性，因为教材、知识与能力都是呈系统、螺旋编排上升的，教师就要抓住这个特征，进行思考、设计与实践。我们制定了"五备"原则。

第一，备学科素养。语文教改体现社会变革对人才观、质量观的要求，建设核心素养不能轻重不分、面面俱到，要找寻到关键素养。对于小学语文教学来说，需要培养的核心素养是 理解、运用、思维、审美四个维度。

语言理解能力表现：读懂文本主要内容，了解文本的表达特点；指导积累优美有新意的语用材料，初步具有语感。

语言运用能力表现：能根据具体语境和任务要求在书面口头表达中尝试着运用自己所获得的言语活动经验，交流顺畅。

思维能力培养主要表现：能在阅读表达等言语活动中，主动思考，运用联想与想象,初步认识语言和文学形象,形成对客观事物的初步认识,具有初步的批判意识。

初步的审美能力主要表现:感知到汉字之美,培养热爱祖国的语言文字的情感;感受到人性之美,具有初步的审美体验。

第二,备学生。语文教学要特别注意保护儿童的天性——好奇心、模仿力和创造欲。掌握学生认知发展水平和年龄个性特征,了解他们在听说读写各个方面存在的问题,尊重学生的思维发展水平,从学生实际出发,讲学生之所缺,练学生之所需。

第三,备单元主题。单元整体备课的关键就是能准确地定位单元整体教学主题,并以此为线索去研究每篇课文与它的对应点,形成整体教学主线,从而保证教学的整体性和高效性。我们一般是从单元习作要求入手,结合口语交际、精讲课文课后练习等来综合考虑这一问题,从而确定内容主题(侧重情感体验)和训练主题(侧重表达运用),形成双主题的教学模式。

第四,备关联。单元整体主题确定后,接下来要研究的是如何根据每篇课文的特点将其一一对应落实的问题,即要"沟通整体与部分间的内在联系"。在备课中,我们关联了文本内部、单元内部、教材系统、课内课外和语文实践。文本内部关联是指基于课后习题的设置进行关联,目的是落实单篇教学训练主题。单元内部关联是指基于整个单元的内容主题和训练主题的落实进行横向关联,目的是层层递进,逐步落实。教材系统的关联是基于教材纵向语文主题和训练主题的关联,目的是明确学习的起点、生长点。课内课外关联是指基于教材的内容主题和训练主题与课外内容的关联,目的是扩充知识、强化能力。语文实践关联是指单元内容主题和训练主题与实践活动进行关联,目的是提升实践能力。

第五,备目标。以单元主题为整体教学线,从语文学习的五个领域,梳理出各部分之间的联系,从而确定单元目标。

(3)完成单元备课。备课的主要内容见表1。

表1 备课的主要内容

单元	课题	写作方法	单元内容主题	单元训练主题	读写结合点	口语练习内容	课外阅读推荐书目	单元习作
内容安排								
单元目标								
教学建议								

2. 小学语文单元主题关联阅读教学实施

在实践过程中，我们探索出了预习课、精读课、略读课等等多样的课型，有针对性地以不同的实施模式来推进教学，有效促进了学生在一个单元内获得深度的、整体的学习体验，见图4。

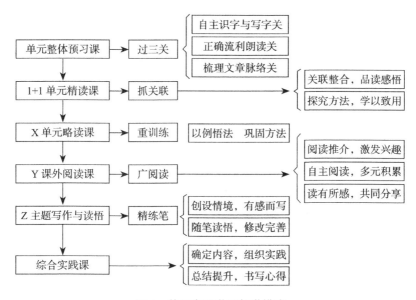

图4　单元主题学习教学模式

（1）单元整体预习课（2课时完成）。

第1课时——表达感受分享课：教师根据单元备课要求，把本单元的几篇课文设计一份预习单，学生在自主完成预习单的基础上，利用小组交流、集体反馈等形式分享自学字词情况、初步阅读本单元课文感受。

第2课时——表达思路分享课：学生利用思维导图梳理每篇课文脉络，确定单元内容主题，小组汇报、集体评价，完成对每篇课文表达思路的把握。

（2）1+1单元精读课——表达方法分享课（1课时完成）。

目前，教师常用的有两种形式：第一种是"精讲1"，就是上文所介绍的精读课例的学习。第二种是"1+1"，即主要围绕单元训练主题，把单元内两篇或单元内一篇，再精选课外一篇主题相同的文章一起学习，让学生抓住关联之处深入品读集中感悟，巩固对训练主题的认识。

（3）X单元略读课（1课时完成）。

主要指单元内其他几篇课文的集中学习，与上文介绍一致，起到"反三归一"的作用，实现从量的积累到质的突破。

（4）Y课外阅读课（4课时完成）。

第1课时：读书推介课。本节课主要由教师向学生推荐本单元配套阅读书目，教给学生读书方法，激发学生阅读兴趣。

第2课时：自由阅读课。教师和学生在课堂上一起捧读经典，静静品味读书的快乐。有时，教师也会根据书籍内容，布置几道思考题，让学生边读边寻找正确答案。

第3课时：阅读欣赏课。好的经典需要重点品读，这是学生自己做不到的。于是，教师会着重指导，带领学生感悟。例如，海明威的《老人与海》，体现了老人不挠不放弃的斗争精神，教师带着学生重温文中描写，观看影片，再回归文字，学生对于老人的认识更加深刻，对于作家的文笔与表达，更加敬佩。

第4课时：阅读分享课。每一本课外书阅读完后，教师会组织学生召开阅读汇报课。各个读书小组根据自选的读书任务进行自主汇报。

这几种课型旨在引领学生自主进行阅读，拓宽阅读视野，达到乐读、会读、品读、赏读的目的。

（5）Z主题习作课（3课时完成，我们采取其中两课时联排）。

第1课时：根据本单元训练要求让学生自主预作。课上完成。

第2课时：继续完成习作—小组交流互评—推荐优秀。

第3课时：共赏学生习作—共赏教师下水文—修改自己习作—分享修改成果。

（6）综合实践课（1课时完成）。

主要是围绕本单元双主题设计语文实践活动，引导学生积极体验、运用。

3. 小学语文单元主题关联阅读教学评价

根据单元主题关联阅读的需要，我们分别设计了语文单元主题关联阅读教学备课标准、语文单元主题关联阅读教学说课标准、语文单元主题关联阅读教学课堂教学评价标准。

构建"三我"端蒙课程，促进学生健康发展

北京市通州区后南仓小学　崔淑仙

一所学校所开设的课程是学生汲取营养的渠道，丰富而充实的课程能促进学生健康成长。学校课程建设应当顺应学校特色发展之需、教师专业发展之需和学生多元发展之需。学生是课程建设最大的受益者，学校一切课程建设的出发点，都应以学生为主体，关注学生的兴趣、爱好和特长，构建适合每一个学生全面发展、主动发展、个性发展和可持续发展的课程。

一、构建"三我"端蒙课程体系，保障学生健康成长

建设适合学生发展的课程，应先建构学校总体课程体系，在学校办学理念的引领下，凸显学校办学特色，保障学生健康成长。

（一）建设"三我"端蒙课程，落实以人为本的理念

学校课程建设，要围绕立德树人的根本目标，做到以人为本，促进学生全面发展。

中国传统文化中"以人为本"最早见于《管子·霸言第二十三》中："夫霸王之所始也，以人为本。本理则国固，本乱则国危。"治国当以民为本，化用到教育上则应将"以生为本"作为学校发展的根本理念。办学理念需要贯穿到学生的培养目标和课程设置上。后南仓小学建校 117 年，民国时期的端蒙学堂，以人格教育为办学理念，提出了"三育齐备，全面发展"的教育主张，作为立校之本延续至今。20 世纪 80 年代，学校以"兴趣小组"为特点，发展学生的兴趣与特长；20 世纪90 年代，以"科技教育"为特色，培养学生创新与实践能力。近年来，在前期发展的基础上，学校不断深化科技教育办学特色，在"大气成就大器，为每一个学生的

智慧人生奠基"的办学思想引领下，秉承以学生为中心的理念，把每一个孩子放在学校的中央。学校以"蒙以养正"为宗旨，以创新精神为重点，以"我发现·我实验·我创造"科技教育核心理念为路径指导，以培养"三我"品质，全面发展，快乐成长为培养目标，开展了"三我"端蒙课程的实践探索。

（二）明确"三我"端蒙课程体系内涵，建设适切课程目标

1. 明确课程内涵

《易·蒙》中指出："蒙以养正，圣功也。"遵照通州区"幼儿养性、童蒙养正、少年养志、青年养德"的教育原则，后南仓小学在学生物欲未染的初始阶段，以"蒙以养正"为宗旨，以学生全面发展为根本，以"创新精神、合作能力、人文底蕴"为核心素养发展目标，以学生的认知心理特点与认知过程为基础，以"我发现·我实验·我创造"为实践路径，构建"三我"端蒙、人在中央的课程体系。课程体系以"三我品质"形成核心，设置明德、启智、健体、习劳、审美和育心六类课程，涵养学生人文底蕴与科学精神，如图1所示。

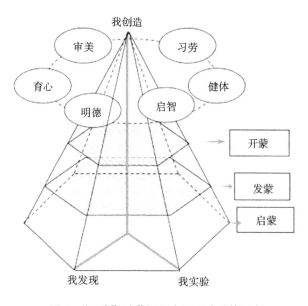

图1 "三我"端蒙课程内涵图（立体图）

2. 建构课程体系

我们围绕"学校一切活动皆课程，人人是课程的开发者和建设者，一切课程建设都要促进孩子的发展，为学生提供好吃又有营养的课程"的思想建构了学校的课程体系，在课程建设上遵循"理念引领—建构体系—整合推进—多元发展"的思路。

凸显科技特色的课程核心理念为"我发现·我实验·我发现",简称"三我",即在教育过程中以学生为本,突出学生主体地位,运用恰当的教学策略和方法,培养学生善于观察、勤于思考、勇于实践、长于合作和大胆创新的精神。

"三我"端蒙课程以"我善发现、我勤实验、我敢创造"为具体表现,以"尊天性,养德性;尊人性,养个性;尊本性,养习性;尊知性,养智性"(四尊四养)为原则,以保护学生的好奇心为第一要义,设立低、中、高三学段的课程目标;以六条主线为课程内容;以课堂教学、文化研学、实践活动践行为实施路径;以标准性评价、过程性评价、表现性评价等为评价手段。课程体系如图 4-12 所示。

3. 确定课程目标

"三我"端蒙课程体系以"四尊四养"为原则,以保护学生的好奇心为第一要义,设立低、中、高三个学段"启蒙—发蒙—开蒙"的课程目标。

低、中、高三个学段分别以兴趣第一、实验探索、合作创新为三学段的学生发展目标。三阶段目标呈现依次递进关系,学习过程中又呈现螺旋跃进式发展。低阶段目标是高一阶段的基础,高阶段又是低阶段的发展,三个学段相互依存、拾级而上。与此同时,每一阶段又以一个核心为基础,向外扩展发展。课程目标的递进如图 2 所示。

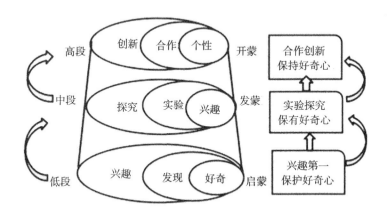

图 2　"三我"端蒙课程目标递进图

低年级以好奇心为出发点,以"发现问题—形成兴趣"为落脚点,保护好奇心。

中年级以个人兴趣为起点,以"实践活动—主动探究"为着力点,保有好奇心。

高年级以个性发展为基础，以"合作研究—敢于创新"为发展点，保持好奇心。

我们将"三我"理念在课程设计中充分融会贯通，学校的"三我"端蒙课程体系，确立了明晰的课程目标——培养"善于观察、勤于思考、勇于实践、长于合作、大胆创新"的"五星"智慧学生。

二、丰富"三我"端蒙课程内容，促进学生全面发展

三级课程是一个完整的体系。在保证开足、开齐国家课程的同时，为更好地发挥课程资源的功能，实现增效减负，我们明确了课程建设目标，合理调整课程资源，将国家课程、地方课程及校本课程进行有效的融通与整合，充分发挥不同课程对学生发展的价值，做到共性化教育中孕育个性化教育，个性化教育中兼顾共性教育，使学生在融通与共享的教育中多元发展。

"三我"端蒙课程体系，以人的发展为核心，设立了明德、启智、健体、习劳、审美和育心六大类课程。六大类课程又由六线支撑，即以国家课程为主线，同时设置经典诵读线、运河文化研学线、万物启蒙线、五大主题活动节日线、社团践行线等辅助线，"六线"成纲，构成"三我"端蒙课程内容体系。

（一）明德：分辨是非，塑造高尚人格

道德观念是一个民族的文化根基，是汇总了一个国家的历史变迁的智慧记忆，为学生提供了学习发展的目标，和指导日常生活的准则。党的十八大明确提出，把立德树人作为教育的根本任务。在 2018 年全国教育大会上，习近平总书记把学生的培养目标确定为培养德、智、体、美、劳全面发展的社会主义建设者和接班人，提出五育并举的要求。教师要遵循教书育人规律、遵循学生成长规律，以学生为主体，以教师为主导，创新育人模式，培育和践行社会主义核心价值观，不断提高学生思想水平、政治觉悟、道德品质和文化素养，让学生成为德才兼备、全面发展的人才。

（二）启智：启发思维，培养创新意识

启智类课程旨在开启学生对于学习的初步认识，培养理性思维的能力，养成求学求知的兴趣和习惯。这样的开蒙性教学，可以说是小学教育基本工作。国家为此设置的教学课程，其内容很大程度上就是为启发学生的智慧和思维能力而设计的。

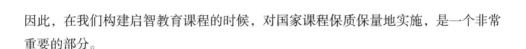

因此，在我们构建启智教育课程的时候，对国家课程保质保量地实施，是一个非常重要的部分。

（三）健体：强健体魄，打下坚实基础

健体类课程，也是国家课程的重要组成部分。后南仓小学一直将学生的"健美"作为校训和对学生素质培养的重要目标之一。实施体育课程认真深入，是学生在文化课开展之余，拥有健康的身体状态，享受健全成长历程的重要保障。

为了推进"三我"教学理念在健体课程体系中的实施，后南仓小学教师们，拓宽体育教学的空间，给予学生更多锻炼身体、提升素质的机会。其中，体育节就是健体课程的重要补充。

（四）习劳：鼓励自律，养成勤勉习惯

在全国教育大会上，习近平总书记指出，要培养德智体美劳全面发展的社会主义建设者和接班人，把"四育"提升为"五育"彰显了劳动的价值，可以说意义重大。学校要教育孩子从小热爱劳动、热爱创造，通过劳动和创造播种希望，收获果实，也通过劳动和创造磨炼意志、提高自己。学到的东西，不能停留在书本上，不能只装在脑袋里，而应该落实到行动上，做到知行合一，以知促行、以行求知。

（五）审美：明德知礼，培养艺术情操

早在中国古代，就有美育的思想，孔子以"六艺"教授弟子；在西方，亚里士多德全面总结了艺术审美教育功能为"教育、净化、精神享受"；而到了近代，蔡元培认为，"美育者，应用美学理论于教育，以陶养感情为目的者也"。可以说，美育思想的发展是有重要的历史渊源的。

（六）育心：润泽心灵，实现健康成长

学生的心理健康，一直是我国教学工作当中较为薄弱的一环。进入"十三五"规划以来，国家对于人才的全面健康发展，提出了更高的要求。而且，让学生拥有健康的成长环境，保障学生身心和谐发展，是为学生构建快乐成长的七彩童年的基本要求之一。

三、探索"三我"端蒙课程实施方法，促进学生可持续发展

在"三我"端蒙课程实践中，我们学校干部教师一起，针对课堂教学探索出了课堂教学法；针对传统文化经典，探索出了经典诵读法；针对大运河文化研学、万物启蒙课程、社团与五大节日等实践类课程，探索出了实践活动践行法。通过这些教学方法的实施，有效培养了学生学习能力和素养，促进了学生"三我"品质和习惯的养成，促进了个性发展和可持续发展，为学生的健康发展奠定了坚实的基础。

（一）"三我"端蒙课堂教学法

为了落实以学生为中心，提升学生"三我品质"，改变以教为主的教学方式为以学论教的教学方式，我们的课堂教学以"我发现—我实验—我创造"设计课堂学习环节，启发学生发现问题、激发兴趣，移情入境、深入探究，以及反思悟理、合作创新。三个环节下，又分别按照两个步骤组织学生的学习探究活动，如图3所示。

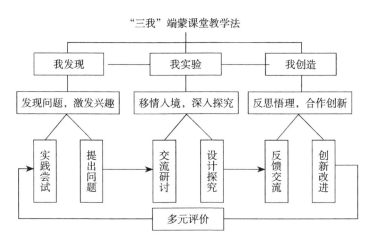

图3 "三我"端蒙课堂教学法

（二）经典诵读法

在教学实践中，我们将中华优秀传统文化课定位成诵读课，总结出了中华优秀传统文化教育的"三步六正九读"教学法。"三步"，即正音正读、正字正义、正心

正行；每步有"两正"，共"六正"；每步有"三读"，共"九读"。"三步六正九读"教学法的分析如下。

一是正音正读。此步诵读教学目标是读熟课文，批文入情成诵。任务分读正确、读流畅和读成诵。

二是正字正义。此步诵读教学目标是定基调，移情入境知义。任务分三部分：读大义、读理解和读入境。本阶段要直意理解文本，重点进行理解与表达。借助注解、借助故事、借助字理、借助六书和借助意象理解大义，通过诵读表大义，移情入境传大义。

三是正心正行。此步诵读教学目标是知人论世悟理。任务分三部分：第一，读韵律；平仄诵读，有韵律。第二，读体验；通过相关诗书画乐舞活动，使学生有相应体验。第三，读义理；知人论世，有体悟，达到诵读审美成于乐。

在操作层面，我们研用我区的"三步六正九读"经典诵读教学原则、标准、技术要领、教学方式和教学方法。

（三）实践活动践行法

1. 文化研学践行活动

大运河文化研学按照"八条主线"和"六大主题"开展研学活动，即运河源流、运河遗迹、漕运科技、运河人文、运河遗产、运河发展等主题，分别以桥文化、名镇文化、书院文化、仓储文化、漕运文化等线索，按照"主题方案设计—主题探查体验—主题考察报告"等环节开展文化研学。万物启蒙课程与实践活动，则在对器物的探究中格物致知，体味物象合一、知行合一和天人合一。

2. 五大节日中践行活动

学校的"五大节日课程体系"，分别是"美德节"（9~10月）、"科技节"（11~1月）、"读书节"（2~3月）、"体育节"（4~5月）、"艺术节"（6~7月）。五大节日课程做到了因时而生、因序而生、因律而生。每年的科技节都开展特色鲜明的科技系列活动，通过家校互动、参观考察、社会实践和技能大赛等途径，分为发现篇、实践篇、创造篇、竞赛篇来实施。科技节系列活动的开展激发了学校、家庭、社会全员参与的科普意识，深化了科技教育的特色。

除此之外，学校每学年开设一次面向家长和社会的"崇德、悟道、做人"中国传统文化讲堂，家校联手，倡导"亲子共学，文明同行"，共同开展"五个一"日日做的习劳课程；开展"追寻家规家训，呼唤良好家风"活动，组织教师深入学生家中，收集活的家风。学校通过实践活动，让传统文化的底蕴根植在学生心中。

（四）构建"三我"端蒙课程体系的评价方法

学校以"三我"端蒙课堂教学模式为依托，制定了《"三我"端蒙课堂教学评价标准》《文化研学过程性评价标准》和《实践活动五星少年评价标准》，形成了"三我"端蒙评价体系："三我"端蒙课堂教学采用标准性评价，文化研学采用过程性评价，实践活动采用表现性案例式评价。

在学校的"三我"端蒙课程构建中，我们也有颇多感悟，构建和实施好课程应当做到：课程资源由散点化向立体化转变；课程的参与者由单一化向多元化转变；课程管理的方式由经验型向科学化转变。这样学生们才能在多彩的课程中更好地健康成长。

官园小学"悦读"教育校本化实施的探索

北京市通州区官园小学　黄玉钢

书籍是文明传承的主要载体,阅读是文化传递的重要路径。通州区官园小学三十多年来,为培养学生良好的阅读习惯,提升学校的办学品质,坚持进行学生阅读教育,逐步形成了较为独特的"悦读"教育体系。

一、"悦读"教育的源起

2011年《义务教育语文课程标准》指出:"现代社会要求公民具备良好的人文素养和科学素养,具备包括阅读理解与表达交流在内的多方面的基本能力……"课程标准对小学生阅读量也有明确规定:低、中、高年级学生的阅读量分别不少于5万字、40万字和100万字。小学阶段背诵优秀诗文160篇。课标指出了阅读的重要性,同时对学生的阅读量做了具体要求,这就要求我们必须提高学生的阅读量。

党的十八大以来,以习近平同志为核心的党中央高度重视阅读。2012年,"开展全民阅读活动"被写入党的十八大报告。2014—2020年,全民阅读连续7次被写入政府工作报告,倡导和推广全民阅读,成为重要的国家文化发展战略。

我校在1987年建校之初,就将"开展读书活动,提高学生素质"作为学校办学的创新点。1989年,时任北京市教育局局长陶西平同志来校参加读书节活动,官园小学初步确立了重视阅读的办学特色。"悦读"教育是建校至今三十多年读书特色的积淀和传承。我们的目的是要在小学生读书的黄金时期培养学生读书兴趣,养成良好的阅读习惯,并在读书实践中形成一定的人文素养,为学生终身发展奠基。学校通过"悦读"教育校本化实施,激发学生读书的兴趣,让每一个学生都想读书、爱读书、会读书,从小养成热爱书籍,博览群书的好习惯,完善学生的知识结构,丰富知识储备，积淀文化底蕴，提升文化品位，促进学生独立、自然、健康地成长。此外，通过"悦读"教育校本化实施，学校也逐步探索出了特色发展的育人体系，提升了办学品质。

二、"悦读"教育的发展过程

在《康熙字典》中，"阅"和"悦"，这两个字都含有"兑"字，"兑"本义表示喜悦。我们认为，"悦读"是用快乐的心去阅读，是指学生愿意读、喜欢读，让阅读成为自己的一种兴趣、成为一种内在需求，并从中获取知识、提升素养，从读中得到满足，愉悦身心。我们的"悦读"教育就是致力于培养学生阅读品质，即培养学生良好习惯、提升品位、完善人格，培育人文精神，促进学生健康成长，为学生终身发展奠定基础的教育。

"悦读"教育的形成和发展大致经历了四个阶段。

第一阶段（1987年至1992年）——萌发阶段。"悦读"教育源于读书活动的开展。1987年建校之初，学校办学方向还不够明确，正在大家都在迷茫的时候，苏金良老师带领学生参加北京市小学生读书知识竞赛并在电视台播出，最终取得了优异的成绩。在这一契机之下，学校和教师、学生进行了充分的交流，决定将"开展读书活动，提高学生素质"作为学校办学的创新点。1989年，学校开始着力组织开展读书活动，提出"抓读书活动 全面育人"的办学思路，初步形成了官园小学的办学特色。1989年，时任北京市教育局局长陶西平同志来校参加读书节活动，极大地鼓舞了全校师生，学校将读书活动的目标确定为"激发学生读书兴趣"，让学生喜爱读书。

第二阶段（1992年至2002年）——发展阶段。在信息技术飞快发展的时代，为引导学生读好书，学校根据教学大纲为学生选定指导书目进行阅读，并提出了"好读书，读好书"的要求。学校借助"读书节"开展读书交流，营造浓浓的读书氛围，让学生品味书香。1992年，国家教委图书馆工作委员会召开大会，王秀云校长代表学校介绍读书特色办学经验。1993年4月28日，著名儿童作家郑延慧、尹世霖来校参加读书节活动。1994年10月18日，学校召开读书节总结大会，国家教委图书馆工作委员会李晓明处长来校参加读书节活动。这一阶段学校共举办了八届读书节活动，目的是让学生在广泛阅读的基础上，精读适合少年儿童身心发展的书籍。

第三阶段（2002 年至 2012 年）——深化阶段。2002 年，学校全面贯彻党的教育方针，全面推进素质教育。2007 年，学校将阅读教育的目标确定为"深化读书活动，促进全面发展"，每年开展读书节活动，进行"读书大王"表彰等读书特色活动。2012 年 5 月 31 日，学校开展"通州区小学办学特色展示活动"，被评为通州区办学特色示范学校。2012 年，学校将读书与社会大课堂、校园文化建设相结合，开展读书实践，促进学生人格发展。教学方面与校本课程相结合，提高学生阅读素养。同时，学校各方面工作也紧密围绕"读书特色"开展，不断丰富和完善读书活动的内涵。

第四阶段（2012 年至今）——提升阶段。党的十八大以来，倡导和推广全民阅读成为重要的国家文化发展战略。在这样的大背景下，2012 年，我们进一步提出了"悦读"教育的特色办学理念，更加关注师生的健康、全面、和谐发展。2014 年，学校进一步提升"悦读"教育特色，构建"悦读"教育体系，打造"悦读"教育品牌。以"悦读教育，终身发展"为目标，培养学生读书兴趣、读书习惯、读书思维，完善学生人格，提升学生品位，培育阅读素养和人文精神，促进学生核心素养形成，为学生终身发展奠定坚实基础。

三十多年来，读书活动由"开展读书活动、提高学生素质"到"好读书、读好书"，再到"深化读书活动、促进全面发展"，直到今天的"悦读"教育，虽然每个阶段的活动目标不同，但读书的主线一直贯穿其中。读书活动遵循教育规律，符合基础教育功能定位和本质需求，有助于促进学生健康、全面、和谐发展，是我们始终坚持的追求。

三、"悦读"教育的实践探索

（一）"悦读"教育的体系

依据"悦读"教育理念，我们构建了"一、二、四、五"的"悦读"教育体系。

"一"即一个目标："悦读"教育、健康成长。"悦读"教育的最终目标是让全体师生享受阅读、健康成长、奠基人生。

"二"即两个维度："悦读"树德、健全人格；"悦读"育能、全面发展。师生遵照"崇德、励志、博学、乐群"的校训，培养学生积极向上的态度和良好的人文素养，实现和谐、全面、可持续发展。

"四"即四种实施途径：营造环境、打造团队、建构课程、实践活动。

"五"即五种形式：一是读，二是写，三是赛，四是学，五是做。

（二）"悦读"教育的实施

结合学校特色我们确立了建构"悦读"教育三级课程文化、滋养师生人文素养的工作思路：围绕"悦读"教育促发展的目标，以读书为主线，充分挖掘国家课程资源，体现特色；综合利用地方课程资源，凸显特色；合理安排校本课程资源，深化特色。积极挖掘三级课程资源，统整课程中的阅读元素，通过"悦读"教育修身励志，提升学生的综合素养。

1. 国家课程——体现"悦读"教育特色

（1）"悦读"教育与学科整合相结合。读书无定法，贵在得法。选择结合方法、上好结合课成了我们将"悦读"教育与国家课程相结合的重要内容。

首先，我们在探索结合的方法上做文章。从提高学生阅读能力入手，采用文科突破、以点带面的方法，适时、适量、适度进行课内外结合，巩固课本知识，补充课内知识的不足，帮助学生将知识进行迁移、延展、贯通。初步总结出课前、课中、课后三结合的操作要求：课前结合主要是创设一个广阔的信息背景，为新知识教学做好铺垫；课中结合主要是课堂教学的补充和提高，有利于突出教学重点，突破教学难点；课后结合是课堂教学的巩固和延伸。三种结合方式的综合运用能够达到补充、深化、巩固、延伸课内知识，提高学生听、说、读、写能力的目的。

其次，我们在抓好结合课上下功夫。结合课的具体方式：学一篇重点课文带几篇课外读物，抓住结合点，以课内带课外，以课外促课内，形成良性循环，实现得法于课内，收益于课外。例如，为了推进"悦读"教育与学科之间的整合，在综合实践活动课研究性学习中，教师设计了"我与网络"课程，以读书为纽带，促进多学科的相互渗透。

（2）"悦读"教育与综合实践活动相结合。在开展"悦读"教育的过程中，我们始终坚持面向学生的生活世界，超越课本知识学习的局限，引导学生从生活、社会现实中提出问题，制定活动主题，并深入自然情景或社会活动领域，开展探究、体验、实验等学习活动，形成对自然、对社会、对自我的整体认识，发展良好的情感、态度和价值观。可以说，"悦读"教育活动为密切学生与生活、学生与社会的联系架起了一座桥梁。

例如，围绕读书，教师设计了"找春天"的活动，先让学生到公园里、小河边、麦田旁去看春天，再到故事书中去找春天，然后动手画春天，动口说春天，动手写春天，通过开展"看—找—画—说—写"的系列实践活动，丰富了学生的生活，提升了他们对自然、对生活的认识，提高了他们的综合能力。

2. 地方课程——凸显"悦读"教育特色

我们根据地方课程的特点，开展特色读书活动，凸显学校的"悦读"教育特色。首先，教师组织学生课下查找资料，阅读地方文学、史记等，引导学生提出问题，确定研究主题；其次，分组进行研究，引导学生积极投入调查、分析、筛选、整理资料、填写调查报告中，记录研究体会；再次，以小组为单位，分别展示研究成果，互相观摩，共享收获；最后，提出更有价值的问题，开展深入研究。

3. 校本课程——深化"悦读"教育特色

学生的个性发展是校本课程开发的终极追求。学校校本课程以"读书实践"为主，力图以校本课程的开展进一步深化办学特色，张扬学生个性，激活潜能，促进学生创造品质充分发展。研究表明，读书能够促进学生个性和共性的全面发展。所以，在推进读书实践校本课程的进程中，我们非常注重根据学生的年龄特点，对不同年级、不同层次的学生提出不同要求，既照顾整体，又注重个性，激发学生的潜能，促进多元智能的发展。

我们注重加强对学生读书方法的指导，组织编写了校本教材《书海识路——读书方法汇编》，注意抓好"读前辅导"和"读后深化"两大环节，在组织学生读书前，先向学生简介书的内容、主题思想和时代背景，提出问题和要求，引导学生走进文本、读懂文本；读书之后，组织座谈讨论、演讲和写读后感等活动，强化读书效果，达到读后深化的目的。

为充分调动学生读书的积极性，我们开设了"读书大王教你读好书"的专题广播，开展了读书主题汇报、"精彩两分钟"好书介绍、"猜猜看"读书知识竞赛等活动，给学生创造了上台展示的机会，促使学生对读书产生浓厚的兴趣。我们还号召学生阅读多方面书籍，如科学技术、文化艺术、人文社会和哲学历史等。通过广泛涉猎，博览群书，既激发了学生读书的积极性，又拓展了学生读书的广度和深度。

学校把每年 4 月 23 日"国际读书日"定为"官园小学读书节",开展好书漂流、好书快递、好书伴我成长节日文化教育等活动;通过学校的电视台、广播、板报、网站和《成长》报刊,开阔学生视野,展示读书成果;积极参加市、区举办的红领巾读书活动,做到了参与面广、受益人多。

学校鼓励家长参与到"悦读"教育活动中来,家校合作,为学生营造全方位的"悦读"空间。通过家长会、调查问卷,征求家长对学校开展"悦读"教育的意见和建议;通过"亲子共读好家长"介绍指导孩子阅读的经验,发动"小手拉大手,一起共读书"倡议等,引导家长开展亲子共读活动。鼓励家长为孩子创设一个良好的"悦读"环境;每天抽时间与孩子共同读书;定期为孩子充实家庭书架。学校每学年开展一次"亲子共读好家长"评选活动,让家长和孩子共同成长。

(三)"悦读"教育的评价

我们从知识与能力、过程与方法、情感态度与价值观这三个维度对学生进行综合评价,注重学习过程的评价,以"表现性评价"为主,用"多棱镜"的目光去审视学生,从多维的角度去评价他们的表现,采用自评、小组评、家长评和教师评等多元的评价方式,推动学生的可持续发展。

我们注重探索多种评价方式,如活动评价法,围绕读书开展了多种活动,包括"四会""三赛""两评"。"四会"即故事会、读书推荐会、佳作欣赏会、拓宽知识会。"三赛"即朗读背诵好文佳段赛、短文速读赛、读写知识赛,在活动中评价学生的阅读情况。我们注重对学生的阅读成果进行展示,定期开展读书笔记、优秀文集、手抄小报的交流展示,充分利用好图书角、黑板报、学习园地等媒体展示学生们的阅读成果,将评价贯穿于读书活动的始终。每学期末对全体学生读书情况进行综合考评,将表现优秀的学生评为"读书之星""读书小博士""读书实践小能手"等。各项读书活动的开展,给学生搭建了展示读书成果的舞台,培养了学生的读书兴趣,同时发展了学生的口语表达、思维和概括归纳等方面的能力。

四、"悦读"教育的实践效果

读书是一个循序渐进、日积月累的过程。同样,办学也需要苦心孤诣。唯有勤于耕耘，方能收获丰硕的果实。在"悦读"教育之路上，我们脚踏实地、步步为营，以浓郁书香促进了师生的成长和学校的发展。

学生在校 6 年，每人读书平均在 150 万字以上。目前，有近千名学生被评为"读书大王"，有 500 多位家长被评为"亲子共读好家长"。学校 90% 以上的学生获得校级以上奖励，有千人次在市区读书征文等活动中获奖。

教师以书为媒、以书为友，从书籍中汲取丰富的营养，为教育教学打下了坚实的理论基础。教师的研究能力日益提升，专业发展后劲十足。学校先后有 5 名教师被评为通州区名教师，50 余人被评为市区级骨干教师。近三年来，教师共做区级以上研究课、评优课近百节，有 500 余篇论文获国家、市、区级奖励。

"悦读"教育的扎实推进，助力学校形成了朴实、务实、扎实的办学风格，教育质量受到社会普遍认可。

学校通过"悦读"教育校本化实施，探索出了适应本校校情的特色育人体系。今后，我们将继续以激发学生阅读兴趣为重点，注重全员参与，扩建师生阅览室，优化阅读环境，加强网络阅读平台建设，扎实深化"悦读"教育办学特色，让一批又一批的官园学生乐于阅读、享受阅读，让读书真正成为师生的自觉行为，让优秀书籍滋润师生身心，让"悦读"点亮智慧人生。

农村小学作文与口语交际，
教学改革的探索与实践

北京市通州区永乐店镇中心小学 陆桂臣

一、问题的提出

《义务教育语文课程标准》指出，"语文课程应致力于学生语文素养的形成和发展""写作能力是语文素养的综合体现"。作文和口语交际教学一直是语文教学中的重中之重。目前，学校中高年级学生作文和口语交际中普遍存在"三乏"现象，即学生学识贫乏、生活积蓄贫乏、思想情感贫乏。学生之所以出现上述问题，除了地域的局限，更是由于现在他们受到各种各样的条条框框束缚太多，作文和口语交际大多表达的是课本上教的、老师天天讲的思想和见解，抒发的是空泛的属于别人的情感，失去了童心的纯洁无邪。通过教师交流、听课教研、组织讨论等，我们对我校的作文和口语交际教学进行了反思，发现主要存在以下四方面的问题。

（一）重师教，轻生练

学校的作文教学总体上还是遵循"教师命题—教师指导—学生起草，誊正—教师批改—教师评讲"的教学模式。这种模式把学生置于完全被动的地位：不是学生从生活中获得了认识和体验，萌发了表达的愿望，然后提笔写下自己的见闻、收获和情感，而是带着老师给的题目去找材料。作文和口语交际不是"情动而辞发"而是"主题先行"。命题式作文和口语交际的"题目＋要求"的格局，使学生写作文和口语交际作业前必先花工夫去揣摩意图、弄清要求，然后再"代圣人立言"，诸多束缚，犹如戴镣铐跳舞，抑制了学生的创造性；有的老师试图违背学生的认知规律进行加压加量地开发，要求立意深、选材新、内容有意义等，学生思来想去不敢动笔，于是，作文和口语交际就成了苦差事。有些教师不给学生以选择表达形式的自由，训练主流拘泥于"记叙文"，单一的训练形式很难调动学生的写作兴趣，一年级表达训练只要求"说写一句完整的话"，不少教师放不开胆子激励学生爱说、多说、大胆说、说自己的话。训练中，或在一句话上"精雕细刻"，或动不动以"请说完整""请说连贯"要求学生，学生哪里还敢开口？或让学生鹦鹉学舌，"词非己出"，毫无个性可言。作文和口语交际教学缺少学生自评、互评环节，不是指导学生自己去评价成败得失，而是以教师的主观认识代替学生的认识，学生感受不到成功的喜悦。凡此种种，使学生在写作文和口语交际时如临深渊、如履薄冰。如此捆绑式教学，如何能激发兴趣、激活思维、激励创新？

（二）重课堂，轻生活

叶圣陶曾说："作文这件事离不开生活，生活充实到什么程度，才会做出什么样的文字，否则就会陷入不切实际的唯技巧论。"学生写作的过程，是从客观外界汲取必要的素材，经过头脑的加工制作，再运用文字符号表达出来的过程。离开了"生活"这个最基本的素材源，所有作文和口语交际便只是空中楼阁。然而，现在我们在作文和口语交际教学中，把学生关在教室，使其苦思冥想、闭门造车的现象却屡见不鲜。这种与世隔绝的封闭式作文和口语交际训练，导致学生作文和口语交际无话可说，假话连篇、东拼西凑。原本想象丰富、思维活跃的童心，由于缺乏了生活之水的灌溉，写出来的东西往往苍白无力，毫无生趣可言。没有生活，缺乏感受与体验，造成学生对很多生活中的写作素材不熟悉，一知半解。

（三）重书面，轻口头

作文和口语交际教学是有机统一的两个部分，一个是书面表达，另一个是口头表达，两者是相互促进、相辅相成的。然而，现今很多小学语文教师过分强调书面作文，对口头训练则置之不理。这种"重文轻语"的倾向，导致学生口头表达能力普遍下降，甚至影响人际交往。

（四）重指导，轻讲评

作文和口语交际讲评是对学生写作实践的全面检查分析和总结，对学生写作具有重要意义。据有关资料表明，学生尤其是小学生，大都喜欢上讲评课。它既是师生思想认识上的交流，也是情感的交流，是学生期待的一次重要信息反馈。但是目前，很多教师片面注重作文和口语交际前的指令性建议，而对作文和口语交际后的讲评不够重视，常常给几句不痛不痒的评语，并不进行有充分准备的讲评，影响作文与口语交际教学的效果。

二、作文和口语交际教学改革的探索与实践

要改变这个现状，必须从教学观念上予以根本的变革，建立一种体现新课标精神的全新的小学作文和口语交际教学机制。《义务教育语文课程标准》明确指出：语文是实践性很强的课程，应着重培养学生的语文实践能力，而培养这种能力的主要途径也应是语文实践。

（一）教师引导，重视学生主体思维的培养

习作中表现出的一方面是作者观察到的，另一方面是作者体验到的，体验表现出来就是感受。《义务教育语文课程标准》提出："在写作教学中，应注重培养观察、思考、表现、评价的能力。"可见，让学生把阅读文本的感受表达出来是多么重要。

1. 思维拓展表情怀

例如，《账单》（二十一世纪语文教材第五册）是一篇反映学生家庭生活的文章，它记叙了商人的儿子彼得，开了一份账单给妈妈，索取他帮妈妈做事的 60 芬尼报酬。妈妈看了这份账单后，在餐桌上放了 60 芬尼，同时也给儿子写了一份 0 芬尼的账单。彼得看后羞愧万分，悄悄把 60 芬尼塞进妈妈的口袋，明白了妈妈的养育之恩是无价的，应该孝敬父母。课上，学生在老师的引导下，基本理解了课文内容，可以这样问学生："彼得妈妈既然不赞成彼得的做法，为什么还要给他写一份账单呢？"引导学生围绕这个问题更深层次的思考，也更进一步理解了课文的内涵。在此基础上追问学生："如果你是小彼得，此时此刻你想对妈妈说什么？快把它写下来吧！"学生用语言表达出自己的真实感受，教育的效果也就达到了。

2. 展开想象补空白

模仿是学生学习写作技巧的途径，但并不是我们的最终目的。我们在引导学生

模仿的基础上，必须加强学生创新意识与创新能力的培养，让其大胆地想象，表达儿童纯真的情感。

《看不见的爱》（北京版语文教材第十二册）是一篇阅读课文，它记叙了一个双目失明的小男孩儿在母亲耐心的陪同下，经过长时间地认真练习，终于打中了立在远处的玻璃瓶的事。课文的结尾是这样的："走出不远，身后传来一声清脆的瓶子的碎裂声。"引导学生在此基础上展开想象："之后发生了什么？请你写下来。"要想写好这段话，必须充分理解文章前面的内容。因此，这个小练笔，既培养了学生的想象能力，又促进了学生理解能力的发展。

想象能力的培养，充分尊重了学生的个性，一改过去千篇一律的局面，为学生作文和口语交际能力的个性化发展奠定了基础。

（二）走进生活，在实践中感受写作情境

生活是作文和口语交际的源泉，体验是积淀生活叠加成文的手段。指导学生写好作文和口语交际，首先要想方设法拓展学生生活空间，丰富学生生活，带他们去体验生活、感受生活、创造生活，从而开辟作文和口语交际写作的源泉。

1.走上社会做调查

教师要有目的、有计划、有准备地组织学生开展各种有益的活动，努力开辟第二课堂，丰富学生的课余生活，给学生创设写作的情境。

语文课《永生的眼睛》（北京版语文教材第十一册）的学习，课前可以让学生先进行一次社会调查。调查围绕"在百年之后，您愿意捐献您的角膜或遗体吗？"进行。要求学生自行设计问卷内容，并结合内容进行统计与分析，最后得出结论。通过一份份稚嫩的调查报告可以看出，学生对调查有浓厚的兴趣，愿意想尽办法把这件事做好。同时，正是这次社会调查，让学生开始接触社会，从中了解到很多事做起来和想象中的不一样。通过实践，培养学生的写作能力。

2.活动之中悟真情

"感人心者，莫先乎情。"古今中外，大凡成名之作，也许其中的大道理已被人忘记，但他的"情"却永留人间。情感对人的认识和活动有巨大的推动作用。学生要带着情感认识周围的世界，必须走进大自然、走进社会，不仅用智慧，而且用整个心灵来感知一切。

结合课文《账单》，可以有目的地设计了解爱、感受爱、奉献爱由浅入深的三个环节，激发学生爱的情感，组织学生结合课文内容和生活实际进行分享和交流。这样的活动创设了多次习作的机会，让学生能够在体验之后记录自己真实的感受。这些都是学生亲身经历的，因而写下来也容易，降低了习作的难度，同时抒发的都是学生的真情实感。因此，培养、激发、启迪学生的情感，是提高学生作文和口语交际水平的一条有效途径。

3. 引导学生发现美

俗话说："观察是作文和口语交际教学之母。"学生只有学会观察，才能积累更多的写作素材。教师应指导学生平时注意观察，观察自然现象：刮风下雨、日月闪电、鸟飞虫爬、花开叶落；观察社会现象：人与人之间的关系，同学与同学的对话，家长对孩子的表情，甚至整座城市的变化；观察语言材料，吸收好词佳句，丰富语言积累，最终乐于表达。在观察的基础上，引导学生将自己真实的体验记录下来，让学生真正成为美的发现者和表达者。

（三）结合教材资源，书面口头两手抓

教材是课堂教学资源之一，是学生在课堂上学习语文的重要凭借，充分开发教材中的写作资源，是培养学生语言能力的重要途径之一。

1. 经典段落模仿写

著名语言学家张志公先生曾说："模仿是学习的必经之路。"同样，小学的作文和口语交际指导中也离不开模仿。

《遥远的恐龙世界》（二十一世纪语文教材第五册）是一篇科学小品，描写了科学家通过恐龙的化石，想象那遥远的恐龙世界。通过想象，作者生动地介绍了三种不同特点的恐龙，同时说明了古生物化石是大自然演变的可靠证据。文中的第三、第四自然段写法相同，典型的先概括后具体。而这一写法是本学期学生习作练习的重点。因此，教师在阅读理解的基础上，引导学生仿照这两个自然段的写法，结合课外资料，介绍一种自己喜欢的恐龙。在仿写中，学生进一步理解了先概括后具体的这一写作方法，并能够自己加以运用，为自己独立写作时能运用这种方法降低了难度，奠定了基础，增强了习作的自信心，同时也进一步提高了阅读能力。通过对经典段落的模仿练习，学生初步掌握了一些基本段式，为今后的写作打下了基础。

2. 巧用课前三分钟

把每节语文课的前三分钟定为口语交际训练时间，内容不限，可以播报一条新闻，讲一则故事、一个笑话，也可以与同学合作模拟生活环境中的问路、买东西、打电话等。口语训练时，以小组为单位轮流上台，每次由一个小组表演。学生们每节课前都能提前做好准备。

教师要微笑地对着每个孩子，并注意他们交际中的语言闪光点，给予大大的肯定，使他们更自信大方、开朗地上台进行口语交际训练。教师要针对口语交际的实际表现，给出具体且中肯的评价，如"你介绍的这个新型玻璃非常实用，我很喜欢""你介绍的这处风景我虽然没去过，但是听到你这么一说，我都恨不得现在就跑过去看看呢"等。评价语言基于学生的交际内容，学生才会知道老师对他的看法，从而树立学习的信心。同时，提醒孩子注意说话场合、交谈对象，还要注意礼貌用语，并渐渐学会倾听。短短的"三分钟"，让学生在开心、愉悦中度过，不但学到了知识，而且提高了口语交际能力。

（四）学生为评价主体，在评价中锻炼表达

在口语训练与习作讲评的过程中，让学生既作为素材表达的主体，也作为评价的主体，在充当小老师的角色时，既可换位思考，又可以在对别人的评价中发现自身的不足。在教学过程中，可以引导学生采用"看图讲故事"的方法进行训练，"编一编""演一演"的环节是素材的整理与输出。"小组讨论""代表点评"是对于讲故事的同学的评价，在各组通过讨论选派代表评价的过程中，学生的思维过程也得到了梳理，这成为口语交际训练的好方式。

正是在这一次次的评价之中，学生的思维越来越深刻，思考问题时逐步能透过事物的表面现象抓住本质，揭示事物的多种关系，预见事物的发展进程，写作能力也在不断提高。

作文和口语交际作为语文教学中的重要部分，不仅直接反映了学生的语文水平，而且还关系到学生思想品德、人格品质等多方面的问题。小学生的人生观和世界观尚未真正确立，作文和口语交际对他们的影响更是不可轻视。因此，广大小学语文教师任重道远，必须清醒认识作文和口语交际教学的现状，放眼未来、锐意改革，争取使作文和口语交际教学早日走出困境。

学校图书馆课程的建构与实施

北京市通州区贡院小学 左春云

一、学校图书馆课程建设的背景

（一）顺应教育变革趋势，响应未来学习者的培养需求

学校图书馆在培养学生阅读能力、文献搜集能力、图书馆礼仪、信息责任和终身学习能力等综合素养方面的的作用越来越突出。英国制定相关教育法案，将提升学生信息教育素养作为图书馆的育人功能目标；美国要求学校图书馆要广泛开展服务合作以便学生开展各项学习活动。2018 年，我国教育部印发《中小学图书馆（室）规程》，强调图书馆是学校课程资源建设的重要载体。因此，加强学校图书馆建设具有重要意义。

（二）提炼读书报国的文化基因，夯实书香贡院品牌特色

我校是一所百年老校，为了继承贡院、书院的文化基因，2014 年迁入新址后，学校结合自身的办学历史，提出了明远教育的办学理念及实践体系，将读书报国作为学校在新时代的办学口号之一；将培养崇尚读书、饱含儒雅之气的明远少年作为育人目标的重要方面；将"书香贡院"作为学校办学特色定位；将图书馆作为校园未来文化建设的高地。学校从办学的顶层设计到整体规划落实，传承百年文脉，夯实书香贡院的品牌特色。

（三）基于学生实际成长需要，重启图书馆的教育使命

学校通过调查发现学生去图书馆次数较少，对图书馆的规则、借阅方法未能完

全掌握；随机抽取中高年级的班级进行信息素养评估，结果显示学生在检索、获取信息、应用信息等方面的能力较弱。经过分析，我们发现之所以出现上述问题，主要是学校内及周边图书馆场馆设施较少；在检索、运用信息方面的培养较为缺失。这都与学校明远少年的育人目标存在较大差距。为此，学校重新规划图书馆的空间布局与装置升级，重启图书馆的教育使命。

二、学校图书馆课程建设的功能定位

"图书馆是搜集和整理、收藏图书资料以供人阅览、参考的机构。"[1]学校努力将图书馆打造成校园的阅读体验中心、学习服务中心和交往活动中心。

（一）将学校图书馆打造成校园阅读体验中心

将学校图书馆打造为阅读体验中心，依托学校图书馆真实的阅读场景，营造阅读氛围，把阅读的行为与环境和心境紧密地结合在一起，培养学生对阅读、图书馆的美好情感体验，涵养学生的图书馆礼仪，帮助学生学会阅读，掌握阅读策略和方法，提高阅读素养。

（二）将学校图书馆打造成校园学习服务中心

将图书馆打造为学习服务中心，让学习在图书馆真实发生，即学生能够通过主动阅读，学会学习，具备获取信息、应用信息等终身学习的关键能力与必备品格，实现心智的健全与自由成长。

（三）将学校图书馆打造成校园交往活动中心

"学习的快乐在于走向对话与共享。"[2]学校将图书馆打造成校园的交往活动中心，学生可跨越年级、班级，在开放舒适的图书馆空间中，遵守共同规则，实现共处、共融和共进，在多元的相处中建立更多样的同伴关系；让学生在更加丰富的关系中参与真实生活及通过对外文化的交流展示，增强学生文化素养与全球意识。

三、学校图书馆课程的建构与实施

在学校明远教育的引领下，图书馆被纳入学校整体课程计划之中，从课程目标、课程内容、课程实施和课程评价四个维度进行开发和实施。

（一）构建图书馆课程的目标体系

在培养明远少年总目标的统领下，学校图书馆课程的总体目标是激发学生热爱读书、崇尚读书；涵养学生的图书馆礼仪，学会阅读，掌握阅读策略和方法，提高阅读素养；促进学生在阅读中学会学习，具备获取信息、应用信息等终身学习的关键能力与必备品格；培养学生在多元的相处中建立更多样的同伴关系，培养交流沟通、团结协作能力，增强学生文化素养与全球意识。此外，还要根据学生年龄的特点，设置年段的分目标。

（二）研发图书馆课程的内容体系

依据国家课程标准和儿童心理发展特点，我校依托明远书院开发了"使用图书馆""开在图书馆""文化活动"三个板块的课程内容。

使用图书馆：帮助学生获得在图书馆中生活的直接经验和真切体验，开设认识学校图书馆、通州图书馆、国家图书馆和专业图书馆，了解外国图书馆等课程，引导学生学习在图书馆查询平台上搜索书籍，并依据索书号找到书籍；学习图书馆具体的规则和章程，习得图书馆的行为规则，养成爱护公共书籍的意识。

开在图书馆：在图书馆开辟不同主题的项目空间，并定期进行更换。项目空间在模拟真实的场景中，学生能够直面问题，通过基于项目的学习，最大限度地促进学习行为的发生。学生可通过空间场景、多种媒介资源、多方人士的支持实现真实的学习实践。

文化活动：创设图书馆的品牌文化活动，充分利用图书馆高频互动场景，开设学生、教师、家长、专业人士、知名学者的文化讲堂，举行丰富多彩的文化活动，让学生享受高雅的校园文化生活。

（三）探索图书馆课程的实施方法

1. 图书馆的空间设计

（1）采用智能化管理系统和装备，升级图书馆的智慧管理效能。学校专门开辟出整层楼的空间整体规划为图书馆。建立符合儿童阅读特点的分类分级的馆藏体系、整本书阅读书架；借助自主借还书机、综合导航检索平台和数字借阅屏等，让图书的借阅、管理更加便捷、高效；增设电子阅览区、交互作用的 VR 体验区等，丰富电子资源和数字化的学习体验。

（2）融合古代书院的空间特点，设计人性化的功能分区。依据图书馆的整体空间，除基础的藏书、阅览区之外，科学设计出讲学区、自学区、项目空间和分享空间四个层级递进的空间。讲学区，名称来源于书院中特有的讲学制度，该区域以多元主体、各种形式的指导为主；自学区，继承书院以自学为主的精神，学生在该区域可以自主阅读、自主学习；项目空间，供学生开展项目研究、探究性学习，它分类提供主题资源，便于学生获得有意义的研究体验，积累团队经验；分享空间，延续书院群居有益、互相质疑辩难、学友讨论的传统，学生可以汇报、展示成果，举行艺术展陈、小剧场等丰富多彩的文化活动。

（3）结合轻量化的空间打造，实现泛在化阅读资源体系建设。基于"泛在阅读"的理念，将班级、走廊和校园一角等区域结合轻量化的空间打造和设备配置，如增设自助图书柜等，使其成为阅读体系中最前端的分支。从学校的图书馆到各个班级、走廊的图书角，让整个校园被这样的综合场馆包围，实现阅读资源无处不在。

2. 合理安排课时设置

为了更好地落实图书馆的课程，学校将"使用图书馆"与社会实践大课堂相结合，带领学生进入生活中的图书馆；用"使用图书馆"中的学科整本书阅读时间，每周开设 1 个小时的整本书阅读指导课；每天中午设置图书馆的午读课，举办文化交流活动等。

3. 研发图书馆课程任务单

研发任务单。任务单以核心目标为主线，把目标任务分解，形成任务链，激发学生应用阅读资源，在完成任务的同时，帮助学生认识图书馆、了解图书馆的行为规则，学会检索和借阅。任务单还能引导学生从"自然阅读"变为"带着方法策略去深度阅读"，展开自主探索和互动协作学习，提高学生的信息素养、阅读素养。

图书馆内开辟学科整本书阅读书架，围绕各科教学的重点，有针对性地提供特色文献资源，为学科教学提供服务。积极研发整本书阅读任务手册，以语文学科为例，把阅读嵌入学生的学科学习过程中，每本精读书目设计14个任务单。例如，《鲁滨孙漂流记》设计绘制鲁滨孙漂流图、采访人物心声、场景配插图等一连串的任务，感受主人公冒险进取的英雄形象，从整体通读，到重点精读，再到统整和跨界阅读，在整本书中多走几个来回，逐步完成了对整个作品由感性到理性、由浅层至深层的阅读旅程，用阅读任务引领学生高质量完成自主阅读、深度阅读。

4. 推进项目式学习

依托图书馆内的项目空间，同时与外部实现资源共享，将阅读放入真实情境中，用学科教师的联合和空间资源的支持，以项目化学习的方式，促进学生在学习中探究、在探究中学习。

项目空间内的资源布置按照主题进行定期更换，每完成一个主题则将主题资源打包入库，然后布展下一个主题。例如，以长征为主题，在项目空间里，布置长征路线图、长征物品。书柜里是与长征有关的400多本书籍、画报及影音资料，为学生提供资源服务。由语文、音乐和美术等学科老师进行合作，设计贯穿六年的项目式学习活动。学生利用项目空间中的资源去收集、分析整合信息，通过探究学习、解决问题，学会团队合作，产生有意义的公开成果，并能够进行书面和口头的汇报与展示交流。

项目式学习采用"双线五维法"推进，双线是指：一方面培养学生检索、收集、整理信息的阅读素养、信息素养；另一方面指向创造性思维、探究与问题解决、汇报与演讲、合作等，学生经历高阶认知历程，实现心智的灵活转换。五维是指：第一，进行资源的准备，提供给学生多样的信息、书籍获取渠道，方便学生进行查阅；第二，以驱动性问题引导学生主动学习；第三，在教师的指导下，让学生学会比较、分类、抽象和问题解决等高阶认知策略，产生思维的碰撞，开展学习实践；第四，公开学习后的成果，并在同学、教师和行业专家之间进行交流；同时将项目方案、资料来源、研究日志和小组清单呈现出来；第五，全程反思，包含研究的步骤是否清晰，和他人是否有良好的沟通合作，展现成果时是否表达清楚等。

5. 开展丰富多彩的文化活动

（1）讲学类文化活动。开设学生讲堂、教师讲堂、家长讲堂和专家讲堂，举办学生的"为你讲诗",如"夜阑卧听风吹雨,铁马冰河入梦来"——聆听陆游的爱国心声;教师的"走进奇妙的数学世界";家长的"传统节日——腊八节";作家的"谭旭东教儿童诗"、曹文轩的"童年与写作人生"等活动。

（2）混龄竞赛类活动。采取竞赛的方式,跨越年龄、年级和班级,与不同年段的学生组建团队,举行辩论会。如"小学生该不该带手机""品诗词之美,寻文化之根"等经典活动,让学生加强人际交往的同时,感受团队协作的力量。

（3）艺术类展示活动。与其他图书馆、机构合作,举办或组织学生参加儿童图书插画展、手稿展、连环画、漫画和书法展等艺术活动,邀请艺术家为小读者亲自阐释作品的主题与内容,讲述展品背后的创作故事,让学生近距离感受艺术家对创作的探索与思考,享受高雅的文化生活。

（4）国际交往类活动。学校陆续与美国、澳洲、日本和泰国等学校展开文化交流活动,扩展图书馆的交往空间,积极引导学生对外进行交流和展示,让学生放眼世界,具备全球视野。如欢迎泰国友人、日本东京代表团来宾、伊朗代表团来宾,与美国留学生一起感受中华文化等。通过国际交流既增强学生的民族文化自信心,又以此为窗口,促进学生对多元文化的理解。

（四）开发图书馆课程的评价方式

1. 建立阅读档案

为每个学生建立阅读档案,保存学生阅读后的作品、评价卡、收集的阅读资料、作为活动记录的照片和文字等,借助相关软件生成电子档案,记录学生认识图书馆、使用图书馆、利用图书馆开展深度阅读的过程,并实行多主体评价和随时性评价,激发学生主动反思,挖掘其学习潜能。

2. 研发基于学校特色的阅读能力评价与测量工具

参照国际阅读素养进展研究项目（PIRLS）、国际学生评估项目（PISA）等国际阅读素养评价体系,学校尝试研发基于学校特色的阅读能力评价与测量工具,专门评价学生对学科整本书的阅读理解能力。每学期以附卷的形式进行检测,考查学生信息获取、积累、归纳、概括与迁移等阅读能力。

3. 表现性评价

采取表现性评价,重视学生在实际解决问题过程中的表现。教师通过专业的培训，建立项目的表现性评价的目标，构建评分规则，指导学生充分理解操作目标及评分规则的内涵，明确学习任务应达到的水平，并完成真实性学习任务。教师通过观察、记录学生的实际操作信息，考查学生在项目合作中解决现实生活问题时所展现出的综合思考、问题解决、决策和创造力等，同时促进学生自我评价、自我调节。

四、学校图书馆课程的实施效果与反思

（一）实践效果

1. 学生的图书馆素养、学习素养大幅提高

随着图书馆课程的深入开展，学生对图书馆的喜爱程度、学习能力有了大幅度的提升；在新一轮的阅读测评中，学生的阅读能力有了明显提高；学生的作品在《作文周刊》《长江文艺》上发表；学生在完成项目的过程中，能够有效地解释所查询的信息、评估信息的价值，运用信息解决问题，在团队中逐步具备良好的合作性，有效地进行交流，自律性、创造性、批判性思维都有不同程度的提升。此外，文化交流活动开阔了学生的文化视野，提升了学生的文化品位，增进了学生对全球多元文明的理解。

2. 教师角色发生深度转型

图书馆课程的设计与实施，极大促进了教师角色发生深度转型。教师逐渐意识到需要转变为学习资源的提供者、学习任务的设计师、学习过程的指导者和评价者。由学校教师研发的任务单，受到相关领导、专家的一致好评，教师纷纷走向区级的平台做经验交流，加速了教师角色的深度转型。

3. 图书馆的功能角色发生转变

学校图书馆的定位发生转变，从"书本位"的阅览需求转为"人本位"的学习环境空间，由传统的"藏书阁"变成学校的阅读中心、学习中心和交往中心，发挥了多元化综合场馆的功能，成为校园内场馆学习的新地标，为读书共享、学科教学支撑、信息素养、终身学习素养、国际理解的培育提供了建设样例。

4. 加快了百年老校教育新生态的发展进程

学校图书馆课程的实施，推进了学习更真实地发生；让师生关系产生深刻变革；让校园里的学习场景朝着更加开放化、多样化、智能化和人性化的方向发展。学校

的图书馆课程开发经验在区级课程展示会上、在北京市校园阅读促进项目的调研会上、在第十六届全国"基础教育跨越式发展创新试验研究"年会上，受到了广泛关注与肯定，进一步夯实了书香贡院的品牌特色，加快了百年老校教育新生态的发展进程。

（二）实践反思

1. 进一步加强对教师专业能力的培养

高素质的师资队伍是图书馆课程建设的保障，为此需要对教师进行大量的跟踪培训。

2. 进一步完善图书馆课程的建设

学校还须进一步梳理图书馆课程，加大跨学科教师合作，固化已有课程成果，继续进行"开在图书馆"课程内容的开发、主题资源馆的筹备、评价体系的补充完善。

参考文献

[1]　夏春红.现代图书馆资源管理与推广服务 [M].北京：北京理工大学出版社，2017：11.

[2]　佐藤学.学习的快乐 走向对话 [M].钟启泉，译.北京：教育科学出版社，2004：39-41.

中华经典诵读课程差异化实施策略研究

北京市通州区玉桥小学　张利华

一、学校经典诵读课程实施中存在的问题

作为全国国学启蒙教育实验校，学校使用的是人民教育出版社出版的《中国传统文化教育全国中小学实验教材》。学校在调查研究和资料整理的基础上，确定了"三维"诵读体系实施的目标，把诵读教学纳入学校校本课程体系之中，并于2017年4月申报了市级"十三五"科研课题"中华经典诵读培养小学生语文核心素养的策略研究"。经过一段时间的实践，学校对低、中、高年级745名学生进行了问卷调查，通过数据分析，发现学生在诵读方面仍存在如下问题。

（一）学生对诵读的兴趣一般

在调研中，表示喜欢诵读的学生占所有被调查学生的40%，有50%的学生表示兴趣一般，还有10%的学生表示不喜欢诵读。总体来看，学生对诵读的兴趣不是很高。

（二）诵读与生活实际联系不紧密

经典诵读是对古代经典著作的解读和学习，教师要充分地使之与生活实际相联系，让经典融入生活，从而激发学生对经典诵读的兴趣。调查中在"日常运用经典"方面，中高年级学生中有42.9%的学生选择"有时"，有44.9%的学生选择"很少"，选择"经常"运用的学生只占12.2%。从数字可以看出，经典诵读与生活实际的联系有待加强。

通过学生访谈、课堂观察发现，低年级学生年龄小，更喜欢按照节奏、表演等方式进行诵读；中高年级的学生更乐于尝试进行吟诵和创作。由此可以看出，不同年级的学生在进行经典诵读方面存在一定差异，低年级的学生更容易受到兴趣的影响，中高年级的学生更希望学习一些诵读的方法和策略。

二、学校经典诵读课程的差异化实施策略

找到问题症结之后，学校从学生的认知规律出发，尊重学生年级段差异，以培养诵读习惯为基础，教给诵读策略为主线，积淀诵读厚度为目的，通过差异化诵读策略的实施，促进学生构建适合自己的诵读方式，诵读中华经典。

（一）低年级"激趣"诵读策略

我们采用的"激趣"诵读策略主要包括以下三方面内容。

1. 故事激趣策略

低年级学生特别喜欢听故事，而经典古诗文中相当一部分是有故事背景的。对这些诗文，我们就用故事激发学生诵读兴趣。例如，读到曹植的《七步诗》时，在诵读活动开始前以儿童化视角和语言讲述故事，不仅可以让学生产生学习诵读的浓厚兴趣，而且便于学生理解。

学习《弟子规》中"或饮食，或坐走，长者先，幼者后"，教师组织学生阅读《孔融让梨》的故事，并进行角色扮演，引导学生将诵读和故事联系起来，明白"长者先，幼者后"的道理。

2. 游戏激趣策略

游戏也是低年级学生特别喜欢的活动形式。开展诵读活动时以富于情趣的游戏为载体，运用得当的话不仅可以让学生集中注意力，而且可以营造良好的活动氛围。例如，学校用的"看图猜诗"游戏就收到了很好的效果。根据诗文内容制作优美的PPT 图片，在开展诵读活动时先让学生观察图画猜出诗歌题目，然后看着优美图景诵读诗歌内容。这样不仅让学生诵读热情高涨，而且加深了学生对诗歌意境的体验领悟。课间活动中，学生边做游戏边诵古诗，兴趣盎然。

3. 竞赛激趣策略

低年级学生好胜心强，所以竞赛是提升学生参与诵读热情的又一有效载体，也是让学生充分体验诵读乐趣的重要方法。为此，学校开展"两歌一诗"活动，为诵读展示搭建平台。各班利用这次契机，开展了诗歌诵读竞赛。在竞赛中，学生纷纷表示："诵读比赛真有意思，以后我们要勤加练习。"

在弟子规"冠必正，纽必结"的诵读中，教师让学生比一比、做一做，看看谁的穿戴最整洁。在体验性活动诵读中，学生学会了用弟子规规范日常行为礼仪。

（二）中年级"导读"策略

1. 兴趣导读策略

在语文课堂上创设情境，激发学生的阅读期待，利用文本资源引导学生进行深度思维。深度诵读，可以有效地提升学生的诵读兴趣，提高他们的学习有效性。例如，在教学《咏柳》时，课题教师从诗题出发，先利用多媒体展示春天来了的一段录像，引导学生认真观察，然后让学生说说对春天、对柳树的印象。因为与学生生活比较接近，学生的兴趣一下子就能被激发出来。有的结合学过的课文介绍春天黄灿灿的迎春花，有的介绍洁白无瑕的玉兰花，有的介绍迎风起舞的碧草，有的甚至吟诵杜甫的《绝句》《春夜喜雨》，学生的思维在互相交流中碰撞，智慧在互相交流中闪光。

2. 移情导读策略

语文教学是一首诗，一首激情澎湃的诗，语文课要体现"书声琅琅，情意浓浓"。《义务教育语文课程标准》总目标也要求学生"学会运用多种阅读方法"。读是理解、感悟的前提，深刻的感悟是建立在深入阅读、积极思考的基础之上的，对文本读得越多、想得越深，自然感悟就越丰富。

经典古诗词教学中除了以美读悟真情之外，还应强调文学欣赏中的移情，即引领学生设身处地从作者的角度去体察其心情，以这种换位体验引起心灵的共鸣，真正走入诗词情境。

例如，在教学《赠汪伦》一诗时，我们设计了以下教学环节：

上课初始，教师播放李白送汪伦情景动画图，并深情讲述发生在两人身上的小故事："李白一生既喜欢作诗，又喜欢喝酒和游历名川大山……他们一起饮酒作诗，由于情趣相投，短短几天就结下了深厚的友谊。临别时，汪伦踏歌相送，李白被他的真诚深深地感动了，高兴时吟诗一首《赠汪伦》。"利用感情转移，引导学生体会和自己的好朋友两人一见如故、相见恨晚的深厚的感情，并通过诵读把古诗的情感表现出来。

最后，再通过角色依依惜别的情景，引导学生深入走进人物内心，用诵读表达对好朋友的思念与祝福，体会朋友之间的那种依依惜别之情，在与文本、与诗人的对话过程中加深对文章的理解，加强情感的熏陶。

3. 入境导读策略

古诗文凝练含蓄、诗中有画的特点决定了只有充分利用想象、复现诗中意境、使诗意在头脑中形成画面，才能让学生真正走进诗文所描绘的情境，实现与作者的深度沟通。为此，在教学中教师注意引导学生走进语言文字，展开想象的翅膀，走进作者的心灵深处，品味语言文字的魅力。

例如，在教学杜甫的《绝句》时，在引导学生充分诵读古诗后，教师让学生闭上眼睛，想象"两个黄鹂鸣翠柳"的画面，这两只黄鹂在哪儿？它们在干什么？"一行白鹭上青天"又是一幅怎样的画面？

在此基础上，引导学生读中悟境、读中悟情，使诗词活化。这样的诵读才会有声有色，这样的诵读才能使学生身临其境地体会到作者心中流动的情感。

4. 延伸导读策略

《义务教育语文课程标准》明确提出："要培养学生广泛的阅读兴趣，扩大阅读面，增加阅读量，提倡少做题，多读书，读好书，读整本的书。"课外阅读是学生增长知识、扩大视野、灵活运用所学知识的重要途径，在课堂上让学生进行延展性的课外阅读很有意义。

例如，在四年级古诗《长征》的学习中，诵读教师巧妙地整合了一个"长征系列"，从地点、人物和其他三方面带领学生搜集长征中的诗词。通过进行对比诵读，学生进一步理解了长征伟大意义，同时又增加了诗词的阅读量。

另外，学校还引导学生对已学的古诗进行题材分类，如咏物诗、送别诗、思乡诗、爱国诗……通过整合对比学习、成组诵读，提升了古诗文教学的效率。

（三）高年级"多元诵读"策略

"读"是传统，是我国传统教学中的精华，是帮助学生品味名篇佳作，培养语言功底的最佳方法之一。《义务教育语文课程标准》中明确指出："诵读优秀诗文，注意通过语调、韵律和节奏等体味作品的内容和情感"。运用"多元诵读"策略，可以让学生充分的读，在读中感知、感悟，在读中品味文本内涵，感受诗词韵味，深刻体会传统文化的魅力。

1. 边角时间读，激发兴趣

课前 3 分钟是每节课开始的"序幕"，作为一名语文教师，灵活地处理好这 3 分钟，往往能够为整节语文课起到推波助澜的作用。我校要求学生进行 3 分钟的古诗词诵读，甚至把读经典作为班级集合的一种信号。这样一来，带领学生在轻松愉快没有压力的氛围下进行诵读，不仅有利于学生积累古诗词，提升语文素养，还在书声琅琅中营造一种课堂上的活跃气氛，有利于学生集中注意力，以更好地状态投到语文课堂中去。

2. 多种形式读，开拓思维

"吟读古诗"品诗韵。指导教师要求学生在读准生字字音，达到初步感知诗意的基础上，让学生根据诗句想画面，因势利导逐句品读古诗，准确把握诗意；在学生充分理解诗意的基础上再创设情境，让学生换位体会诗人的情感和诗中的意境，再次深情吟诵。

"情感诵读"悟诗情。在教学中教师想方设法让诗中的画面和诗人的感情在学生脑中"活"起来，进而唤起学生的生活体验，激发其情感，把诗人创造的意境在学生的心中再现。

"诗歌唱演"品意境。有些古诗词适合歌唱，学校就请音乐老师帮助学生演唱古诗，在音乐的旋律中感悟诗歌意境，提高审美情趣。

学校的诵读社团，每周二至周四有专业的老师带领学生唱演优秀的古诗词，《爱莲说》《诫子书》《匆匆》等经典名篇，学生的唱演为其赋予了新的内涵。

3. 创作分享读，提高情趣

在进行语文综合性学习实践中，最让学生感兴趣的就是围绕单元主题，开展一系列丰富多彩的创作分享活动。

例如，在进行综合性学习《寻觅春天的踪迹》时，学校开展了以"春天的赞歌"

为主题的朗诵会，让学生一起分享关于"春"的诗歌、散文；农历九月九日重阳节，教师向学生介绍重阳节的来历及有关习俗：登高、赏菊、饮酒、插茱萸等，吟诵毛主席的词《采桑子·重阳》和王维的诗《九月九日忆山东兄弟》。

假期里，利用一封信的形式，学校开展了"我爱古诗文"阅读活动，学生有的把精美的古诗文制作成书签，有的根据自己喜欢的诗词进行仿写，还有的学着自己创作诗歌；春天到了，教师和学生一起寻找春天，创作"彩色的春天"诗词。学生在老师的指导下，才思泉涌，一首首质朴又充满想象的诗汇成了"色彩斑斓的春天"诗集。学生在愉悦的氛围中既积累了语文知识，又分享了经典诗文。

在日常教学中，教师们鼓励学生在发言或作文中大胆地运用经典的词语、句子，感受阅读魅力。

三、实施效果

（一）有效激发了学生诵读潜能，增强了学生传统文化底蕴

差异化诵读策略的实施激发了学生的诵读潜能，锻炼了学生的记忆力，拓宽了学生获取知识、积累语言的渠道，丰富了语言积累。学生用自己喜欢的方式诵读经典，诵读数量达到50首至100首的由原先54.4%上升到67.57%，诵读数量达100首以上的由8.89%上升到27.03%，

在对上初一学生的追踪问卷调研中，89.19%的学生认为，小学阶段的古诗文背诵学习对于中学学习非常有帮助。

现在的语文课上，学生在学课文时，经常会引经据典、滔滔不绝。组织学生参加通州区诵读大赛，连续四次获得特等奖、一等奖。2017年11月，学校学生代表参加北京东城区东朝建学区的诗词大赛，表现出色，获得总分第二名，充分地展现了玉桥小学的风采。

（二）有效增强教师科研意识，提升教师文学素养

在调研的基础上调整诵读内容，制定有效的诵读策略，使研究更加科学合理，诵读教师参加区乃至全国的传统文化赛课，魏孝飞、岳福霞等老师荣获特等奖、一等奖，另有60多篇论文在全国、市区获奖。

（三）有效丰富学校教育内容，带动学校整体发展

差异化诵读策略的实施，丰富了学校的教育内容。在传统文化区域研讨交流活动中，学校的诵读课堂教学和诵读汇报展示得到全国各地的领导和教师的称赞。

学校《构建三维诵读体系，促进学生健康成长》研究报告荣获通州区第三届政府成果二等奖。学校先后荣获"全国传统文化教育课题示范校""中华优秀传统文化示范校""中华优秀传统文化先进单位""小小百家讲坛优秀组织奖"等多项荣誉。

学校的诵读经验和诵读节目在全国传统文化进课堂教学研讨活动中交流推广，学校作为传统文化实验校，接待了来自全国各地参观访学的专家和领导，无形中也提高了学校的知名度。

基于地方文化的农村校本课程开发研究

北京市通州区西集镇中心小学　胡凤岐　胡志芳　梁士发

《基础教育课程改革纲要》指出："学校在执行国家和地方课程的同时，应视当地社会、经济发展的具体情况，结合本校的传统和优势、学生的兴趣和需要，开发或选用适合本校的课程。"[1] 同时，这份文件中还提出："改变课程管理过于集中的状况，实行国家、地方、学校三级课程管理，增强课程对地方、学校及学生的适应性。"[1] 通过调研我们发现，虽然课程改革已经深入人心，校本课程开发已经成为我国当前课程改革的一项重大举措，但是和国家课程相比，农村乡镇小学的校本课程尤其是有地方特色和人文气息的校本课程开发与落实不尽如人意，存在着对校本教材认识不足、课程覆盖面过大、缺乏地方特色和学校特色等问题。作为一所农村乡镇中心小学，下辖完小众多、人员分散、各校间路途遥远、教师身兼数职、工作繁重等客观因素，也一直制约着学校校本课程开发工作的进展。如何通过校本课程开发，立足家乡优秀传统文化，培养具有家国情怀的西集少年，一直是我们思考的问题。

一、以地方文化为基石，搭建课程开发的扶梯

北京市通州区西集镇中心小学是一所具有近百年历史的农村中心小学，下辖6 所完全小学，服务地域内 57 个自然村。依托运河文化带，学校拥有得天独厚的地方文化资源：有风车、剪纸等优秀的地方传统文化；有京东风车大王梁俊先生、剪纸大王王文敏先生、运河之子刘绍棠先生等家乡文化名人；还有草莓、樱桃等地方特产，尤其是沙古堆的大樱桃也早已成为西集的名片……这些古老丰润的乡土文化为学校校本课程开发提供了丰富课程资源。中国陶瓷艺术大师刘立中说过："任何民间工艺，如果没有传人就没有一切，人心就是民间文化的自信心。"因此，要让乡

土文化代代传承下去，就必须从娃娃开始抓起，就要让乡土文化走进校园、走进校本课程、走进学生心中。

名校长工作室的成立，"春雨计划"的开展，"送教下乡"平台的搭建，陆续而来的多项活动破解了原本制约我校研究的许多难题。在专家团队的引领和带动下，依据学校自身特点及可利用的资源等条件，依据"以家乡的文化为基础、与学校文化建设相结合、以教师、学生和家长为课程开发主体"的开发理念，我们开展了"知家乡、爱家乡"校本课程开发研究。

通过校本课程开发研究，最终形成有借鉴意义的具有地方特色，能够传承地方文化的农村校本课程的完整体系，逐步提高学校教师开发教育资源的能力。通过实施"知家乡、爱家乡"的校本课程，让学生学习地方文化知识，对家乡产生浓厚的归属感及热爱感，深化学生保护和传承家乡文化的责任感；在文化意识方面，丰富学生的文化知识结构，提升学生的文化素养，培养学生鉴别文化知识的能力和跨文化交流意识，帮助学生形成多元的文化价值观；在学习策略方面，让学生更贴近生活，通过一系列实践活动，提高学生发现问题、解决问题的能力，也培养他们的团队合作意识，增强其自我表达及灵活应变的能力。

二、问题驱动，顶层设计，合力共生研发路

"知家乡、爱家乡"校本课程，经历了"探索—研讨—实践—反思—再实践"，摸索出来一条可供借鉴的研发路。

（一）问题驱动研究，探索开发思路

2006 年，学校整合"风车"这个乡土文化资源，创设了"走进风车世界"校本课程，六个学校统一使用，开启了校本课程开发之路。然而，在实施后我们发现，课程对学生的情感体验关注不够、内容单一、不成体系，学生归属感不强，没能彰显学校的民俗文化特色……

问题虽在实施中得以显现，问题也明朗了课程前行的方向：以学生兴趣点为抓手，深挖地方民俗文化，拓展课程内容，从而弥补现有课程的不足。将种植、风车、美食、游戏和民间习俗引入课程，各校自选主题，自行开发。课程内容逐渐丰富，将本地文化融入学习过程中，增强了学生对家乡的认同感和归属感；与学科融合实施，让学生

在学习中实践、在实践中学习，逐步达到实践育人的目标。只有让校本课程更具系统化、特色化和规范化，才能实现"传承西集地方特色乡土文化，培育具有家乡情怀的少年"的课程目标，在"春雨计划"项目和本校科研课题"基于地方文化的农村校本课程开发实践研究"的推进下，中心校最终确立了"知家乡、爱家乡，弘扬地方传统文化"的校本课程开发思路，围绕这一思路，六所学校各做设计。

（二）团队顶层设计，整合地方文化

校本课程在经历了一段时间的探索和开发后，"知家乡、爱家乡"特色校本课程离"研发初心"越来越近。然而，在"知家乡、爱家乡，弘扬地方传统文化"这一主题引领下，六所完小使用六本教材，看似课程目标一致、课程内容丰富，实际上却是"各自为政、毫无关联"。内容的开发缺少整体规划；育人效果、校本课程特色仍不明显。

项目组经过再次研讨决定，要以中心校为圆心，统筹各完小校本教材开发的内容，做好团队的顶层设计，发挥引领作用。校本课程开发要整合区域内文化资源，要遵循学生年龄特点，对原有课程再次进行剖析，去粗留精，让学生多方面、多角度了解家乡、认识家乡，他们的自豪感将会油然而生，进而产生热爱家乡之情，起到立德树人的效果。校本课程内容设为"民间游戏童趣来""民间习俗寓意多""传统剪纸年味足""家乡樱桃别样红""舌尖上的西集"和"幸福风车转起来""身边榜样力无穷"7个模块，每个完小依据自身优势挖掘家乡一个特色或一个方面进行校本课程开发实践，在整体设计下，各校也有自己的目标，校本课程得到了进一步完善。

（三）专家点拨引领，课程渐成体系

研发有了新的收获，但依然存在问题：年级课程内容单调，缺乏关联性；同级课程内容层次性不明显；学习内容与年级段不符，同一年级课程内容单薄，不同年级的课程目标相同等，我们又面临着新的问题。"大家坐在一起，每个学校所负责的课程按照年级进行拆分，把7所学校适合一年级上的组合在一起，进行单元分类，适合二年级的……类推，然后各校再依据学段要求调整授课内容。"专家的一席话，让我们对课程整合有了新认识。根据专家建议，我们对已编的教材进行拆分重组，形成了单元，如地方特产、民间习俗、传统游戏、民间技艺和最美西集人等。

形成了"四维"课程目标体系和课程内容体系，见图1和图2。每个年级的校本课程教学目标清晰，教学内容丰富多样，凸显的民俗教育特色也不显凌乱，体现了"横向一体化、纵向序列化"的特点。

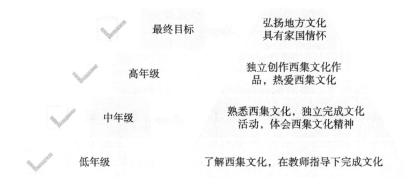

最终目标　　弘扬地方文化 具有家国情怀

高年级　　独立创作西集文化作品，热爱西集文化

中年级　　熟悉西集文化，独立完成文化活动，体会西集文化精神

低年级　　了解西集文化，在教师指导下完成文化

图1　课程目标体系

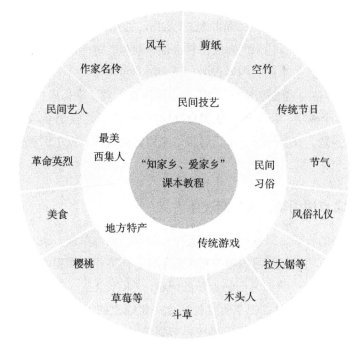

图2　课程内容体系

三、多维视角落实课程，让地方文化生根发芽

课程的开发是为了实现课程的最终价值，是为了让学生对家乡文化进行更深层次的了解，对家乡充满爱，无论以后走到哪里，都会心心念念地想"回家"，同时让家乡优秀的地方民俗文化得到永久传承。为此，我们采取了以下措施。

（一）借助国家课程，渗透地方文化

在设计活动时加强学科间的联系与整合，进行课程的综合化设计，突破学科壁垒。从 2019 年 3 月起，课题组成员结合研究主题，不断进行课例教学的摸索，尝试把立足家乡文化开发的校本课程资源与国家课程教学实例结合起来，探索校本课程与小学各学科国家课程教学进行有效整合。学校尝试开展了将三至六年级校本课和劳动技术课、美术课、音乐课、语文课及舞蹈社团相整合。

如美术课上改编《十二生肖我知道》、劳动技能课落实《做个小风车》；语文课拓展阅读《最美教师》《大运河之子——刘绍棠》等，每一节课都充分发挥校本课程文化育人的功能，致力培育"具有家国情怀的西集少年"。

1. 实践育人，学生全面发展

几年来，学校一直注重对劳动教育的投入，着眼于学生综合素质的提高。我们将校本课程与国家课程中劳动技术课和综合实践活动课相结合，为学校实施劳动教育搭建了良好的平台。校本课程中风车制作、手工剪纸、樱桃栽培和美食烹饪等丰富的课程内容，不仅使原有的劳动技术课和综合实践课的活动内容更加丰满，而且极大地吸引了学生的兴趣，学生说："只要走进课堂，就不想走出课堂了。"徐思琪老师的"跟风车大王学做风车"和王杨老师的"做个小风车"等课程，就是很好地抓住了校本课程与国家课程的共性，并进行了有效融合，深受学生喜欢。

2. 依托语文课，深化"爱"的教育

我们知道语文学科的核心素养之一就是文化传承与理解。学生在语文学习中，通过传承中华优秀传统文化，拓宽文化视野、提高文化自觉的意识，提升对文化的自信。"知家乡、爱家乡"校本课程，成为学生传承西集地方文化、深化对家乡传统文化和人文特征的认同感、培育对家乡榜样人物的崇敬感的最好方式。在语文课上，教师牢牢地抓住语文课程和校本课程在育人目标方面的一致性，让西集的榜样

人物走进语文课堂，让学生知道家乡也是一个榜样辈出的地方，每一个榜样都值得我们去记住、学习。如学生阅读《最美教师》后，纷纷表态："我们要向他们学习，长大以后，为把家乡建设得更好做贡献。无论我们走多远，都会记得西集是我的家乡，我会永远爱她。"

（二）依托多样平台，开辟主题教学新途径

1. 基于研究性学习，序列化实施"知家乡、爱家乡"校本课程

我们通过研究性学习的策略探索，努力改变"教"与"学"的方式，序列化实施"知家乡、爱家乡"校本课程。在教学过程中，以问题为载体，创设一种类似科学研究的情境和途径，进而了解地方文化，学会学习、培养学生分析问题和解决问题的能力，进一步提升学生的创造力。在这一过程中，我们逐步确立了各年级研究主题，见表1。

表1　年级研究主题分工

年级	"知家乡、爱家乡"校本课程年级主题内容
一年级	民间习俗、传统游戏
二年级	民间习俗、民间技艺
三年级	地方特产、最美西集人
四年级	民间游戏、最美西集人
五年级	民间技艺、最美西集人
六年级	最美西集人、我行我秀

我们多次组织研讨活动。比如，我们就曾经对"最美西集人"尝试过同题异构活动，无论是开题研究课还是实践体验课，学生的兴致都非常高昂。

2. 基于综合性学习，渗透性实施校本课程

根据各学科的特点，挖掘学科内可渗透的地方文化元素，挖掘地方文化中的学科育人价值，在学科课程的主干上渗透或嫁接相关内容，并进行专题拓展性的课堂教学，见表2。

表 2　校本课程综合性实施类别

学科	"知家乡、爱家乡"校本课程主题教学
美术	剪纸传统图案及蕴意、书法、版画、年画、脸谱等
音乐	童谣、民间习俗等
劳技	剪纸、风车制作、种植、嫁接、地方特产等
语文	童谣民歌、典故传说、经典诵读、最美西集人等
品德	习俗文化、名人、传统节日、民俗节日、民俗历史等
体育	传统游戏、习俗文化、民间技艺等
……	……

3. 基于研学实践，丰富课程实施手段

（1）一个节日。借助传统节日，开展"校园民俗文化节"活动，通过"赏民风、知民俗、宣民情、展才艺"等系列活动让学生进一步接触地方文化，深入体验地方文化。

（2）一批社团。学校成立具有地方文化特色的学生社团，聘请有专长的民间艺人来校成为指导老师，或者培训骨干教师。如"剪纸"社团、"风车制作"社团、"空竹"社团等，激发学生主动学习、快乐学习，并发掘和培养文化传承人。

（3）一次旅行。学校统筹策划每学期一次的学生社会综合实践活动。让学生深入体验文化、了解人文历史。走进"风车大王工作室"，与风车大王一起做风车；走进樱桃园，跟着果农一起进行果树栽培、剪枝；走进潮白河六烈士陵园，听一听英雄事迹，培养学生爱家爱国情怀，让学生在一系列的实践中完成文化体验和感知。

四、多元化评价策略，增强学生的获得感

校本课程开发的价值体现在三个方面：学生个性发展、教师专业发展和学校特色形成。学生个性发展是其中最重要的价值取向。与课程开发目标一致，适配课程内容，校本课程关注学生学习体验的评价，肯定学生在学习中的体验，尊重学生的付出，重点考查学生在探索地方文化活动过程中思维品质、学习态度、价值取向及交流、合作能力等方面的变化与发展；重视态度、情感、精神等维度的评价。

第一，重视发展。课程评价的根本目的在于推动每个学生在原有水平上有新的进展，强调学生的点滴进步，激发学生的学习兴趣。

第二，关注过程。课程评价关注学生学习活动的过程，尤其关注学生在活动过程中能力的提高、情感体验的衍生、态度与价值观的形成。我们设定了星级评价方式：根据年级段的不同和课程内容的差异，设计不同的量化指标。例如，高年级学生与低年级学生相比，量化指标要求不仅更全面而且注重情感体验和态度价值观的形成。

第三，体现多元。强调课程评价主体、评价标准、评价内容与方式的多元，避免教师评价唯一、终极结果唯一的现象。

第四，强调自评。课程重视学生自我评价、自我调整、自我改进，使学生在评价过程中学习、进步。在模块中添加星级自评表和开放性的评价方式。如地方特产模块设定"我代言""美食秀一秀"等评价方式；"最美西集人"这一主题就有"我是小小演说家""红色经典诵读"等。

地方校本课程的开发与实施让学生体验到爱的温度，增强了对家乡的归属感和认同感；让学生在互动中学习，在合作中不断进步，在实践基础上强化了学生对知识、文化和情感的体验。地方文化校本课程开发只是我们践行素质教育促进教育转型的一小步，相信未来素质教育我们会走得更远，我们的师生也能从中得到更多的收获。

参考文献

[1] 中华人民共和国教育部. 基础教育课程改革纲要（试行），2001.

牛堡屯学校课程建设的探索

北京市通州区牛堡屯学校　张　刚

一、课程建设背景

（一）学校基本情况

牛堡屯学校坐落于通州区张家湾南部，其前身为牛堡屯中学，始建于1956年，2004年与牛堡屯小学合并，改称"牛堡屯学校"，成为九年一贯制学校。学校现有23个教学班，其中中学部9个、小学部14个、学生788人、教职工99人。学校的基础条件达到办学标准，能够满足教育教学的需要。

（二）学校课程发展情况

学校严格落实课程计划，初步形成了有本校特点的课程体系。学校立足周边，深入挖掘课程资源，设置了以民俗种植体验为主的校本课程。每学年根据学校课程计划扎实落实国家课程、地方课程、校本课程三级课程目标，并在实践中不断优化课程结构，统整课程内容，增强课程连接的紧密度。

（三）学校课程建设的形势分析

1. 学校课程建设的优势

学校教师队伍的职称结构、学历结构和年龄结构，搭配较为合理。学校的教学条件保障有力，现代信息技术手段为教学改革提供了支撑。学校是九年一贯制学校，在学段衔接、教育的系统性和连贯性方面有明显优势。

2. 学校课程建设的不足与问题

学校在课程建设中，还没有形成核心素养统整的体系，课程之间的逻辑关联不够紧密；教师在课程实施的过程中，尤其是国家课程的实施中，自主、合作和探究的课程改革理念还没有落实到位；学生家长大部分学历层次不高，对孩子的期待不高，在生活习惯、读书习惯方面，对孩子的引领和支持不够。

3. 学校课程建设面临挑战

新时代，新课程的实施要求五育并举、立德树人，把课程目标聚焦到育人上。要整体育人，就要充分领会和落实领域与学科的核心素养，国家课程要创造性实施。要改变学科教学中弱化德育的现象，德育课程要整体设计和实施，这对学科教师是挑战。

4. 学校课程建设机遇

基础教育新课程自 1999 年实施以来，形成了大量的成果经验可以参考借鉴。2019 年，教育部颁布了高考评价方案，从"培养什么人""怎样培养人""为准培养人"的问题出发，对为什么考、考什么、怎么考，给出了明确的指引。2019 年，中共中央国务院颁布了《关于深化教育教学改革全面提高义务教育质量的意见》及相关的配套支持文件，为学校的课程建设与教学改革，提供了依据和指导。北京市和通州区先后出台了相关的政策，对学校深化课程改革提出了明确的要求，同时也提供了支持和保障。

二、学校办学理念和办学目标

（一）学校办学理念

和谐发展是学校的核心办学理念。和谐发展是学生的德智体美劳全面的发展，是基于尊重学生个性差异基础上的和谐发展，是教师和学生的共同发展、共同成长，也是学校、家庭和社会共同努力下的发展。

（二）学校办学目标

把学校办成学生和谐发展的园地，教师职业发展的平台，共同创造幸福的生活。为学生的成长和一生的幸福奠基，也为教师幸福生活和专业成长提供支持。

（三）育人目标

培养学生为具有坚定的共产主义理想信念，具有面向未来的学习能力和担当民族发展大任的好少年。

三、课程建设目标和内容

（一）课程建设目标

通过课程建设，推动学校的整体改进，提升教育质量。基于立德树人的任务，建设体系化、综合性的课程体系，为学生全面而有个性的发展，提供基础性和选择性的课程。

（二）课程建设指导思想

1. 基础性

国家课程是基础性要求，必须保障落实国家课程要求的基础性知识的掌握和关键能力的培养。

2. 时代性

一定要遵循党的教育方针和各项政策，落实立德树人根本任务。

3. 综合性

指向育人目标，系统设置学科、领域及课程的层次和类型，重视跨学科的整合课程。

4. 选择性

针对学生的个性和学习风格，提供可供选择的课程，满足其个性发展的需求。

（三）课程目标

1. 树立坚定的理想信念

树立民族自豪感和自信心，使学生有坚定的理想信念。

2. 培养学生核心素养

按照中国学生核心素养框架，以课程标准为依据，重点促进学生的创新能力、合作能力和审辩思维能力。

3. 培养学生的学习能力

在课程实施过程中，培养学生的学习能力，对学习有好奇心，有探索的内驱力，具备基本的研究能力，为终生学习打下基础。

4. 培养学生公民意识

为国家和社会培养具有责任担当的公民，推动国家的建设和民族的振兴。

（四）课程结构与内容

根据国家的课程标准和学校的实际情况，根据学校和谐发展的办学理念，学校以和谐成长为核心理念，建设学校的课程体系，它分为基础课程、拓展课程和发展课程。

基础课程是面向全体学生的课程，学生完成国家课程的学习，掌握基本的学习内容和方法，学会学习，着力培养学生的学科素养。拓展课程满足学生多元选择和个性发展的需求，学校自主开发的学科实践课程和社会实践课程，着力提升学生的人文底蕴，培养学生的实践创新、责任担当等素养，是学科领域的拓展，也是学科实践和深化。发展性课程发挥学校师资优势，是体现学校办学特色的课程，尊重学生差异，培养学生可持续发展的能力，突出培养学生的科学精神、健康生活等素养，是延伸活动和应用，是基于学生发展的并与领域学科互为补充的、活动化、综合化的课程，以社团和兴趣小组、综合实践活动形式为主。

按照相关要求结合学校的实际情况，把课程分为六大领域：道德与修养领域、语言与人文领域、数学与科技领域、体育与健康领域、艺术与审美领域、劳动与综合领域。每个领域的课程都有相对应的基础课程、拓展课程和发展课程。

四、课程实施

（一）课程实施的原则

根据小学和初中学生的认识和社会情感的发展特点与规律，以学生为中心，实施教学，完成目标。遵循以下原则。

1. 直观性

多利用具体的形象和事例展示给学生，重视学生的体验，随着学生的年级升高，直接知识和间接知识的比重进行逐步减少的变化。

2. 连接性

注重新旧知识的连接，注重知识点的关联与层级，注重知识与学生生活经验的连接。连接性既注重连续，又注重促进层次的提升。

3. 思维性

教学目标指向学生思维的培养，思维的培养注重通过证据和过程上升为概念，重视过程的互动和生成。

（二）课程实施的组织形式与方法

在课程实施的过程中，重视充分体现学生的主体性，让其参与到课程全过程，增强师生和生生的互动。

第一，基础课程的实施。基础课程按照学科领域不同，教学的方式和方法也有不同。关键是促进学生的参与、体验、思维与情感的发展。道德与修养领域的课程，坚持认知与践行的统一，重在体验与应用。语言与人文领域的课程，紧紧围绕学科核心素养，突出以阅读为基础，充分落实课程标准的"人文性与工具性相统一"的学科性质。数学与科技领域课程，重点培养思维能力与实验探究能力。体育与健康领域课程的实施，培养锻炼习惯，保持好的运动和卫生习惯，提高身体素质。艺术与审美领域课程的实施，培养欣赏和表达能力。劳动与综合领域课程的实施，重点是知情意行的统一和动手操作能力。

第二，拓展性课程的实施。拓展性课程是基础课程的延伸和拓展，是在课程领域的宽度和深度方面的延伸，重在探究和研究。

第三，发展性课程的实施。发展性课程重在为学生个性化发展提供选择，培养学生的兴趣和爱好，发展学生的特长。以社团活动和专题研究小组是主要的组织方式。基础课程、拓展课程、发展课程是一个整体的系统，都是立德树人根本任务的具体实施。每位教师要积极参与到课程的设计、课程资源的开发及课程的实施中来。

五、课程评价

课程评价的目的有两个方面：一方面是评价课程目标是否达到，这个需要对学生的学习结果进行评价得出；另一方面是评价课程是否需要改进，包括课程目标、课程内容、评价方法的调整，课程的增加、减少。

（一）课程评价原则

第一，发展性。学校课程开设的根本目的是发现和发展学生的潜能，更好地促进学生的发展。

第二，适用性。学校课程的开发必须与学生的身心特点相适应，与学生的兴趣爱好相一致，在难度上不能超越学生发展的基础，要尽量选择学生感兴趣的当代科技与社会发展中的问题。

第三，动态性。学校根据各方面的反映，每年都进行课程目录的重新修订。

第四，全员性。评价的主体，分别是学生、教师和专家等，从不同的角度对课程进行评价。

（二）课程评价的内容与标准

第一，对基础课程的评价。基础课程是国家要求的课程，主要依据课程标准评价。学科成绩要进行对比，得出学生的掌握情况及变化情况。

每个学期末对课程进行评价，评价结果与学生成绩进行相关分析，可以将高相关的课程看作相对成功的课程；对低相关的课程，进一步召开课程评估研讨会，分析因素和改进策略。

第二，拓展课程与发展课程评价。拓展课程和发展课程不是面向全体学生的，只对选择了课程的学生进行评价。同时，因为每门课程也有学生学习人数的限制，所以学生的选课指数也是重要的课程评价指标。对学生评价，要将过程评价和结果评价相结合。过程重点考查学生的参与程度（不缺课，积极参与课程），结果评价重点是作品的完成情况（是否完成，完成的程度）。因为拓展课程与发展课程的学生评价不一定以百分制分数来体现，所以两类课程不进行相关度核算，以学生的评价为依据，与同行评价对比。对于评分排名在后 10% 的课程，要进行整改；无法整改的，就不再开设此门课程。

六、课程管理与保障

（一）管理架构与制度

成立课程委员会。由校长牵头，副校长、主任和教研组长参与，进行学校的课程规划和实施管理。学校单独设置课程室，安排专人负责课程建设的组织与管理。

完善课程管理的制度。课程的开设安排、开发申请、课程的评价都要有相关的制度，课程管理制度由课程委员会负责牵头制定，并广泛听取教师的意见。

建立课程审议机制。为了提高课程开发的针对性和有效性，学校建立课程审议机制。根据学校课程整体规划，结合学段特点、学生身心发展特点，学校课程委员会研究每学年的重点建设课程、扶持建设课程、新开发课程，出台课程建设指南。每个备课组和教研组根据各自的教学任务及上一年度课程实施的实际情况，以备课组为单位进行自主申报。学校课程委员会组织集中审议，审议内容包含背景分析、育人目标、课程目标、课程实施、课程评价、课程管理与保障等内容。集中审议和反馈每学年进行一次，审议经历"材料审议—答辩论证—集中评议—评价指导"四个环节。

建立选课制。开发选课 App 系统，开放学生自主选课，走班上课。拓展类课程和发展类课程，打破年级和学科的界限，对于达不到选课人数的课程，不开课。选课过程也是培养学生的自我发展能力的过程。

（二）管理过程

第一，基础课程管理。基础课程按照国家规定来进行安排。基础课程的实施，重点是进行单元整合。根据课程标准，对课程的内容进行重新组合编排，可以增加，但是不能减少。

第二，拓展性课程管理。学科组根据总体育人目标和学科的课程标准，结合学校的生源情况等特点，确定拓展课程的主题与内容。教师申报承担相应的主题课程，课程委员会审批通过后，承担课程的教师进行课程准备。准备好的课程进入学生的选课目录。

第三，发展性课程管理。广泛了解家长和学生的兴趣和意愿，结合本校的师资情况，同时充分考虑家长和社区的资源情况，确定课程计划，再根据课程开发情况，由学校课程委员会审核后，符合标准的课程进入学生的选课目录。

拓展性课程和发展性课程，通过选课系统安排，根据课程评价结果，进行动态调整。

（三）经费保障

学校每年申请专项经费，用于支持学校课程建设，聘请专家来校指导，支持教师进行相关的课程开发，以及外出学习培训。

（四）师资保障

教师是课程实施的主体。教师的课程意识、课程理念，以及课程实施的组织能力，是教育质量保障的关键。通过系列培训提升教师的课程开发能力，鼓励教师进行课题研究，带领教师进行专业阅读，学校还通过举办教学年会推动教师专业成长。

（五）充分利用社会资源进行课程建设

学校一方面要注意利用好家长资源，充分发挥优秀传统文化的传承人和优秀传统文化及科技教育基地的作用；另一方面要利用好社区资源和社会资源，如博物馆、植物园和公园等，把资源设计成课程。

七、学校的课程创新与特色课程建设

根据育人目标和学校的自身条件，学校的课程创新集中在科技类课程创新、传统文化课程和劳动课程创新，以项目式学习建设跨学科的主题课程。

学校的科技课程有基础，要继续发扬。要把科技活动类课程和学科课程进一步融合，突出创造性成果的展示。传统文化课程在原有社团活动经典诵读和京剧社的基础上，继续进行系列化的开发，围绕优秀中华传统文化的内容体系进行开发。例如，把三纲条目的具体内容，开发成系列课程（明明德、亲民、止于至善；格物、致知、诚意、正心、修身、齐家、治国、平天下），和读书结合起来，强调传统的继承和创新，和培养批判性思维结合起来。跨学科的项目式学习，以学生和教师共同承担研究课题的方式开展。

总之，学校课程建设不能搞形式主义，要循序渐进。学校课程建设的主体是教师和学生，同时要充分调动社会资源和家长参与。只有这样，课程建设才能日臻完善。

后 记

为全面落实《北京市教育委员会 北京市财政局关于印发〈关于促进通州区教师素质提升支持计划（2017—2020 年)〉的通知》精神，2017 年，北京教育学院教育管理与心理学院(校长学院)承担了为期三年的通州区中小学名校长工作室(12个) 项目。

学院对此高度重视，要求教育管理与心理学院发扬首创精神，发挥主体作用，为有力实现北京城市副中心教育事业更高质量、更有效率、更加公平、更可持续地发展做出贡献。党委书记肖韵竹同志还参加部分工作室活动，为培训项目的实施、成果的出版提出了具体的指导意见，并欣然为本书作序。钟祖荣副院长召集有关部门及时研究解决相关问题，为项目顺利实施提供了有力的保障。

北京教育学院教育管理与心理学院积极响应和行动，胡淑云院长撰写了第一稿项目实施方案，随后经过与学院领导沟通、二级学院领导班子商议，并报请北京市教委相关部门审核同意，教育管理与心理学院成立了项目团队：由北京市 12 位全国知名的优秀校长担任实践导师，北京教育学院 12 位培训经验丰富的教师担任理论导师。北京教育学院教育管理与心理学院副院长孟瑜担任项目负责人，北京教育学院教育管理与心理学院教育管理系教师许甜担任项目总学术助理。另有 11 位教师相继担任了工作室学术助理。2018 年下半年，随着北京教育学院学院项目管理制度的改革，通州区中小学名校长工作室（12 个）项目被分为 12 个项目，项目负责人分别由各工作室的理论导师担任。

为了更好地实现培训目标，促进每一位校长的发展，该项目自 2017 年 12 月正式启动以来，二级院领导班子认真进行研究部署，确定了基本培训思路：12 个工作室既要有"规定动作"，也要有"自选动作"；既要有共性学习，也要有个性化学习。

在培训过程中，为了保证12个工作室培训活动的规范、统一、科学、严谨，凸显专业性，我们要求12个工作室的培训活动都要体现五个"统一"：一是统一方案，所有的工作室都按照一个总的实施方案开展培训活动；二是统一阶段，所有工作室的培训活动都分为两个阶段——共性学习阶段、个性化学习阶段；三是统一要求，我们利用团队智慧共商共研，对于一些培训细节如学员信息表、成果模板、成果编辑要求、成果评定等方面提出了统一要求；四是统一成果，我们要求每个工作室的学员都必须至少要有四个"一"的成果：一个研究成果（论文或学校改进方案）、一个案例、一份学习收获和体会、一次讲座（要求每位学员结合学习内容或课题研究，在自己学校内部做一次讲座）；五是统一沟通协调，所有工作室在培训中遇到的问题都由总学术助理统一汇总到教学副院长那里，从二级学院层面统一和相关部门协商解决，以此更好地促进每一个工作室学习活动的开展。

三年中，围绕学校如何优质发展，学员进行了深入的学习和研究，这两本书就是学员通过三年研修取得的重要成果。《学校如何优质发展——路径与方法》是从每位学员"一个研究成果"中精心挑选出的50篇论文或学校改进方案汇编而成的，依照研究主题分为四篇：战略发展新方略、师资建设新路径、学生发展新探索和课程教学新对策。《学校如何优质发展——校长的实践智慧》是从每位学员"一个案例"中精心挑选出的51篇案例汇编而成的，按照案例的主题分为三篇：学校发展的实践智慧、教师发展的实践智慧和学生发展的实践智慧。

历时三年形成的这两本书有三个突出的特点：一是时代性。校长们关注、研究的问题反映了新时期教育综合改革背景下出现的新情况，其充满智慧的解决思路也充分体现了当代精神和价值观。二是前沿性。校长们在研究过程中，站在理论和实践之间，采用了当代新的理念和理论来思考、解决问题，具有一定的创新性。三是实操性。校长们提出的问题解决路径与方法具有很强的实际操作性，有很好的借鉴意义。

本项目得以顺利完成，离不开北京市委教育工委、市教委、北京市财政局、通州区委教育工委、区教委、区教师研修中心、北京教育学院各级领导和部门的大力支持。两本书编撰过程中，12个工作室的理论导师、实践导师、学术助理付出了大量的心血。为了保证质量，书稿经过了两方面的审核：一方面是北京教育学院教育管理与心理学院组织相关人员进行了七次审核与校对：第一次，理论导师负责，对自己工作室学员成果做了筛选和修改；第二次，学术助理负责，按照分工，对自己负责的部分稿件进行通读和校对；第三次，总学术助理许甜负责，对两本书进行通读与校对；第四次，教育管理与心理学院副院长孟瑜负责，再次对两本书进行通读和校对；第五次，教育管理与心理学院副院长孟瑜负责，和总学术助理许甜一起根据出版社的修改意见，与相关作者沟通，对书稿再次通读、校对和修改；第六次，教育管理与心理学院副院长孟瑜负责，和总学术助理许甜一起对书稿再次通读、校对和修改；第七次，胡淑云、孟瑜、许甜三位老师一起再次对书稿通读、校对。另一方面是知识产权出版社组织相关专家进行了多次审校，每次审校都提出了不少专业的问题，促使我们不断核实、修改、完善，他们的严谨态度、敬业精神和专业智慧为本书增添了不少亮色。

两本书的付梓，得到了知识产权出版社刘晓庆编辑的悉心指导，在此表示衷心的感谢！也感谢所有为两本书的出版付出诸多辛劳的人！

因时间仓促，书中难免有不足之处，敬请读者批评指正。

编者

2021 年 9 月 23 日

附：

北京市通州区中小学名校长工作室人员名单

序号	工作室名称	工作室负责人 兼理论导师	实践导师	学术助理	入室学员		
1	小学名校长 第一工作室	余新	张忠萍	刘博文	李　涛　范志孝　韩华明 许德胜　王艳荣　冯玉海		
2	小学名校长 第二工作室	王永红 沙培宁	许培军	曹　杰 刘博文	陈金香　王玉霞　金万芝 杨　东　邵学良		
3	小学名校长 第三工作室	杨雪梅	王　欢	王　聪 娄　娅	黄玉钢　张险峰　齐久波 王超山　崔淑仙		
4	小学名校长 第四工作室	崔艳丽	李明新	娄　娅	杜士峰　李文凤　张兆宏 陆桂臣　孙会芹		
5	小学名校长 第五工作室	刘维良	刘可钦	王志明	刘会民　郝冬华　武志松 刘卫红　孙亚桂		
6	小学名校长 第六工作室	王淑娟	李　烈	王　聪 胡荣堃	谢希红　左春云　胡凤岐 梁士发　张利华　王晓慧		
7	中学名校长 第一工作室	胡淑云	王殿军	郝盼盼	李　青　刘志林　李志强 武长亭　徐　华		
8	中学名校长 第二工作室	石　瑒	周建华	郝盼盼	周立军　杜福栋　张　刚 张士东　刘小惠		
9	中学名校长 第三工作室	吕　蕾	李有毅	李　娜	田连启　张宝国　周连宇 毛金龙		
10	中学名校长 第四工作室	李　雯	钮小桦	郭　冰 胡佳怡 曹　杰	陈　勇　杨玉慧　郝书金 张晓光　徐英杰		
11	中学名校长 第五工作室	孟　瑜	刘长铭	许　甜	常恩元　陆　旻　李卫东 李连江　王俊丽		
12	中学名校长 第六工作室	迟希新	于会祥	郭　冰 胡佳怡	李竹林　丁永明　张　健 王　飞		